高等职业教育“十三五”规划教材

国际贸易实务

主　编　覃　波　吴丘林
副主编　颜浩龙　许　可　熊尚彦
参　编　黄成菊　谢　灿　李欣潼

中国轻工业出版社

图书在版编目（CIP）数据

国际贸易实务/覃波，吴丘林主编．—北京：中国轻工业出版社，2021.1
高等职业教育“十三五”规划教材
ISBN 978－7－5184－1451－2

Ⅰ.①国… Ⅱ.①覃… ②吴… Ⅲ.①国际贸易—贸易实务—高等职业教育—教材 Ⅳ.①F740.4

中国版本图书馆 CIP 数据核字（2017）第 169411 号

责任编辑：张文佳　　责任终审：劳国强
整体设计：锋尚设计　责任校对：燕　杰　　责任监印：张　可

出版发行：中国轻工业出版社（北京东长安街 6 号，邮编：100740）
印　　刷：三河市万龙印装有限公司
经　　销：各地新华书店
版　　次：2021 年 1 月第 1 版第 2 次印刷
开　　本：787×1092　　1/16　　印张：14
字　　数：320 千字
书　　号：ISBN 978－7－5184－1451－2　　定价：36.00 元
邮购电话：010－65241695
发行电话：010－85119835　传真：85113293
网　　址：http：//www.chlip.com.cn
Email：club@chlip.com.cn
如发现图书残缺请与我社邮购联系调换
201657J2C102ZBW

前言

新世纪以来，我国经济融入全球化进程加快，特别加入世界贸易组织后，我国国际物流作为伴随和支撑国际间经济交往、贸易活动等所发生的物流活动，发展迅猛，在国民经济和社会发展中的地位愈发显得重要。无论全球性企业，还是以国内市场为主的企业，商务活动也日趋国际化，都不同程度地与国际物流发生联系，国际贸易的快速发展，必将带来国际货运代理巨大需求。

国际贸易基础和货运代理是现代贸易体系中的重要组成部分，随着进出口业务的快速增长，国际贸易相关人才的需求日增，外贸跟单员、货运代理员等是近年来常见的国际贸易工作岗位。由于国际贸易业务和国内贸易的区别，需要国际贸易相关从业人员熟悉基本的国际惯例和规则、国际货运的基础理论和知识，同时如能掌握一定的办理货运的操作技能，这更有利于国际贸易业务的开展，在本教材的编写过程中，本着“够用、适用”的教学指导思想，以知名企业的电传动自卸车出口案例为背景，使国际物流基本技能和操作技术更贴近实务。

《国际贸易与货代基础》共分为五个项目，以产品出口为主线，阐述了相关的基础知识和操作技能，具体内容包括货物的出口准备工作、贸易术语的认知、出口交易磋商和合同的订立、出口货物的装运、国际货物运输及保险购买、国际货运及代理、信用证与出口货物费用结算等。本教材有如下特点：

（1）“项目导向、情境演练”，将货物出口业务分成五个项目，以具体的货物出口案例为背景，设置相应的情境，充分体现“以行业为向导，以能力为本，以学生为中心”的风格。

（2）强调应用性，从方便学习和便于掌握的角度出发，每个项目都有相应的学习目标、知识准备、情境演练以及课后练习，覆盖面广，针对性强，注重学生实践能力的培养。

（3）倡导“立体化”教学，提供全方位教学服务。本教材有对应的教学资源，提供教学课件、教学案例、课后习题答案、视频图片等教学资源，支持网络化及信息化等现代教学方式。

本教材由湖南电气职业技术学院覃波与湖南交通职业技术学院吴丘

林担任主编，湖南工业职业技术学院颜浩龙、湖南生物机电职业技术学院许可、湖南信息学院熊尚彦担任副主编，湖南电气职业技术学院黄成菊、谢灿、李欣潼参编。教材中参考和引用了许多专家学者的资料，在此对他们表示衷心的感谢，部分资料没有指出出处，对此表示歉意。由于水平有限，书中可能存在不当与遗漏之处，敬请批评指正。

编者

2017 年 6 月

目　录

项目四

项目五

背景

电传动自卸车出口澳大利亚

2014年，国际矿业巨头力拓集团与湖湘电器（化名）签署了国产矿用自卸车出口协议，根据协议，湖湘电器将根据力拓公司的个性化要求，量身定制电动轮自卸车（图1）。新产品额定负载能力达到230t，高于力拓现有的自卸车的载荷，将配置底特律4000发动机、GE交流电动轮系统，采用液压楼梯、安装泡沫灭火系统等。

图1　230T电传动自卸车整车图示

湖湘电器SF33901型230电动轮自卸车单车售价超过2000万元人民币。车长14.86m，宽8.97m，高6.85m，整车自重近180t，车厢堆装容积150 m^3左右，最大载重量230t。由于矿用车过于庞大，已经超出了公路承载极限，因此也被称为"非公路车辆"。一般而言，它们只能以散件形式运至矿区，组装后在矿区专用道路行驶，日常见到的土方车与其相比，如同乒乓球与篮球的差别。

SF33901型230电动轮自卸车主体结构由两部分构成：一是车体部分，二是车斗部分（图2），两部分可以独立装运，在目的地复装成整车。SF33901型230电动轮自卸车车体和车斗规格尺寸如表1所示。

表1　力拓车体和车斗规格

规格	力拓车体尺寸	力拓车斗尺寸
长	10.54m	13.22m
宽	8.97m	7.92m
高	6.85m	5.16m
重	145t	34t

根据《道路大型物件运输管理办法》，长度在14m以上或宽度在3.5m以上或高度在3 m以上的货物；或者重量在20t以上的单体货物或不可解体的成组货物属于大型物件，因此，力拓车体和车斗都属于大型物件，并且是属于四级大型物件（表2）。四级大型物件运输需经县、市级交通主管部门逐级审核后，报省级交通主管部门审批。

表 2　　大型物件分级标准

规格	一级	二级	三级	四级
长	14～20m	20～30m	30～40m	40m 以上
宽	3.5～4.5m	4.5～5.5m	5.5～6m	6m 以上
高	3～3.8m	3.8～4.4m	4.4～5m	5m 以上
重量	20～100t	100～200t	200～300t	300t 以上

注：上述指标只要达到其中之一，等级按最高级确定。

图 2　力拓自卸车车斗图示

根据合同规定，SF33901 型 230 电动轮自卸车将计划于 2015 年 8 月从湖南湘潭启运，在 2016 年年初运抵澳大利亚皮尔巴拉矿区汤姆普莱斯矿投入运行。

项目一

货物出口准备

任务1　出口经营权取得

知识目标

- 掌握出口经营权获取流程。
- 熟悉商品出口的方式。
- 熟悉电子口岸的入网手续。

技能目标

能够帮助企业办理相关手续，获取进出口经营权。

■　知识准备

一、出口经营权的获取

任何一家生产企业如果想将自己生产的产品出口到国外，那么首先要做的事情是获得外贸经营权，即进出口经营权，才能直接从事出口业务。国家规定，只有具备进出口经营权的企业，才能直接经营进出口业务。所以进出口经营权，也就是企业直接与国外客户谈判，签订合同的资格。企业产品出口一般来说有三种途径，具体如下。

（一）主管部门备案登记

2004年，《中华人民共和国对外贸易法》修订后规定，公司、企业和自然人只需要到当地商务主管部门进行备案登记，就可以从事外贸业务。这种备案登记制是一种自动登记的方式，不再是行政审批，只为政府监管提供信息基础。

如果是个人从事外贸经营活动，则必须依法先办理工商登记，在工商部门注册个人独资企业或个体工商户后，才能到商务部门进行登记备案，如果不先办理工商登记，备案登记机关不予受理。

新申请企业进行备案登记步骤如下：

（1）需要先在“对外贸易经营者备案登记系统”中输入相关信息资料，如图1－1所示。网址：http：//iecms. ec. com. cn/iecms/index. jsp。

（2）选择“备案登记”后，在所属省市处选择，例如“湖南省”，所属市选择“湖南省湘潭市”，备案登记机关处选“湘潭市商务局”点击提交，如图1－2所示。

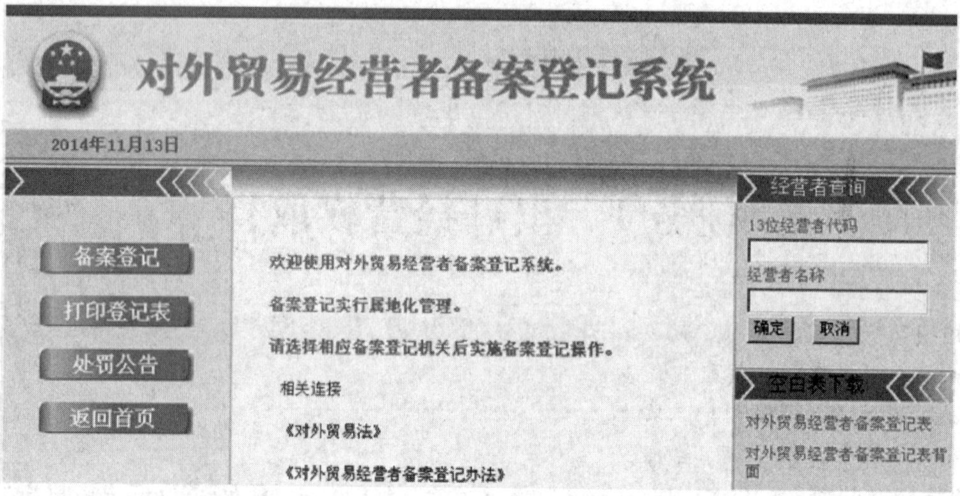

图1－1　备案登记流程一

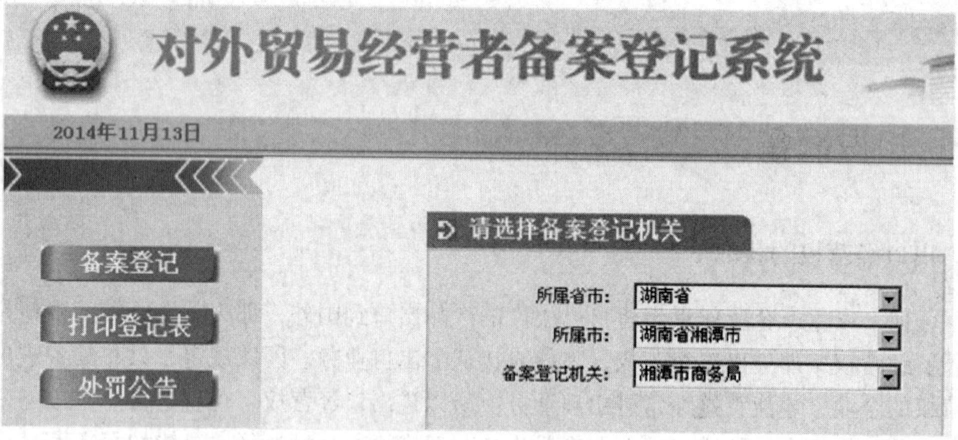

图1－2　备案登记流程二

（3）填写企业相关资料，注意以下几点：

- 经营者中文名称：必须与营业执照上的名称一致；
- 住所：必须与营业执照上的住所一致；
- 经营者英文名称：在输入英文名称时英文单词全部大写；
- 组织机构代码：输入时一定要将代码中的“－”去掉。

（4）点击“提交备案登记”，记下登记表系统编号，便于随后打印登记表。

(5) 选择“打印登记表”，通过输入登记表系统编号来确定申请企业；在打印界面中，有正面和背面要分别打印。首先点击“正面”，然后再点击“背面”。在打印好的登记表背面，加盖企业公章并由企业法人签字，如图1－3所示。

(6) 申请材料的报送：申请企业可直接向当地市外经贸局报送申请备案登记的相关材料，各种复印件均需加盖企业公章。

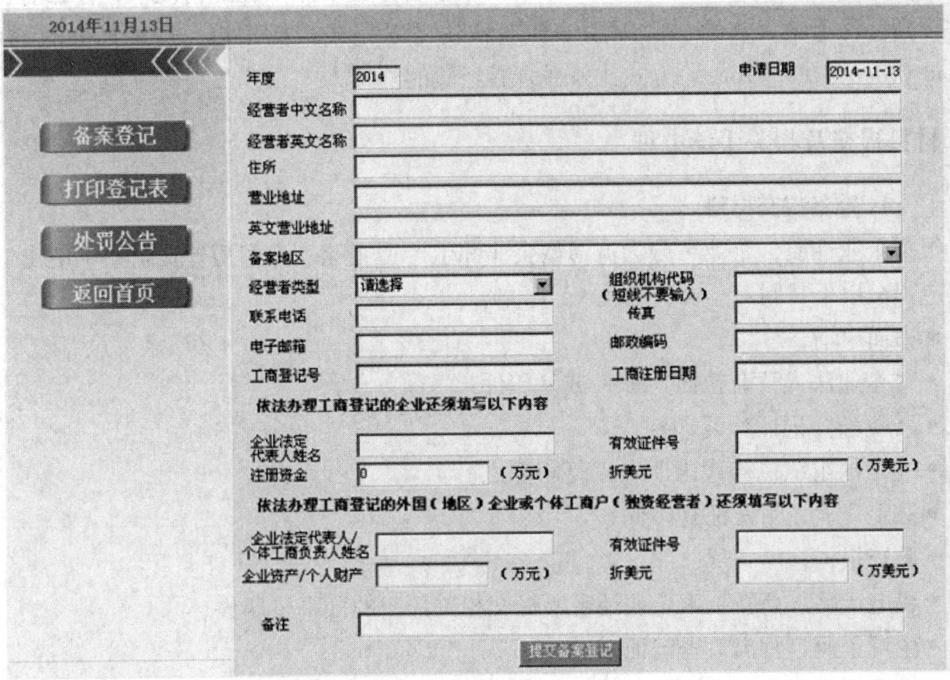

图1－3 备案登记流程三

（二）代理出口

没有取得进出口经营权的企业如果要出口产品时，可以通过委托外贸公司代理出口的方式进行，这种方式更适合众多的民营中小企业。所谓“代理出口”，就是找一家外贸公司或其他有进出口经营权的公司合作，与国外客户的生意洽谈可以由出口企业自己完成，谈妥后，以外贸公司的名义来签订合同。出口企业根据合同进行备货，出口事宜则交由外贸公司代理完成，如商品出口检验检疫、报关、收汇核销等。国外客户将贷款支付给外贸公司，外贸公司再将外币折合成人民币，扣除相应费用后支付给民营中小企业（图1－4）。

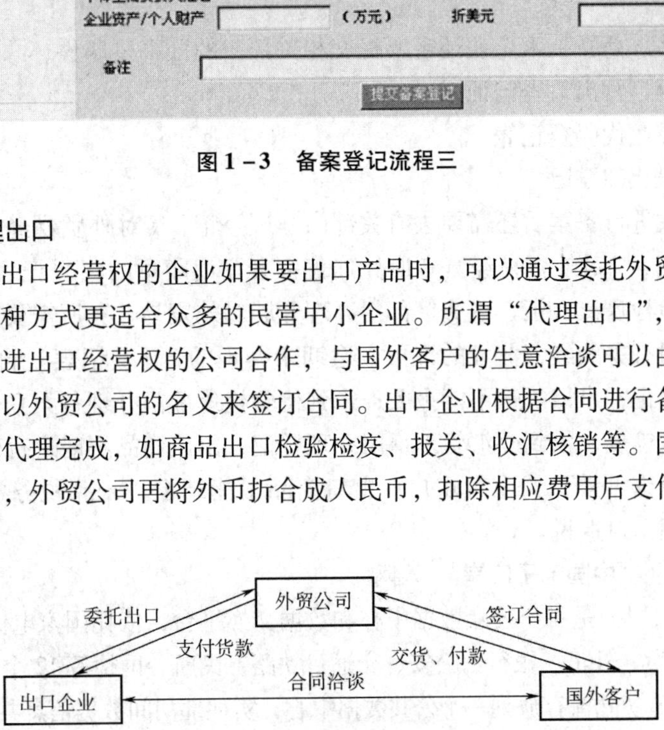

图1－4 代理出口图示

（三）挂靠出口

对于个人做出口业务还可以进行“挂靠”，所谓“挂靠”就是与某个外贸公司达成协议，成为该外贸公司名义上的业务员或兼职业务员，业务可以自己洽谈，以外贸公司的名义签订合同、交货与结算货款，个人按照约定的比例计提利润，相比于自己开办公司，选择挂靠的优势，一方面在于能够借助大型外贸公司的知名度和商业信用，以期在购销过程中得到优惠便利；另一方面，也能够节省办公费用。在此情况下，挂靠者甚至不需要到公司上班，在自己家中用一台电脑就可以完成产品出口，这种自由的 SOHO（Small Office Home Office）方式比较适合有经验的外贸人。

二、材料提交及相关手续办理

（一）准备提交材料

根据企业性质，企业可分为流通型企业和生产型企业。生产型外贸企业申请出口经营权应提交以下材料：

- 书面申请；
- 《企业法人营业执照》原件或复印件；
- 《税务登记证》复印件；
- 《全国组织机构代码证书》复印件；
- 法定代表人身份证复印件；
- 验资报告；
- 机电产品、高新技术企业还需要提交相关部门的证书复印件；
- 生产企业自营出口登记证书；
- 进出口企业代码登记表。

（二）办理出口登记

企业出口在进行备案后还需要去有关部门办理登记，《对外贸易经营者备案登记办法》第八条规定：“对外贸易经营者应凭加盖备案登记印章的《登记表》在 30 天内到当地海关、检验检疫、外汇、税务等部门办理开展对外贸易业务所需要的有关手续，以获得与这些部门有关的经营业务的许可，逾期未办理的，《登记表》自动失效。”未到海关办理注册登记，出口货物不能报关；未到检验检疫部门办理备案登记，则不能办理出口货物的检验检疫；没到外汇管理部门办理登记，出口商品不能进行外汇核销；没有在银行办理开户许可证，就没有账户，出口商品不能结汇；未到税务机关办理税务登记，就不能办理出口退税。

（三）办理“中国电子口岸”入网

“中国电子口岸”是一个公众数据中心和数据交换平台，依托国家电信公网，将工商、税务、海关、外贸、外汇、银行、公安、交通、铁路、民航、国检等 12 个部门分别掌握的信息流、资金流、货物流存放到一个公共数据中心，实现部门间数据信息共享，企业可以在网上办理报关、报检、结售汇核销、出口退税等手续，从而加强政府行政管理机关的综合管理能力，同时方便企业办理进出口手续。网址为 www. chinaport. gov. cn，如图 1－5 所示。

图 1－5 中国电子口岸

出口企业需要办理中国电子口岸的企业 IC 卡，企业 IC 卡是企业在网上使用的身份证和印章，其内部存有企业用户的密钥和证书，可进行身份认证及数字签名，是企业办理网上业务时明确法律责任、保护企业合法权益的重要用具，必须妥善保存和管理。

中国电子口岸企业 IC 卡的申领流程是：

（1）到所属制卡代理点领取并如实填写 2 张表格，企业法人签字并加盖公章。这两张表分别是："中国电子口岸企业情况登记表""中国电子口岸企业 IC 卡登记表"。其中，"中国电子口岸企业 IC 卡登记表"填写企业法人卡持卡人信息及企业操作员卡持卡人信息，申请企业法人卡只需填写"法人卡持卡人基本信息"栏，申请企业操作员卡需填写"操作员卡持卡人基本信息"栏及以下内容。企业如申请多张操作员卡，则须按照本企业指定的操作员人数每人填写一份。

（2）由工商、税务、外贸、海关、外汇部门对企业用户进行资格审查，在企业用户购买了 IC 卡、读卡器、客户端软件以及在电子口岸综合服务网"在线购卡"注册了安全技术接入服务后，由制卡代理点为企业制作中国电子口岸企业法人卡和操作员卡。

（3）企业领卡人持单位介绍信、本人身份证明到制卡代理点领取企业 IC 卡。

■ 情境演练

湖湘电器是国内一家生产机械公司，主营业务包括矿用自卸车等重型机械零配件的生产与组装，总部位于湘潭。2011 年，湖湘电器市场部想拓展国际业务，从事外贸经营，由于此前公司从未接触过外贸业务，不知道公司本身是否符合从事进出口业务的条件，因此，公司领导将任务交付给市场部经理李华远。

李华远是湖湘电器的中层骨干，大学毕业起就在公司里做业务员，主要从事营销类工作，经过20多年的艰苦奋斗，四年前，被提升为市场部经理。最近由于业务需要，公司决定开拓国外渠道，李华远也是清楚的，但是没想到领导会把前期准备工作交给他，从没接触过外贸知识的李华远感到很苦恼，不知从何入手。

某天，李华远突然想起今年新来了两位职院的大学生小姜和小邓，似乎是管理类专业毕业，目前正在市场部做业务员，不知是否了解过相关知识。他当即找来小姜和小邓。

李华远："你们大学学的是什么专业？"

小姜："我们两个是同学，学的都是物流管理。"

李华远："管理类的啊，学过外贸方面的课程没有？"

小邓："学过一门和外贸相关的，《国际物流实务》。"

李华远："很好，你们知道我们是生产机械设备类的企业，主要业务在国内，最近公司想将我们的产品出口，这可能涉及你们专业，你们准备准备，现在，我问你们，现在我们能直接从事出口业务吗？需不需要办些手续？"

小姜和小邓低头想了一会，小姜："李经理，我记得我们课堂上学过，生产型企业要想从事进出口业务，是要办一些手续的，但是具体手续我不太清楚。小邓记得不？"

小邓："我也有印象，可能需要查一下资料。"

李华远："那好，我给你们两天时间去查资料，两天后告诉我，到时候具体手续的办理也可能会交给你们两个，你们准备准备。"

小姜和小邓："好的，李经理，我们先准备。"

……

如果你是小姜或者小邓，通过资料的收集整理，你会如何答复李经理？

任务2　贸易术语认知

知识目标

- 掌握贸易术语的国际惯例。
- 掌握六种主要的贸易术语方式下的风险划分。
- 熟悉六种主要的贸易术语方式下的责任和义务。

技能目标

能够根据出口需要，选择适当的贸易术语，完成商品出口。

■ 知识准备

一、贸易术语的含义和作用

在国际货物买卖中，交易双方相距甚远，其所交易的商品，通常需要经过长途运输。在货物运输、交接过程中，需要办理进出口清关手续，安排运输与保险，支付各项税捐和运杂费用。货物在装卸、运输过程中，还可能遭受自然灾害、意外事故和其他各种外来风险。有关上述事项由谁承办，费用由谁承担，风险如何划分，买卖双方在磋商交易签订合同时，必须予以明确。

（一）贸易术语

贸易术语（Trade Terms），是在长期的国际贸易实践中为了简化手续，用来表明商品的价格构成，说明货物交接过程中有关风险、责任和费用划分问题的专门术语。

贸易术语具有两重性，即一方面表示交货条件，另一方面表示价格构成因素，特别是货价中所包含的从属费用。每种贸易术语有其特定的含义。各种不同的贸易术语，表示其具有不同的交货条件和不同的价格构成因素，因而买卖双方各自承担的责任、费用与风险也互不相同。一般来说，卖方承担的责任、费用与风险小，其售价就低；反之，其售价就高。正因为贸易术语有表示价格构成因素的一面，所以人们有时只从价格的角度片面地称之为“价格术语（Price Terms）”。

（二）贸易术语的作用

（1）它是被广为接受的规范国际贸易的行为准则。

（2）有利于交易双方节约磋商时间和费用。

（3）有利于交易双方进行比价和加强成本管理。

（4）有利于妥善解决贸易纠纷。

（三）有关贸易术语的三个国际惯例

1.《1932 年华沙 – 牛津规则》

国际法协会于 1928 年在波兰的华沙举行会议，制定了有关 CIF（Cost，Insurance and Freight）买卖合同的统一规则，共为 22 条，称为《1928 年华沙规则》，后经 1930 年纽约会议和 1932 年牛津会议修订为 21 条，定名为《1932 年华沙 – 牛津规则》（WARSAW – OXFORDS RULES 1932），一直沿用至今。这一规则对于 CIF 合同的性质，买卖双方所承担的风险、责任和费用的划分以及所有权转移的方式等问题都做了比较详细的解释。

2.《1941 年美国对外贸易定义修订本》

美国 9 个商业团体曾于 1919 年制定《美国出口报价及其缩写条例》。后来于 1941 年在美国第 27 届对外贸易会议上对该条例作了修订，命名为《1941 年美国对外贸易定义修订本》（REVISED AMERICAN FOREIGN TRADE DEFINITIONS 1941）。这一修订本经美国商会、美国进口商协会和全国对外贸易协会所组成的联合委员会通过，由美国对外贸易协会予以公布。《1941 年美国对外贸易定义修订本》所解释的贸易术语共有 6 种，在美洲国家采用较多。

3.《2010 年国际贸易术语解释通则》(INCOTERMS 2010)

国际商会自 20 世纪 20 年代初即开始对重要的贸易术语做统一解释的研究，1936 年提出了一套解释贸易术语的具有国际性的统一规则，定名为 INCOTERMS 1936，译为《1936 年国际贸易术语解释通则》。随后，国际商会为适应国际贸易实践的不断发展，于 1953 年、1967 年、1976 年、1980 年、1990 年和 2000 年对 INCOTERMS 作了 6 次修订和补充。鉴于国际贸易中免关税区的不断扩大，商业交易中电子通信工具使用的逐渐增多，货物流动安全关注度的提高，以及货物运输实务的变化等，国际商会自 2007 年起着手对 INCOTERMS 2000 进行修订，于 2010 年 9 月正式公布 INCOTERMS 2010，成为国际商会第 715 号出版物，自 2011 年 1 月 1 日起实施。

最新 INCOTERMS 2010 的实施并不意味着 INCOTERMS 2000 的停用，但随着时间的推移，新版术语将会被广泛接受。

二、《2010 年国际贸易术语解释通则》

（一）《2010 年国际贸易术语解释通则》的内容

INCOTERMS 2000 采用的是按卖方承担义务由小到大，用英文字母 E、F、C、D 排列，共 13 种术语——EXW、FCA、FAS、FOB、CFR、CIF、CPT、CIP、DAF、DES、DEQ、DDU、DDP。2010 版以两种新术语 DAP 和 DAT 替代 2000 版的 DAF、DES、DEQ 和 DDU 四种术语，将贸易术语数目简化为 11 种。INCOTERMS 2010 的编制者认为，通过在 DAP 和 DAT 术语后面明确交货地点，包括边境地点、港口、码头、集装箱堆场和终点站等，这两种术语完全可以替代 2000 版 4 种术语的使用需要。

1. E 组

E 组包括一个贸易术语 EXW［全称 EX Works（named place）］，意思是工厂交货（指定地点）。使用这一贸易术语的合同中：

卖方的责任是：

（1）在其所在地（工厂或仓库）把货物交给买方，履行交货义务。

（2）承担交货前的风险和费用。

买方的责任是：

（1）自备运输工具将货物运至预期的目的地。

（2）承担卖方交货的风险和费用。

（3）自费办理出口结关手续等。

在这一贸易术语中，卖方的责任最小。当买方不能直接或间接办理货物出口手续时，不应采用这一贸易术语。EXW 适用于任何运输方式。

2. F 组

（1）FAS［全称 Free Alongside Ship（named port of shipment）］意思是船边交货（指定装运港）。

（2）FOB［全称 Free on Board（named port of shipment）］意思是船上交货（指定装运港）。

（3）FCA［全称 Free Carrier（named place）］意思是货交承运人（指定地点）。

在 F 组的贸易术语中，卖方的责任是：

a. 卖方在出口国承运人所在地（包括港口）将货物交给承运人履行自己的交货义务。

b. 自费办理货物的出口结关手续。

c. 自费向买方提交与货物有关的单证或相等的电子单证。

买方的责任则是：

a. 自费办理货物的运输和保险手续并支付费用。

b. 自费办理货物的进口和结关手续等。

3. C 组

（1）CFR［全称 Cost and Freight（named port of destination）］意思是成本加运费（指定目的港）。

（2）CIF［全称 Cost，Insurance and Freight（named port of destination）］意思是成本、保险费加运费（指定目的港）。

（3）CPT［全称 Carriage Paid To（named place of destination）］意思是运费付至（指定目的地）。

（4）CIP［全称 Carriage and Insurance Paid To（named place of destination）］意思是运费、保险费付至（指定目的地）。

在 C 组的贸易术语中，卖方的责任如下：

a. 自费办理货物的运输手续并交纳运费；在 CIF 和 CIP 术语中，卖方还要自费办理投保手续并交纳保险费。

b. 在 CFR 和 CIF 术语中，承担货物在装运港装到船上以前的风险和费用；在 CPT 和 CIP 术语中，则承担货物提交给承运人以前的风险和费用。

c. 自费办理货物出口及结关手续。

d. 向买方提交与货物有关的单据或相等的电子单证。

买方的责任如下：

a. 在 CFR 和 CPT 术语中，自费投保并支付保险费；

b. 在 CFR 和 CIF 术语中，承担货物在装运港装到船上以后的风险和费用；在 CPT 和 CIP 术语中，承担货物提交给承运人后的风险和费用。

c. 自费办理货物进口结关手续等。

另外，在 C 组中，CFR 和 CIF 术语只适用于海运或内河运输；CPT 和 CIP 术语适用于任何方式运输。

4. D 组

（1）DAP［全称 Delivered at Place（named place of destination）］意思是目的地交货（指定目的地）。

（2）DAT［全称 Delivered at Terminal（named terminal at port or place of destination）］意思是终点站交货（指定目的港或目的地终点站）。

（3）DDP［全称 Delivered Duty Paid（named place of destination）］意思是完税后交货（指定目的地）。

在 D 组的贸易术语中，卖方的责任是：

a. 将货物运至约定的地点或目的地交货。

b. 承担货物运至目的地前的全部风险和费用。

c. 在 DDP 术语中，卖方不但自费办理货物出口结关手续，还要办理货物进口的海关手续并交纳进口税费。

买方的责任是：

a. 承担货物在目的地交付后的一切风险和费用。

b. 除 DDP 外，自费办理进口结关手续。

（二）《2010 年国际贸易术语解释通则》的其他改变

1. 2010 版对 11 种术语按运输方式分为两类

2000 版通则按 E 组（启运）、F 组（主运费未付）、C 组（主运费已付）和 D 组（到达）作四组分类。主要是依据卖方交货义务从最小（EXW）到最大（DDP）排序，没有突出适用的运输方式。2010 版通则对 11 种术语按适用的运输方式分为两大类：

（1）第一类：适用于任何或多种运输方式的术语。

EXW	工厂交货
FCA	货交承运人
CPT	运费付至
CIP	运费、保险费付至
DAT	终点站交货
DAP	目的地交货
DDP	完税后交货

（2）第二类：适用于海运和内陆水路运输方式的术语。

FAS	船边交货
FOB	装运港船上交货
CFR	成本加运费
CIF	成本加保险费、运费

第一类七种贸易术语，适用于任何一种或多种运输方式，它们可以在完全没有海运的情况下使用，也可以在运输过程中的部分路段为海洋运输的情况下使用，例如，买卖双方所在国陆地毗邻，卖方以铁路运输将货物运送到边境买方国家关境前指定地点交货；或卖方从其所在国内陆以铁路运送货物到港口，转海运到进口国港口，从船上卸货后，再以公路运输将货物运至指定目的地。

第二类四种贸易术语，其交货地点和货物运往买方的地点都是港口，因此，FAS、FOB、CFR 和 CIF 都属于适用于海洋和内陆水路运输方式的类型。

2. 取消以“船舷”为交货点的规定

2010 版通则之前，FOB、CFR 和 CIF 三种术语的交货点为装运港“船舷”(Ship's Rail)。卖方在装运港将货物装船，当货物越过船舷，即被认为交货完成。买卖双方对货物灭失或损坏的风险，也是以船舷为界，货物越过船舷，风险从卖方转移至买方。但是，在实际的国际业务当中，FOB、CFR 和 CIF 买方通常都要求卖方在装运港将货物交到船上（Deliver the Goods on Board the Vessel），并提供清洁已装船单据。在卖方同意买方上述要求的情况下，FOB、CFR 和 CIF 的交货点实际已从“船舷”延伸到“船上”，因此，为使《通则》规定紧密反映现代国际业务实际，2010 版也取消了以“船舷”为交货点的规定。

三、三种传统的贸易术语

在国际贸易中，FOB、CIF、CFR 是传统贸易使用较多的贸易术语。

（一） FOB 术语

FOB 是 Free on Board（named port of shipment）的英文缩略语，意思是船上交货(指定装运港)。FOB 是海上运输最早出现的贸易术语，也是目前国际上普遍应用的贸易术语之一。

有人称 FOB 为“离岸价”，这是不准确的。若用驳船将货物运至大船边以船上为界，在此之前的费用还是由卖方负担。因此离岸后，卖方还有可能要承担一定费用。

按照《INCOTERMS 2010》的规定，将 FOB 术语中买卖双方承担的责任、风险和费用等概括如下。

1. 卖方责任

(1) 提供符合合同规定的货物和单证或相等的电子单证。

(2) 自负费用办理出口许可证及其他货物出口手续，交纳出口税费。

(3) 按照约定的时间、地点，依照港口惯例将货物装上买方指定的船舶并给买方以充分的通知。

(4) 承担在装运港货物装上船的风险和费用。

2. 买方责任

(1) 支付货款并接受卖方提供的交货凭证或相等的电子单证。

(2) 自负费用取得进口许可证，办理进口手续，交纳进口的税费。

(3) 自费租船并将船名、装货地点、时间给予卖方以充分通知。

(4) 承担在装运港货物装上船以后的风险。

【例 1-1】中国内地某出口公司以 FOB 上海与香港 W 公司成交钢材一批，港商即转手以 CFR 釜山售给韩国 H 公司，港商开来信用证条件为 FOB 上海，要求货运釜山并在提单上表明“Freight Prepaid（运费预付）”。试分析港商为什么这样做？出口商应如何处理？

答：港商为了简化向韩国交货的手续，或者企图将运费转嫁给出口商，若运至釜山的运费由港商负担则可以接受。具体做法可采取：

（1）港商将运费汇交大陆出口商。

（2）在信用证中加列允许受益人超支运费的条款。

（3）港商将运费先支付船公司并从船公司得到确认后，出口商可照办。

（二）CIF 术语

CIF 是 Cost，Insurance and Freight（named port of destination）的英文缩略语，意思是成本、保险费加运费（指定目的港）。CIF 术语是国际贸易中最通用的术语。根据《INCOTERM 2010》将买卖双方的责任、风险和费用概括如下。

1. 卖方责任

（1）提供符合合同规定的货物和单证或相等的电子单证。

（2）自负费用办理出口许可证及其他货物出口手续，并交纳出口税费。

（3）自费订立运输合同并将货物按惯常航线在指定日期装运至指定目的港，并支付运费。

（4）自费投保、交纳保险费，如无明示的相反协议，投保海上运输的最低险别。

（5）承担在装运港货物装船以前的风险及除运费和保险费以外的费用。

2. 买方责任

（1）支付货款并接受卖方提供的交货凭证或相等的电子单证。

（2）自负费用取得进口许可证，办理进口手续，交纳进口税费。

（3）承担在装运港货物装船以后的风险。

从交货方式上看，CIF 是一种典型的“象征性交货”，即卖方按合同规定在装运港将货物装船后，并提交了全套合格单据后，即使货物中途灭失，卖方也完成了交货义务，无须保证到货，可凭有关单据结汇。反之，卖方提交的单据不符合合同或 L/C 要求，即使货物安全到达目的地也不算完成交货义务，也不能结汇，买方可以拒绝付款。CIF 下，卖方凭单交货，买方凭单付款，卖方只保证按时交货，但不保证按时到货，交单视为交货；买方凭单付款，而非凭货付款。因此，从某种意义上说，CIF 下的单据比货物更重要。

【例 1－2】我某出口公司与外商按 CIF 某港口即期 L/C 方式付款的条件达成交易，出口合同和收到的 L/C 均规定不准转运。我方在 L/C 有效期内将货物装上直驶目的港的班轮，并以直运提单办理了议付，国外开证行也凭议付行提交的直运提单付了款。承运船只驶离我国途经某港时，船公司为接载其他货物，擅自将我方托运的货物卸下，换装其他船舶继续运往目的港，由于中途耽搁，加上换装的船舶设备陈旧，使抵达目的港的时间比正常直达船的时间晚了两个多月，影响了买方对货物的使用。为此，买方向我出口公司索赔，理由是我方提交的是直运提单，而实际是转船运输，是弄虚作假行为。我方有关业务员认为，合同用的是“到岸价”，船舶的舱位是我方租订的，船方私自转船的风险理应由我方承担。因此，按对方要求进行了理赔。你认为我方这样做是否正确？为什么？

答：我方的做法是错误的，根本不应理赔。因为：①我方已按合同和信用证的规定将货物如期装上直达班轮并提供了直达班轮提单，卖方的义务已经履行。②按 CIF 条件成交，货物在装运港装上驶往目的港的船舶时风险即转移。货物何时到达目的港，是否到达目的港，包括船公司中途擅自转船的风险概由买方承担，而与卖方无关。

（三）CFR 术语

CFR 是 Cost and Freight（named port of destination）的英文缩略语，意思是成本加运费（指定目的港）。CFR 与 CIF 术语的不同之处仅在于价格构成。在 CFR 价格构成中不包括保险费，即买方要自行投保并支付保险费用。其余关于交货地点、买卖双方责任、风险及费用的划分等都与 CIF 术语相同。

该术语下，风险转移和费用转移的地点是两个不同的地点，即该术语下，风险和费用（如运费）的划分点相分离。因此，双方应尽可能确切地在指定目的港内明确该地点（运费划分点）。若卖方按照运输合同在目的港交货点发生了卸货费用，则除非双方事先另有约定，否则卖方无权向买方要求补偿该项费用。

CFR 贸易术语是 INCOTERMS 中常用的术语之一。卖方都在装运地或发货地完成交货义务，因此，人们常常将该术语下的买卖合同称为“装运合同”。

【例 1－3】有一份 CFR 合同，买卖一批蜡烛，货物装船时，经公证人检验合格，符合合同的规定。货到目的港，买方发现有 20% 的蜡烛有弯曲现象，因而向卖方索赔。但卖方拒绝，其理由是：货物在装船时，品质是符合合同规定的。事后又查明起因是货物交给承运人后，承运人把该批货物装在靠近机房的船舱内，由于舱内温度过高而造成的。试问上述情况下，卖方拒赔的理由是否成立？为什么？

答：卖方对此项损失，不负赔偿责任，本例合同是按 CFR 条件成交，即使上述损失属于风险范围，也只能由买方凭保险单向保险公司索赔，与卖方也是无关的。

（四）FOB、CIF 和 CFR 的异同

1. FOB、CFR、CIF 三种贸易术语的相同点

（1）交货地点都是在装运港指定的船上。

（2）风险划分都是以装运港的船舷作为界限。

（3）进出口清关手续都是由买方、卖方各自办理。

（4）运输方式都是适于海运或内河航运。

（5）按这些术语成交的合同均属于装运合同。

（6）交货性质都属象征性交货。

象征性交货：卖方以提交代表货物所有权的提单或其他装运单据代替向买方实际交付货物。在这种交货方式下，货物与单据是相分离的，卖方提交了单据即履行了交货义务并得到付款，即使货物在运输途中灭失或受损，买方也不能拒绝付款赎单。

2. FOB、CFR、CIF 三种贸易术语的区别

其区别在于由于三者的价格构成不同而产生的与之相关的责任与其他附属费用不同。FOB 术语由买方负责租船订舱和支付运费；CFR 和 CIF 术语由卖方负责租船订舱和支付运费，CIF 术语卖方还应负责办理货运保险和支付保险费。由此可以看出，CIF 术语的价格最高，CFR 术语次之，FOB 术语最低（表 1－1）。

表 1-1　FOB、CFR 和 CIF 的比较

贸易术语	交货地点	风险转移	责任与费用负担								运输方式
			出口报关	出口关税	办理运输	运费	办理保险	保费	进口报关	进口关税	
FOB	装运港船上	货物装上船	卖方	卖方	买方	买方	买方	买方	买方	买方	水运
CFR			卖方	卖方	卖方	卖方	买方	买方	买方	买方	水运
CIF			卖方	卖方	卖方	卖方	卖方	卖方	买方	买方	水运

【例 1-4】我方按 CIF 条件进口一批床单，货物抵达我方后发现床单在运输途中部分受潮，而卖方已如期向我方提交了合同规定的全套合格单据并要求我方支付货款。请问我方能否以所交货物受潮而拒付货款或向卖方提出索赔？

答：我方不能因床单受潮而拒付货款，也不能向卖方提出索赔，理由如下：

（1）CIF 术语属于象征性交货，卖方以交单代替实际交货，买方应凭单付款。

（2）CIF 条件下双方风险转移点为货物装上船，运输途中货物已装上船，卖方不承担风险。

（五）需注意的问题

1. 通知问题

FOB 术语中涉及两个充分通知：一个是买方租船后，应将船名、装货时间、地点给予卖方以充分通知；另一个是卖方在货物装船时要给买方以充分通知。在第一种情况下，如果买方未给予通知，或指定船只未按时到达，或未能按时受载货物，或比规定的提前停止装货，由此产生的货物灭失或损失应由买方承担。在第二种情况下，由于货物的风险是在越过船舷时由卖方转移给买方，因此，卖方在货物装船时必须通知买方，以便买方投保，否则，由于卖方未给予充分通知，导致买方漏保受到的损失应由卖方负责。

【例 1-5】我国某公司以 FOB 条件进口一批大豆，在约定日期未收到卖方的装船通知，却收到卖方要求支付货款的单据。过后我方接到货物，经检查部分货物在运输途中因海上风险而丢失，请问该公司应如何处理？

答：该公司可向卖方索赔。FOB 中若卖方未及时向买方发出装船通知，导致买方未能及时办理保险手续，由此引起的损失由卖方负担。

2. CIF 术语中卖方的投保责任问题

在 CIF 术语中，替买方投保并支付保险费是卖方的一项义务。但是当双方未就保险条款和投保险别加以约定时，CIF 术语规定，卖方只负责按伦敦保险业协会的《协会货物条款》或其他类似条款投保海上运输的最低险别。在投保范围中也不包括某些特别险种，买方如需投保其他险别或特种险，应在合同中说明并自负该项加保费用。

3. CIF 不是“到岸价”

在国际业务当中，习惯上把 FOB 称作离岸价格，把 CIF 称作到岸价格，仅从价格构成这一角度看，为了海关统计以及稽征关税等外贸业务的便利，这种称呼未尝不可，但从法律角度看，这种称 CIF 是“到岸价”是错误的，价格构成只是贸易术语

（合同）所包含内容的一部分，把 CIF 看成到岸价格不能表达 CIF 术语中所包含的全部法律内容，在实践中会由于误解而造成不必要的损失。CIF 术语中卖方尽管将运费、保险费支付到了目的港，但其交货地点及风险划分界限仍在装运港和船舷，而不是目的港。同时，因交货地点决定 CIF 术语的性质，因此 CIF 仍是“离岸价”，而不是到岸价。

■ 思考

我国某外贸公司从上海向伦敦出口商品，分别按下列贸易条件对外报价，你认为下列写法是否正确？

FOB London （ ）

CIF Shanghai （ ）

CFR England （ ）

四、FCA、CPT、CIP 术语

随着国际贸易中普遍使用集装箱、多式联运以及近海中铁路车皮摆渡等运输方式的出现，为了适应各种运输方式和多式联运，在合同中选择使用 FCA、CPT 和 CIP 术语的情况也越来越多，并有逐步取代传统的 FOB、CFR 和 CIF 之势。

（一） FCA 术语

FCA 术语是 Free Carrier（named place）的英文缩略语，意思是货交承运人（指定地点）。即卖方办理出口结关手续并在指定地点将货物提交买方指定的承运人履行自己的交货义务；如买方未指定准确地点，则由卖方在规定的地点或地段内选择承运人并将货物置于其监管之下，完成交货义务。该术语中，所谓承运人包括实际履行承运义务之人，也包括订立运输合同的承运人，还包括货运代理人。FCA 术语中规定，如果买方指示卖方将货物交付给一个货运代理人，当货物在其监管之下时，卖方也被视为履行了交货义务。由于承运代理人的地位在各国不尽相同，有些国家的承运代理人拒绝承担承运人的责任。然而，FCA 术语中货交承运人也包括货交承运代理人。当卖方将货物提交承运人监管时，货物的一切风险和费用由卖方转移给买方。

FCA 术语可以适用于铁路、公路、海上、航空、内河运输以及多式联运等各种运输方式。为了使货交承运人含义更为明确，FCA 术语中对铁路、公路、内河运输的货物承运人作了进一步解释。

（1）铁路运输。当货物构成一整车货（或一集装箱整箱货）时，卖方需将货物以适当的方式装入货车或集装箱由承运人接收后，视为履行了交货义务。

（2）公路运输。当装货在卖方所在地进行时，卖方须将货物装入买方提供的车辆后，视为履行交货义务。

（3）内河运输。当装货在卖方所在地进行时，卖方将货物装上买方指定的船舶时，视为履行了交货义务。

（二） CIP 术语

CIP 术语是 Carriage and Insurance Paid to（named place of destination）的英文缩略语，意思是运费及保险费付至（指定目的地）。在该术语中，卖方办理出口结关手续并支付货物运至指定目的地的运费，订立运输合同，还要办理货物在运输途中灭失或损坏风险的保险，订立保险合同并支付保险费。买方从货物交付承运人起，承担货物灭失或损坏的风险及其他额外费用。当由后继承运人将货物运至约定目的地时，则风险从货物交付第一承运人时起从卖方转移给买方。关于保险条款的规定，《INCOTERMS 2010》明确指出，如无相反的明示协议，卖方应根据伦敦保险业协会的《协会货物条款》中的最低险别投保。

CIP 术语适用于各种运输方式，包括多式联运。应当注意的是，如果按习惯需要签订几份运输合同，包括货物在中途地点转运以抵达约定的目的地时，卖方需要支付所有的费用，包括货物从一种运输工具转运到另一种运输工具的费用，但是，承运人依据转运合同条款行使自己的权利以避免预料之外的风险（如战争或军事演习、人为骚扰、政府命令、冰封、堵塞等）时所产生的额外费用由买方承担。

（三） CPT 术语

CPT 术语是 Carriage Paid to（named place of destination）的英文编略语，意思是运费付至（指定目的地）。在该术语中，卖方除不负担办理运输保险的义务外，其余义务与 CIP 术语相同。

（四） FCA、 CPT、 CIP 术语的异同

1. FCA、CPT、CIP 三种贸易术语的相同点

（1）交货地点都是在出口国指定的承运人接管地。

（2）风险划分都是以承运人接管货物时作为界限。

（3）进口、出口清关手续都是由买方、卖方各自办理。

（4）运输方式都是适用于任何运输方式。

2. FCA、CPT、CIP 三种贸易术语的区别

FCA 术语由买方负责办理运输的责任和支付运费；CPT 和 CIP 术语由卖方负责办理运输的责任和支付运费；CIP 术语卖方还应负责办理投保的责任和支付保险费。由此可以看出 CIP 术语的价格最高，CPT 术语次之，FCA 术语最低。

（五） 需注意的问题

1. 运输合同问题

在 FCA 术语下，买方自担费用签订从指定地承运货物的合同，卖方无此义务。但是，如果买方请求，或如果这是一种商业惯例或买方未在适当的时间内给予相反的指示，卖方可按通常条件签订运输合同，而由买方负担风险和费用。卖方也可以拒绝签订运输合同，如果卖方拒绝，则须立即通知买方。

2. 交货问题

FCA 术语可适用于各种运输方式，当货物被交付给承运人或其代理时，交货即告完成。《INCOTERMS 2010》指出，FCA 术语卖方对交货地点的选择会影响在该地点装货

和卸货的义务。如卖方在其货物所在地交货，卖方应负责装货；如卖方在任何其他地点交货，卖方不负责卸货，即当货物在卖方运输工具上尚未卸货，而将货物交给买方指定的或卖方选定的承运人或其他人支配，交货即算完成。

3. 交货通知问题

FCA 术语下，卖方必须给予买方说明货物已按照规定交付给承运人的充分通知。若在约定时间承运人未按照规定接收货物，则卖方必须相应地通知买方。买方必须按照规定将指定的承运人的名称给予卖方充分通知，并根据需要指明运输方式和向该指定人交货的日期或期限，以及依情况在指定的地点内的具体交货点。

4. 风险转移问题

CPT 术语下，货物自交货地点至目的地的运输途中的风险由买方承担，卖方只承担货物交给承运人控制之前的风险。在多式联运情况下，卖方承担的风险自货物交给第一承运人控制时即转移给买方。

5. 责任和费用的划分问题

采用 CPT 术语时，由卖方指定承运人，自费订立运输合同，将货物运往指定的目的地，并支付正常运费。正常运费之外的其他有关费用，一般由买方负担。卖方将货物交给承运人之后，应向买方发出货物已交付的通知，以便于买方在目的地办理货运保险和受领货物。如果双方未能确定买方受领货物的具体地点，卖方可以在目的地选择最适合其要求的地点。

6. 投保问题

CIP 术语只要求卖方投保最低限度的保险险别。如买方需要更高的保险险别，则需要与卖方明确达成协议，或者自行做出额外的保险安排（表 1－2）。

表 1－2　　FCA、CPT 和 CIP 的比较

贸易术语	交货地点	风险转移	责任与费用负担								运输方式
			出口报关	出口关税	办理运输	运费	办理保险	保费	进口报关	进口关税	
FCA	承运人接管地	承运人接管地	卖方	卖方	买方	买方	买方	买方	买方	买方	任何
CPT	承运人接管地	承运人接管地	卖方	卖方	卖方	卖方	买方	买方	买方	买方	任何
CIP	承运人接管地	承运人接管地	卖方	卖方	卖方	卖方	卖方	卖方	买方	买方	任何

五、六种主要贸易术语的比较

（一）FCA、CPT、CIP 与 FOB、CFR、CIF 的相似之处

（1）FCA、CPT 与 CIP 是在 FOB、CFR、CIF 的基础上发展出来的，因此，在一些基本点上两组术语有一些相似之处。

（2）两组术语都属于象征性交货，卖方提交了代表货物所有权的单据，就等于履行了交货义务。这两组术语中 FCA 和 FOB 相对应，CPT 和 CFR、CIP 和 CIF 一一对应，在买卖双方的权利和义务、费用和风险划分上有相似之处。

（3）在CIP和CIF术语中，除非双方有明示相反的协议，否则卖方均按伦敦保险业协会的《协会货物条款》或者其他类似保险条款替买方投保货物运输的最低险别。

（二）FCA、CPT、CIP与FOB、CFR、CIF的主要区别

1. 交货地点不同

FCA、CPT、CIP的交货地点在出口国承运人接管地（主要在内陆）；FOB、CFR、CIF的交货地点则在装运港船上。

2. 风险转移地点不同

FOB、CFR、CIF三种术语的风险转移点为装运港船上，而FCA、CPT、CIP的风险则自货物交付承运人接管时转移。承运人接管货物地点可以在其提供的运输工具上，也可以为约定的运输站或收货站。

3. 装卸费用负担不同

采用承租船运输时，FOB条件下需要通过变形以明确装船费用由何方负责，在CFR、CIF条件下也需要通过变形以规定卸货费用由何方负担；而FCA、CPT、CIP术语同样采用承租船运输，由于装卸货费用通常已经包括在运费中，所以买卖双方一般不需要在合同中规定装卸费用由何方负担。

4. 适用的运输方式不同

FOB、CFR、CIF只适用于海洋运输和内河航运，其承运人一般仅限于船公司，而FCA、CPT、CIP则适用于包括海洋运输在内的各种运输方式，其承运人可以是船公司、航空公司或多式联运经营人等。

5. 运输单据不同

按FOB、CFR、CIF条件，卖方应提供与海洋运输有关的运输单据，如可转让的海运提单、不可转让的海运提单或内河运单等；而按FCA、CPT、CIP术语，卖方向买方提供的运输单据须视运输方式而定。除在海运和内河航运方式下提交与FOB、CFR、CIF条件相同的单据外，在铁路、公路、航空运输或多式联运方式下，则应分别向买方提交铁路运单、公路运单、航空运单或多式联运单据。

【例1-6】我某进出口公司向新加坡某贸易有限公司出口香料15吨，对外报价为每吨2500美元FOB湛江，装运期为10月份，集装箱装运。我方10月16日收到买方的装运通知，为及时装船，公司业务员于10月17日将货物存于湛江码头仓库，不料货物因当夜仓库发生火灾而全部灭失，以致货物损失由我方承担。问：在该笔业务中，我方的做法有何不当之处?

答：我方不应选择FOB术语成交而应选择FCA术语成交。本案采用集装箱运输，若采用FCA术语成交，比采用FOB术语成交具有以下好处：可以提前转移风险；可以提早取得运输单据；可以提早交单结汇，提高资金的周转率。

（三）应扩大使用FCA、CPT和CIP

出口贸易使用集装箱海运时，对卖方而言采用FCA、CPT、CIP贸易术语要比采用FOB、CFR、CIF术语更为有利。具体表现在以下两个方面：

（1）可以提前转移风险，减少卖方的风险责任。FCA、CPT、CIP术语卖方交货点

为承运人接管货物的地点，而非船舷，它使卖方在货物未装上船时就把风险转移至买方，从而减少卖方的风险责任。

（2）可提早取得运输单据，从而提早交单结汇，减少利息损失，提高资金周转率。

六、其他的五种贸易术语

（一）EXW 术语

EXW 是 Ex Works（named place）的英文缩略语，意思是工厂交货（指定地），指卖方在其所在地（即工厂或仓库等）将备妥的货物交付买方时，履行其交货义务。特别是卖方不承担将货物装上买方备妥的运输车辆或办理出口的责任。在本术语下，卖方承担最小的义务，在买方不能直接或间接办理出口手续的情况下，不应使用本术语，而应使用 FCA 术语，在广东、深圳沿海等地向港澳地区出口，有些采用 EXW 术语。

（二）FAS 术语

FAS 是 Free Alongside Ship（named port of shipment）的英文缩略语，意思是船边交货（指定装运港），指卖方在指定的装运港码头或驳船内将货物交至船边，履行其交货义务。从交到船边时起买方必须承担货物丢失或损坏的一切风险。FAS 要求卖方办理出口结关手续。

（三）DAT 术语

DAT 是 Delivered at Terminal（named terminal at port or place of destination）——终点站交货（指定目的港或目的地终点站），是指卖方在指定目的港或目的地终点站，将从到达的运输工具上卸下货，交由买方处置时，完成交货。终点站包括任何地方，如码头、仓库、集装箱堆场，或公路、铁路、航空货站。卖方负担将货物运至目的港或目的地指定终点站并卸下的一切风险。本术语适合于任何运输方式。

在清关适用的地方，DAT 术语要求卖方办理货物出口清关，但无义务办理货物进口清关。

（四）DAP 术语

DAP 是 Delivered at Place（named place of destination）——目的地交货（指定目的地），是指在指定的目的地，将到达的运输工具上待卸下的货物交由买方处理时，卖方完成交货。卖方负担将货物运至指定目的地的一切风险。本术语适合于任何运输方式。

在清关适用的地方，DAP 术语要求卖方办理货物出口清关，但无义务办理货物进口清关。

（五）DDP

DDP 是 Delivered Duty Paid（named place of destination）的英文缩略语，意思是完税后交货，指卖方将货物交付至进口国指定地点，履行其交货义务。卖方必须承担风险和费用，包括进口关税及交付货物的其他费用，并办理进口结关手续。DDP 术语中，卖方承担的义务最大。

卖方不仅需办理货物出口清关，也需要办理进口清关，并支付任何出口和进口关税和其他费用。本术语适合于任何运输方式。各类贸易术语风险点及交货点见图

1－6。

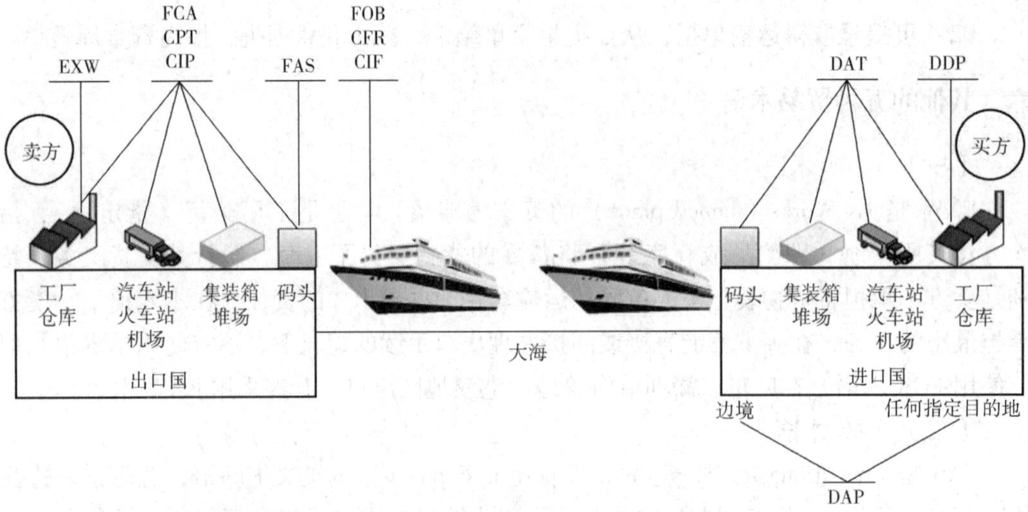

图1－6　《INCOTERMS 2010》贸易术语风险及交货示意图

七、贸易术语的选用

根据国际社会对不同贸易术语的使用现状及其发现趋势，以下几个准则供参考。

（一）贸易术语选用指引

1. 继续运用装运港船上交货的三种术语

FOB、CIF、CFR 是我国贸易界最熟悉的三种术语，在长期的使用中积累了丰富的经验，今后在运输方式为单一的海运时仍可运用。对于这三种术语，也可针对不同情形分别运用。在出口贸易中，应尽量争取采用 CIF 和 CFR，这样既有利于我方衔接船货，按时完成出口任务，也有利于促进我国远洋运输事业和保险事业的发展，增加外汇运费和保险费收入。但在出口大宗商品，国外买方要求自行租船运货的，也可采用 FOB。在进口贸易中，除零星商品或个别外国港口我方派船不便的，可运用 CIF 术语外，应争取采用 FOB 术语，由我方租船或订舱接运货物，自行办理保险，以节省外汇运费和保险费，促进我国航运、保险事业的发展，并有利于保障进口货物的安全。

2. 鼓励推广选用货交承运人的三种术语

在海运时，如果国外买方愿意用 FCA、CPT、CIP 时，我方应考虑尽量运用这三种术语。运用这三种术语有两方面的好处：第一，使风险转移的时间提前，由货物装船到货交承运人，减少了出口的风险；第二，使收汇时间提前，在 FCA、CPT、CIP 三种术语中，我方只要将货物交给承运人，就可自承运人取得运输单据并凭其向买方或指定银行收取货款。而承运人将接管货物装上船，通常需要几天的时间，有的甚至多达十天半个月，如果不选用货交承运人的术语，仍按原来的 FOB、CIF、CFR，则收汇时间就要推迟。

在货物是通过铁路、航空、多式联运等方式运输时，FOB、CIF、CFR 是不适合的，应采用 FCA、CPT、CIP。

3. 根据具体情形，选用其他贸易术语

通则的 11 种术语各有特定用途，买卖双方可根据具体的情形，分别选用其他 5 种贸易术语。如内陆毗邻国可考虑选用 DAP；深圳与香港地区的某些进出口可采用 EXW 等。此外，还要注意，在贸易合同中应注明所选用的术语是《2010 年国际贸易术语解释通则》中的术语，以避免事后产生纷争或歧义。

（二）选用贸易术语的考虑因素

1. 考虑相关国家的政策

在国际贸易业务中，各个国家为了保护和发展本国的航运和保险业，节省运费和保险费的外汇支出，无不鼓励其商人原则上进口采用 FOB 条件，出口采用 CIF 条件。多数发展中国家，甚至以立法的形式对此做出明确规定。因此，我们在选择价格条件时，首先应考虑双方国家的政策。一般做法是：对发达国家，出口宜采用 CIF 或 CFR 条件，进口采用 FOB 条件；对于发展中国家，出口可采用 FOB 或 CFR 条件，进口则采用 CFR 或 CIF 条件。

2. 考虑办理运输的能力

买卖双方采用何种贸易术语，首先应考虑采用何种运输方式运送。在本身有足够的运输能力或安排运输无困难，而且经济上又合算的情况下，可争取按由自身安排运输的条件成交（如按 FCA、FAS 或 FOB 进口，按 CIP、CIF 或 CFR 出口）；否则，应酌情争取按由对方安排运输的条件成交（如按 FCA、FAS 或 FOB 出口，按 CIP、CIF 或 CFR 进口）。

3. 考虑办理进出口货物结关手续有无困难

在国际贸易中，关于进出口货物的结关手续，有些国家规定只能由结关所在国的当事人安排或代为办理，有些国家则无此项限制。因此，当某出口国政府规定，买方不能直接或间接办理出口结关手续，则不宜按 EXW 条件成交，而应选用 FCA 条件成交；若进口国当局规定，卖方不能直接或间接办理进口结关手续，此时则不宜采用 DDP，而应选用 D 组的其他术语成交。

4. 考虑货源情况

小宗货物买卖采用 CIF 条件，简捷方便。这是因为，小额交易若采用 FOB 条件，由买方安排航运及保险十分不便。而采用 CIF 条件，航运保险等事宜均由卖方办理，显然对买方有利。相反，大宗货物的买卖，在航运保险竞争激烈的情况下，货主可凭其优越的条件与运输人、保险人谈判，取得优惠的运费与保险费，甚至买方可自行租船载货，从而节省大笔运费的支出，因此进口商大多选择 FOB 条件。

5. 考虑运费因素

在装卸港口发生拥挤、罢工、武装对抗等情况时，轮船公司大都不愿行驶上述区域，或者加收额外费用，因此选择 FOB 条件对卖方有利。这是因为，在 FOB 条件下，租船订舱的责任归属于买方，一切额外支出理应均由买方负担。此外，在运费看涨的形势下，进口商宜用 CFR 或 CIF 条件，使运费可能上涨的负担由对方承担。反之，则应采用 FOB 条件，这样可节省下跌差额的运费及其他费用。

6. 考虑海上风险程度

在国际贸易中，出口人一般都不愿意用目的地类交货的术语，如 DAT、DAP 和 DDP，这主要是由于对国外的情况不了解，谁都不愿冒此风险。

7. 考虑国外港口装卸条件和港口惯例

各国港口的装卸条件不同，装卸费和运费水平也不一样，并且某些港口还有一些习惯做法，交易中往往难以把握。我方出口时，如果目的港条件较差，费用较高，我方应力争用 FCA 或 FOB 术语成交。

8. 考虑结算方式

在远期信用证或远期 D/P 的支付方式下，采用 CIF 或 CFR 条件对买方有利，因为这两类价格条件的运费、保费由卖方负担，卖方支出运费、保费后而买方的付款却是远期的，从而得到一定的资金融通。采用即期信用证或即期 D/P 支付，若运费、保费在全部成本中占较大比率时，选择 FOB 条件对买方有利，因为 FOB 条件一般为到付运费，自然减少了开证金额和费用。从另一方面看，在资金不足的情况下，采用 CIF、CFR 条件对卖方有利。因为由卖方租船订舱（或代理），可及时将货物装运，以便迅速押汇加快资金周转；如果采用 FOB 条件，若是买方指定的船舶迟到，将严重影响卖方的资金周转，同时会加重利息、仓租负担。

9. 考虑时令习惯和安全

对于时令性强的商品，如圣诞节礼物、狂欢节啤酒、感恩节火鸡等，为争取贸易机会，赶上销售的最佳时节，买方应以 FOB 条件为最佳选择，以免卖方的延误而造成重大损失。对于厂方向国外订购的零配件、主机等商品，宜采用 FOB 条件，由买方自行安排最有利的装船时机、最可靠的船运公司承运，以确保货物安全及准时抵达。

八、贸易术语和国际货物买卖合同的关系

贸易术语不同于法律，但当事人可通过合同受约束或排除适用。当贸易术语未写入合同时，其本身仍是国际惯例，无法律约束，但当其被写入合同时，便具有了约束力。贸易术语被写入合同时，有两种写法：其一，原封不动地写入；其二，写入合同时对其加以变更，此时应以变更之后的内容为准。

【例 1-7】某年我国某外贸公司向德国进口商出口一批核桃仁，交货条件为 CIF 汉堡。由于对方购货主要在 12 月份的圣尼古拉节上销售，交货延迟会影响其售价，故要求在合同中明确规定“卖方须于 10 月中旬在上海港装运，并保证货物于 11 月月底之前到达汉堡，否则，买方有权拒收货物，并要求损害赔偿”。途中由于船机损坏，又遇风浪，致使该批货物于 12 月 7 日才到达汉堡。买方据此拒收货物，要求赔偿损失。

答：此案中，双方当事人将 CIF 写入合同时，变更了其交货地点，即 CIF 的交货地点应为上海港，而合同将其变更为汉堡港，应以变更后写入合同的内容为准，对双方当事人具有法律约束力。而我方货物于 12 月 7 日才到达汉堡，违反了合同规定的到汉堡港的时间，属违约行为，故买方索赔有理。

【例1-8】英国商人向我国甲公司按CFR上海条件出口小麦3000公吨，在伦敦港装船时，英商共装运了5000公吨散装小麦，其中的2000公吨出口给我国另一家公司（乙公司），船舶在航行途中由于天气炎热导致3000公吨小麦变质，船到上海港卸下的2000公吨未变质小麦被乙公司提走了，甲公司则收到剩下的变质小麦，于是甲公司向英商提出索赔要求，英商回电“变质小麦的损失其不负责，因为装船时小麦完好，而CFR条件的风险划分以货物装船为界”，你认办该批小麦的损失应由谁负责？

答：应由英商承担，理由如下：

（1）中英两国都是《联合国国际货物销售合同公约》（以下简称《公约》）的缔约国，双方当事人未排除公约的适用，则公约自动适用。

（2）根据《公约》对风险转移确定的原则：①以交货时间确定风险转移；②过失划分原则（若卖方发生违约行为，上述原则不予适用）；③国际惯例优先；④划拨是风险发生转移的前提条件，货物在划拨合同项下前风险不发生转移风险，其中划拨是风险转移的前提条件，而本案中，英商将小麦混装在一起，未进行划拨，因此，风险不转移，应由英商承担。

■ 情境演练

湖湘电器公司通过前期准备，办妥了进出口相关手续，取得了出口经营权，公司打算新成立一个对外贸易部，目前有两种方案：一种方案是全部从社会招聘或是从其他企业高薪挖人，和市场部平级；另一种方案是高薪聘请一部分，公司内部培养一部分，组织机构将下置于市场部，增设一个市场部副经理，专门负责出口事务。

李华远也听说了这两种方案，作为市场部经理，第一种方案他会受到影响，但是不太大，相对而言，他的工作会很轻松，还是专注于自己熟悉的这一块，但是得不到成长。他反而更倾向于第二种，虽然会辛苦很多，责任会大很多，但也意味着他的职务权利将得到提升，职业生涯通道会更便捷，升职的机会变大，对他而言，是挑战，也是机遇。另一方面，李华远对外贸业务不太了解，也担心自己成了“外行领导内行”的那一位。他听同行说过一些事情，国际买卖有专门的术语，不同的术语对于买卖双方的责任和义务完全不一样。有时候宁愿价格便宜点，也要选择自己想要的贸易术语来签订合同。

公司正处于高速发展的关键时期，产品出口是一个很大的突破口，如果他对外贸业务一点都不熟悉的话，第一种方案的可能性就非常大，如果事先能做一些功课，在尽可能短的时间内熟悉一些规则惯例，那么才能参与到外贸业务中来，再通过一两次的业务往来，他才有可能“入门”。

他想起了小姜和小邓，由于上次出口经营权的手续办得很顺利，两位刚毕业不久的大学生目前在李华远的心目中有了一定分量。这次他还是想将了解贸易主语的任务交给两人。如果能让他满意，那么以后可以考虑尽快地培养成为骨干，于是他找来了小姜和小邓。

李华远："贸易术语你们熟不熟，能给我讲讲吗？"

小姜和小邓在课堂上都比较认真，人也比较聪明，上次李经理让他们准备外贸和国际物流方面的知识的时候，就想到了李经理有可能会深入了解，因此，他们把上课时候的书都找出来好好地看了几遍。

小邓和小姜各自就自己熟悉的方面给李经理介绍了一些主要贸易术语的特点、风险划分和责任义务。

李华远："你们说的我大致了解了，但是不是很具体，这样，我结合我们公司产品给你们出一个题目，你们做做看。"

小姜和小邓一听，心里就开始紧张，要说理论的东西，书本上他们都看过了，也熟悉了，但是要结合实际，两人还真没底。

"您说。"

李华远："现在我们公司的矿用自卸车质量不错，销量也好，我们如果想出口澳大利亚，或者美国，你们刚讲的11种贸易术语，哪一个贸易术语对我们公司最有利，或者说，结合价格、运输运装和风险，你们把所有的方案列出来，哪几种方案是可以接受的，哪几种是不可以接受的？可以考虑接受的方案我们要注意哪些地方？"

小姜和小邓两人正在考虑怎么回答，李华远又说到："一下子让你们回答有点强人所难，这样，我再给你们两天时间，你们回去准备，两天后交给我你们的方案，我也实话告诉你们，公司目前很重视出口业务，这也将成为公司几年内的工作重心，你们学过一些相关知识，是你们的优势，如果你们能把握住机会，将会有很大的发展空间。让你们做的这个比较方案，如果你们做的让我满意，那么这次季度奖的绩效考核每人多2000块钱。"

……

请问，如果你是小姜和小邓，请结合贸易术语的特点，准备比较方案。

课后思考与练习

一、选择题（每题至少有一个正确答案）

1.《2010 通则》中 C 组术语与其他组术语明显不同的特点是（　　）。

A. 交货地点不同　　B. 风险划分界限不同

C. 买卖双方的费用划分点和风险划分点相分离　　D. 适用的运输方式不同

2. 向承运人交货的贸易术语有（　　）。

A. FCA　　B. CIF　　C. CPT　　D. CIP　　E. EXW

3. 我方与外商达成一笔 CIF 出口合同，当我方按规定缮制全套合格单据向买方要求付款时，获悉货物在海运途中全部灭失。这种情况下（　　）。

A. 外商因货未到岸，可以拒绝付款

B. 因单据合格，外商仍应付款

C. 应由我方向保险公司要求赔偿

D. 因货物实际损失了，我方未完成交货，因此不能要求外商付款，只能重新发货

4. 就卖方承担的风险而言，（　　）。

A. CIF 比 CFR 大　　B. CIF 与 CFR 相同

C. CFR 比 CIF 小　　D. 有时 CIF 大，有时 CFR 大

5. 下列属于 CIF 术语特点的有（　　）。

A. 装运合同　　B. 象征性交货　　C. 适用于任何运输方式

D. 到岸价　　E. 风险划分界限为装运港船舷

6. CIP 和 CPT 贸易术语中，租船订舱责任承担方分别为（　　）。

A. 卖方/卖方　　B. 卖方/买方　　C. 买方/买方　　D. 买方/卖方

7. FOB 与 FCA 相比较，其主要区别有（　　）。

A. 适用的运输方式不同　　B. 风险划分界限不同

C. 交货地点不同　　D. 出口清关手续及其费用的承担方不同

E. 提交的单据种类不同

8. 按《2010 年通则》，以 CIF 贸易术语成交的合同一般应由（　　）办理投保手续。

A. 卖方　　B. 买方　　C. 承运人　　D. 保险人

9. 有关贸易术语的国际贸易惯例主要有（　　）。

A.《1932 年华沙－牛津规则》　　B.《1941 年美国对外贸易定义修订本》

C.《2010 年国际贸易术语解释通则》　　D.《海牙规则》　　E.《汉堡规则》

10. 成交一批由上海出口至英国伦敦的羊毛，下列贸易术语不正确的有（　　）。

A. FOB 上海　　B. FOB 伦敦　　C. CFR 英国目的港

D. CIF 上海　　E. CIP 伦敦

11. 贸易术语在国际贸易中的主要作用是（　　）。

A. 简化交易手续　　B. 明确交易双方责任

C. 缩短磋商时间　　D. 节省费用开支

12. 根据《2010 通则》的解释，采用 CFR 术语时，卖方无义务（　　）。

A. 租船订舱　　B. 取得货运单据

C. 取得出口许可证　　D. 办理货运保险

13. 在以 CIF 和 CFR 术语成交的条件下，货物运输保险分别由卖方和买方办理，运输途中货物灭失和损坏的风险（　　）。

A. 前者由卖方承担，后者由买方承担　　B. 均由买方承担

C. 均由卖方承担　　D. 前者由买方承担，后者由卖方承担

14. 在装运港交货的三种常用价格术语中的（　　）术语下，卖方装船后应及时向买方发出装船通知，最为重要。

A. CFR　　B. FAS　　C. FOB　　D. CIF

15. 在（　　）术语中，买方承担的责任最多。

A. CIF　　B. DDP　　C. FOB　　D. EXW

16. 象征性交货是指卖方的交货义务是（　　）。

A. 实际交货　　B. 不交货　　C. 凭单交货　　D. 既交单又实际性交货

17. 下列贸易术语中由卖方承担运费的有（　　）。

A. FOB　　B. CFR　　C. CIP　　D. CIF

二、案例分析

1. 某公司以 EXW 条件买进一批茶叶，在受领货物时，发现茶叶包装不适宜出口运输，据此公司拒绝提货和付款。问公司的做法是否合理?

2. 我某公司以 CFR 价出口一批货物，装运后即以电报形式向买方发出装船通知，但对方没有收到此通知，因而未及时投保，结果船在运输途中沉没，货物全部损失，买方向我方提出索赔，我方应如何处理？如果此事系我方未及时发出装船通知引起的，又该如何处理?

3. 某公司以 CIF 价向外商出口一批季节性较强的货物。双方在合同中规定：运货船只不得迟于 12 月 1 日抵达目的港。如迟于 12 月 1 日抵达，买方有权撤销合同。如货款已收，卖方必须将货款退还买方。问这一合同的性质还属于 CIF 合同吗？为什么?

4. 我方以 CFR 贸易术语与 B 国的 H 公司成交一批消毒碗柜的出口合同，合同规定装运时间为 4 月 15 日。我方备妥货物，并于 4 月 8 日装船完毕，由于遇星期日休息，我公司的业务员未及时发出装运通知，导致买方未能及时办理投保手续，而货物在 4

月 8 日晚因发生了火灾被烧毁。问：货物损失责任由谁承担？为什么？

5. 我某进出口公司对日本某客户发盘，供应棉织浴巾4000 打，每打 CIF 大阪 80 美元，装运港大连；现日商要求改报 FOB 大连价，问：我出口公司对价格应如何调整？如果最后按FOB 条件签订合同，买卖双方在所承担的责任、费用和风险方面有什么区别？

三、思考题

简述 FOB、CFR 和 CIF 三种术语的异同，并在下表各栏中分别填入“买方”或“卖方”的字样。

贸易术语	风险	责任		费用	
	谁承担货装上船后的风险	谁办理租船订舱	谁办理保险	谁支付到目的港的运费	谁支付保险费
FOB					
CFR					
CIF					

项目二

出口交易磋商和合同订立

任务1　合同标的物条款的制定

知识目标

- 掌握商品命名的方式。
- 掌握有关品质条款注意事项。
- 熟悉商品数量条款和包装条款以及定价报价技巧。

技能目标

- 能够在合同中列出有关数量、品质和包装条款的正确写法。
- 能够根据要求识别和制作唛头。

■　知识准备

标的是指法律行为所要达到的目的，包括交付财产、提供劳务和完成工作等。标的有时指行为，如运输合同、保管合同中的运输、保管等服务性行为；标的有时指不行为，如租赁合同中的出租人约定承租人不得将租赁物转租他人；标的有时也指物，如出口买卖合同的标的是进入国际贸易领域的货物。

明确规定标的物及品质要求，是商订出口买卖合同时必须首先要解决的问题。标的物及其品质的不同，不仅会影响商品的用途、运输方式，而且会造成商品价格上的差异，同时，合同的标的必须以一定的量来表示，数量的约定是一项有效合同所不可缺少的内容。此外，商品的包装也是买卖合同的重要内容。

一、商品的名称

在国际贸易中，看货成交的情况较少，交易双方商订合同时，往往很少见到具体商品，一般只是凭借对买卖的商品作必要的描述来确定交易的标的。因此，在合同中列明商品的名称就成为不可缺少的一项主要贸易条件。按照有关的法律和惯例，对交易标的物的描述，是构成商品说明（Description）的一个主要组成部分，也是买卖双方交接货物的一项基本依据，它关系到买卖双方的权利和义务。若卖方交付的货物不符合约定的品名或说明，买方有权提出损害赔偿要求，甚至可以拒收货物或撤销合同。由此可见，列明合同中的商品具体名称，具有重要的法律和实践意义。

商品的名称（Name of Commodity）是指能使某种商品区别于其他商品的一种称呼或概念。商品的名称一定程度上体现了商品的自然属性、用途以及主要的性能特征，是对成交商品的描述，构成商品说明的一个主要组成部分。

（一）商品品名的命名方法

（1）以商品主要用途命名，如洗洁精、旅游鞋。

（2）以商品所使用的主要原材料命名，如涤棉、羊绒衫。

（3）以商品主要成分命名，如西洋参、蜂王浆。

（4）以商品外观造型命名，如红小豆、喇叭裤。

（5）以商品制作工艺命名，如精制油。

（6）以人物命名，如孔府家酒，李宁运动服。

按照有关的法律和惯例，对交易标的物的描述，是构成商品说明的一个主要组成部分，若卖方交付的货物不符合约定的品名或说明，买方有权提出损害损偿要求，直至拒收货物或撤销合同。

【例2－1】2012年年初，我某公司对外签订一份合同，合同规定：商品品名为“手工制造书写纸”（HANDMADE WRITING PAPER），买方收到货物后，经检验发现货物部分制造工序为机械操作，而我方提供的所有单据均表示为手工制造，对方要求我方赔偿，而我方拒赔，主要理由是：

（1）该商品的生产工序基本是手工操作，而且关键工序完全采用手工。

（2）该交易是经买方当面先看样品成立的，并且实际货物品质又与样品一致。因此，应认为所交货物与商定品质一致。

分析：责任在我方。因为出口合同规定的商品品名为“手工制造书写纸”，而我方实际所交的货物部分制造工序为机械操作，我方显然违反了合同中的规定。虽然交易是经买方当面先看样品成交的，但此交易并非凭样品买卖，只能算参考样品，因此，卖方仍不能推卸其必须按合同交货的义务。对于该案例我方首先应认识到自己确已违反了合同，不应在是否违反合同上与对方纠缠；其次，我方应主动承认错误，晓之以理，以求得买方的谅解，并赔偿由此给买方造成的损失。

（二）合同中商品名称条款内容

商品名称条款的规定，取决于成交商品的品种和特点，它并无统一格式，可由交易双方酌情商定。合同中的品名条款通常比较简单，一般只是在“商品名称”或品名（Name of Commodity）的标题下，列明交易双方成交商品的名称。有时为了省略起见，也可不加标题，只在合同的开头部分，列明交易双方同意买卖某种商品的文句。

例如，品名：山东花生仁，Name of Commodity：SHAN DONG PEANUT

品名：中国桐油，Name of Commodity：CHINESE TONG OIL

品名条款的规定，还取决于成交商品的品种和特点。就一般商品来说，有时只要列明商品的名称即可。但有的商品，往往具有不同的品种、等级和型号。因此，为了明确起见，也要把有关具体品种、等级或型号的概括性描述包括进去，作进一步限定。此外，有的甚至把商品的品质规格也包括进去，在此情况下，它就不单是品名条款，而是品名条款与品质条款的合并。

（三）商品名称条款注意事项

国际商品买卖合同中的品名条款，是合同中的主要条件。因此，在规定此项条款时，应注意下列事项：

（1）必须明确、具体表达品名条款时，必须能确切反映交易标的物的特点，避免空泛笼统的规定，以利合同的履行。

（2）针对实际作出实事求是的规定品名条款中规定的品名，必须是卖方能够供应买方所需要的商品，凡做不到或不必要的描述性词句，都不应列入，以免给履行带来困难。

（3）尽量使用国际通用名称，有些商品的名称，各地称法不一，为了避免误解，应尽可能使用国际上通用的称呼。若使用地方性的名称，交易双方应事先就其含义取得共识。对于某些新商品的定名及其译名，应力求准确、易懂，并符合国际上的习惯称呼。

二、商品的品质

商品品质（Quality of Goods）就是商品的内在素质（包括物理的、化学的、生物的构造、成分和性能等）和外表形态（包括外形、色泽、款式和透明度等）的综合，是决定商品使用效能的重要因素。

品质条款是国际货物买卖合同中不可缺少的一项主要交易条件，是买卖双方交接货物的基本依据。根据《联合国国际货物销售合同公约》的规定：卖方交货必须符合约定的质量，如卖方交货不符约定的品质条件，买方有权要求损害赔偿，也可要求修理或交付替代货物，甚至拒收货物和撤销合同。

【例2－2】2012年3月，我某出口A公司对外成交一批食用柠檬酸。在交货时误将工业用柠檬酸装运出口。轮船开航后数天才发现所装货物不符。为了避免造成严重事故，A公司急速通知外轮代理公司，请该公司转告香港代理，于该船抵达香港时，将货物截留。虽避免了一次严重事故，但出口公司损失惨重。

分析：我出口公司误将工业柠檬酸当作食用柠檬酸装运出口，是严重违反了合同中有关品质的约定。根据《联合国国际货物销售合同公约》规定，卖方交货必须符合约定的质量，如卖方交货不符约定的品质条件，买方有权要求损害赔偿，甚至拒收货物和撤销合同。虽然A公司较早发现误装，但损失仍然很大，一旦没有及时发现，将工业柠檬酸运抵目的港后误作食用，将会造成更为严重的后果。

（一）对商品品质的要求

1. 交货品质必须符合合同规定

若交货品质低于合同要求显然是违约行为，而若交货品质高于合同要求也有可能构成违约。原因有多方面，如品质过高，买方办理进口手续时可能会多交税；另外品质过高，可能会使货物不能适应买方的使用目的，买方需重新加工后使用，从而会增加买方的额外费用。

2. 要适应国外市场的消费习惯和消费水平

由于世界各国经济发展很不平衡，各国人民的生活水平悬殊很大，各民族的爱好和生活习惯也不尽相同，因此，我国出口商品的品质、规格、花色、式样等应适应国外各有关市场的消费习惯和消费水平。为了有效地适应国外市场的需要，应及时了解国外市场情况和消费倾向，认真贯彻以销定产、产销结合的原则，使出口商品适销对路。

3. 要适应国外政府颁布的法律要求

出口商品要销往世界许多国家和地区，而每个国家和地区的贸易管制办法和进口税收的规定各不相同。为了使我国出口商品能够顺利出口并卖得适当的价格，必须加强调查研究，使商品的品质、规格尽量适应有关进口国家和地区的政府法令的要求。

4. 要适应国外自然条件和季节变化

由于各国自然条件不同，季节变化不一，因而对商品品质、规格的要求各异。同时，有些出口商品在运输、装卸和储存过程中，也往往会由于气候和各种自然条件的作用而发生物理变化或化学反应，从而使商品品质受到影响。因此，应当了解各个不同地区与国家的自然条件和季节变化情况及其对商品品质的影响，切实掌握商品品质在流通过程中的变化规律，并采取相应的预防措施以保证我国出口商品的到货质量。

（二）表示商品品质的方式

品质对商品的效用、市场价格和销路有重大影响，买卖双方为了保证交易商品符合一定的质量要求，都要在协商一致的基础上，在买卖合同中订立品质条款，就商品的品质及双方当事人在这方面的权利和义务做出具体规定，作为卖方交货和买方验收的依据。买卖双方地处两国，在洽谈交易时，往往没有看到全部商品，因此，需要有某种说明品质的方法，作为洽谈和履行合同的依据。通常用来表示商品品质的方法基本上有两大类。

1. 实物表示法

（1）看货成交。即由卖方在货物存放地点向买方展示准备出售的货物，经买方现场检视满意后达成交易。以这种方式达成的交易，货物的品质以检视时的状态为准。卖方只要交付经检视的货物，买方就不得对其品质提出任何异议。

一般而言，看货成交是在卖方掌握现货，并且货物数量不太大，买方能够亲临现场的条件下进行的。所以，通常只适用于一些首饰或工艺品等贵重货物以及其他现货交易。

（2）凭样品（Sample）买卖。样品通常是从一批商品中抽取出来的或由生产、使用部门加工、设计出来的足以反映该批商品平均质量的少量实物。凭样品买卖是指买卖双方约定凭样品作为交货的品质依据的交易。而用来作为衡量交货品质的样品，即称为标准样品。在凭样品进行交易时，一般要在合同中明确规定：

“该样品应视为本合同不可分割的部分，所交货物的品质不得低于样品”（Sample

shall be treated as an integral part of this contract. The quality of the goods delivered shall not belower than the sample.)。

凭样品的买卖有两项基本要求：一是以样品作为交货品质的唯一依据；二是卖方所交货物必须与样品完全一致。

标准样品一般由卖方提供，但有时也可以由买方提供。前者称为“质量以卖方样品为准”（Quality as per seller's samples），后者称为“质量以买方样品为准”（Quality as per buyer's samples）。不论样品由谁提出，一旦达成交易，卖方所交货物的品质均须与样品相符，这是必须遵守的一项基本原则，也是卖方的一项主要义务。如两者不符，除合同另有规定外，买方可以提出索赔，甚至可以拒收货物，撤销合同。因此，在凭样品买卖时，必须注意以下几点：

①凡属凭卖方样品的买卖，在出口对外寄送样品时，必须注意选择有代表性的样品（Representative Sample），又称原样（Origin Sample）。样品的质量既不能偏高，也不能偏低。偏高，会给日后交货造成困难；偏低，会使卖方在价格上吃亏。在我国外贸业务中，为选好样品，各出口公司应与有关生产、商检部门共同研究后再选送国外。同时在寄送样品时应留存复样（Duplicate Sample），以便作为日后交货或处理品质争议时的依据。在凭对方样品进口成交时，应在合同中规定我方对整批到货有复验权的条款，否则，如实际到货的品质低于样品，我方无复验权就会影响对外索赔的权利。

②凡属凭买方样品的买卖，即“来样成交”，要考虑原料和生产、加工能力等各方面的条件，如可以做到的，应予接受，如对方来样的要求超过目前的生产、加工条件，就暂不宜接受。

在凭买方样品成交时，则卖方所交货物的质量，必须以买方样品为准。当买方寄给卖方样品要求按样成交时，卖方也可以根据买方样品进行复制或提出与之相似的样品作为“回样”（Return Sample）或“对等样品”（Counter Sample），寄交对方确认，作为交货时的品质依据，以免在交货时引起争端。如果买方接受了卖方提出的“对等样品”，则交易的性质即由凭买方样品的买卖变为凭卖方样品的买卖，这样，卖方就能主动控制交货的品质。同时，应留存一份或数份同样的样品，作为复样，以备日后交货或处理争议时核对之用。

③由于凭样品买卖的商品多属品质难以规格化、标准化的商品，要求其交货品质与样品完全相符，有时是难以办到的。因此，在出口业务中如采用凭样品买卖的做法时，要留有一定余地，在合同中作相应的规定：“交货品质与样品大体相符”（Quality to be considered as being about equal to the sample），或其他类似条款。

④在凭样销售交易中，为防止履行合同时发生不必要的纠纷，必要时可使用封样（Sealed Sample），即由公证机构（例如商品检验局）在一批商品中抽取同样品质的样品若干份，在每份样品上烫上火漆或铅封，供交易当事人使用。封样也可由发样人自封或由买卖双方会同加封。此外，凭对方样品成交，一般还应声明如发生涉及国外工业产权等第三者权利问题概由对方负责，必要时还应要求对方书面确认。

总之，在采取凭样品买卖时，往往容易引起纠纷。因此，在当前国际贸易中，除了一些不宜用科学方法表示品质的商品（如工艺美术品、服装、某些土特产品、少数轻工产品和个别矿产品）外，一般较少采用这种方式。

2. 用说明（Description）表示的方法

在国际贸易中，除了用样品外，凡是运用文字或图样表示商品品质的方法，均属凭说明表示品质的方法，具体又分为下列几种：

（1）凭规格、等级或标准的买卖（Sales by Specification，Grade or Standard）。在国际贸易中，有很大一部分商品是按一定的规格、等级或标准进行买卖的。商品不同，表示商品品质的指标和方法也不同。

①商品的规格（Specification）是指用来反映商品品质的一些主要技术指标，如成分、含量、纯度。由于商品特性不同，规格的内容也不同。凭规格买卖比较方便、准确，所以应用较广。

如：素面缎	门幅（in）	长度（yd）	重量（姆米）	成分
	55	38/42	16. 5	100% 真丝

②商品的等级（Grade）是指同一类商品，按其规格上的差异，用文字、数码或符号将品质分为各不相同的若干等级，如大、中、小，重、轻，甲、乙、丙，一级、二级、三级。凭等级买卖时，如果对方已熟悉每个级别的具体规格，就可以只列明等级，毋需赘述其具体内容。

如：冻带骨兔（去皮、去头、去爪、去内脏）

特级	每只净重	≥1500g
大级	每只净重	≥1000g
中级	每只净重	≥600g
小级	每只净重	≥400g

③商品的标准（Standard）是将商品的规格和等级予以标准化。在我国，商品的标准是由国家或有关政府部门规定的。在资本主义国家，商品的标准有的由国家规定，有的由同业公会、交易所或国际性的工商业组织制定。这些标准，有的有约束性，即不符合标准规定的品质的商品，不准出口或进口；有的没有约束性，由买卖双方根据需要决定采用或另订规格。

【例 2 - 3】A 出口公司与国外买方订立一份 CIF 合同，合同规定："番茄酱罐头 200 箱，每箱 24 罐 ×100g"，即每箱装 24 罐，每罐 100g。但卖方在出货时，却装运了 200 箱，每箱 24 罐，每罐 200g。国外买方见货物的重量比合同多了一倍，拒绝收货，并要求撤销合同。问：买方是否有权这样做？为什么？

分析：本案中合同规定的商品规格为每罐 100g，而卖方却交付的是每罐 200g，与合同规定的规格条件明显不符，违反合同中的品质规定。尽管卖方交付给买方的罐头重量高出一倍，对于买方来说，也并非好事，因为极有可能使他原来的商业目标全部落空，如果此规格的罐头不适销，还会给买方带来损失。另外，假设进口国是实行进口贸易管制比较严格的国家，如重量比进口许可证的重量多一倍，就可能遭到行政当局质询，甚至被怀疑有逃避进口管制、偷漏关税等行为而追究责任，其后果是相当严重的。

（2）凭牌号或商标的买卖。在国际贸易中，对于某些品质稳定并树立了良好信誉的商品，交易时仅凭牌号（Brand）或商标（Trade Mark）即可说明其品质者，可凭牌号或商标买卖。这种表示商品品质的方法已被各国广泛使用。

凭牌号或商标的买卖，主要包括以下两种情况：

①凭商品的牌号或商标进行买卖，如红双喜牌乒乓球、凤凰牌自行车或美加净牙膏等。

②凭商品的产地名称进行买卖，如天津红小豆、祁门红茶、嘉定蒜头等。对某些农副产品，除规定产地外，还要订明具体的规格或等级要求。

凭牌号或商标的买卖，从表面上看，卖方只要在商品上贴上合同规定的商标就可以履行交货义务，似乎很容易做到，但实际上并不那样简单，因为这类商品所使用的商标，一般都是经过卖方长期努力在国际市场上打开了销路的名牌，商标或牌号本身就代表着一定的质量水平。如果把质量不好的商品，贴上名牌的商标出售，有名无实，就会使消费者失去信心，从而把牌子卖倒，归根到底对卖方不利。因此，在出口贸易中，对于采用牌号、商标或产地名称成交的商品，一定要保证按传统的质量交货。凡不够条件或质量不稳定的商品，一般不要卖牌号货或产地货。为了使牌号货或产地货的质量有保证，除保持和不断提高名牌商品的质量外，最好能制定统一的规格或标准作为内部掌握，严格把好质量关，凡不合标准的，一律不予出口，以免影响出口商品的声誉。

（3）凭说明书和图样的买卖。有些商品，如机械、电器、仪表产品等，由于其结构和性能十分复杂，无法用几个简单的具体指标来反映其品质的全貌，因此，必须凭详细的说明书（Descriptions）以及图样（Illustrations）来具体说明其构造、用材、性能及使用方法等，必要时甚至还须辅以设计、照片、分析表等解释。按这种办法进行的买卖，称为凭说明书的买卖。

有些凭说明书买卖的机、电、仪器产品，除在合同中订有品质检验条款外，还订有品质保证条款和技术服务条款。明确规定卖方须在一定期限内保证其所出售的商品质量符合说明书上所规定的指标，如在保证期限内发现品质低于规定的指标，或部件的工艺质量不良，或材料内部有隐患而产生缺陷时，买方有权提出索赔，卖方有义务消除缺陷或更换有缺陷的商品或材料，并承担由此引起的各项费用。

（4）凭产地名称买卖。在国际货物买卖中，有些产品，因产区的自然条件、传统加工工艺等因素的影响，在品质方面具有其他产区的产品所不具有的独特风格和特色。对于这类产品，一般也可用产地名称（Name of Origin）来表示其品质，如龙口粉丝、四川榨菜、天津红小豆等。

上述国际贸易中一些常见的表示商品品质的方法，根据商品的特点和市场或交易习惯，可以单独运用，也可以酌情将几种方式结合运用。

（三）品质条款的主要内容

1. 品质机动幅度的约定

（1）约定一定幅度的品质公差（Quality Tolerance）。品质公差是指工业制成品在加工过程中所产生的误差，这种误差的存在是绝对的，它的大小反映着品质的高低，是由科学技术发展程度所决定的。在品质公差范围内买方无权拒收货物，也不得要求调整价格，这一方法主要适用于工业制成品。例如，出口手表，允许每48h误差1s，出口棉布，每匹可有0.1m的误差。

（2）约定交货品质的机动幅度（Quality Latitude）。品质机动幅度是指允许卖方所交货物的品质指标可有一定幅度范围内的差异，只要卖方所交货物的品质没有超出机动幅度的范围，买方就无权拒收货物，这一方法主要适用于初级产品。

品质机动幅度的规定方法主要有以下三种：

①规定范围：对某项货物的品质指标规定允许有一定的差异范围。例如，锦缎，幅阔35/36in，即布的幅阔在35～36in的范围内均合格。

②规定极限：对有些货物的品质规格，规定上下限。常用的表示方法有：最大、最高、最多、最小、最低、最少。

③规定上下差异：例如，灰鸭毛，含绒量18%，上下1%。

2. 交货品质与样品大致相同或类似条款

为了避免争议和便于履行合同，卖方要求在品质条款中加订“交货品质与样品大体相等（Quality to be Considered and Being about Equal to the Sample）”之类的条文。

3. 品质增减价条款

在品质机动幅度内，一般不另行计算增减价，即按照合同价计收价款。但有些货物，如果经买卖双方协商同意，也可在合同中规定按交货的品质情况加价或减价，这就是品质增减价条款。

如：中国芝麻

水分最高8%	每增减1%	合同价格减增1%
杂质最高2%	每增减1%	合同价格减增1%
含油量最低52%	每增减1%	合同价格减增1%

（四）规定品质条款的注意事项

应视商品特性而定。凡能用科学的指标说明其质量的商品，则适于凭规格、等级或标准买卖；有些难以规格化和标准化的商品，如工艺品等，则适于凭样品买卖。某些质量好并具有一定特色的名优产品，适于凭商标或品牌买卖；某些性能复杂的机器、电器和仪表，则适于凭说明书和图样买卖；凡具有地方风味和特色的产品，则可凭产地名称买卖。（注：能用一种方法表示品质的，一般不要用两种或两种以上的方法来表示）

思考：我某公司出口纺织原料一批，合同规定水分最高15%，杂质不超过3%，但在成交前曾向买方寄过样品，订约后，我方又电告对方成交货物与样品相似。货到后，买方提出货物的质量比样品低7%的检验证明，并要求我方赔偿损失。问：我方是否该赔？为什么？

三、商品的数量

（一）明确商品数量的意义

商品的数量是指以一定的度量衡单位表示的商品的重量、数量、长度、面积、体积、容积等。

买卖双方必须以约定的货物数量作为履行合同的依据，商品数量是买卖合同中不可缺少的主要条件之一。按照《联合国国际货物销售合同公约》规定，卖方所交货物的数量必须与合同规定相符。如卖方所交货物的数量小于合同规定的数量，卖方应在规定的交货期届满前补交，但不得使买方遭受不合理的不便或承担不合理的开支。即使如此，买方也有保留要求损害赔偿的权利。反之，卖方所交货物的数量如大于合同规定的数量，买方除了可以拒收超额部分外，也可以收取多交部分中的一部分或全部，但应按合同价格付款。

【例2－4】中国某公司向国外出口小麦，合同规定按重量计，共计200万t（公吨），每公吨100美元。而我方公司装船时共装运了230万t，对多装的30万t，外商可以如何处理？如果我方公司只装运了180万t，外商是否有权拒收全部小麦？

分析：根据《联合国国际货物销售合同公约》规定，如果卖方交付的货物数量大于合同规定的数量，买方可以收取也可以拒绝收取多交部分的货物，如果买方收取多交部分货物的全部或一部分，它必须按合同价格付款。本案例中，外商对我公司多交的30万t，可以拒收也可以全部收下，还可以只收下其中的一部分，如果外商收取多交小麦的全部或一部分，要按每公吨100美元付款。

如果我方公司只装运了180万t，外商无权拒收全部小麦。《联合国国际货物销售合同公约》规定：如果卖方交货数量少于约定的数量，卖方应在规定的交货期届满前补交，但不得使卖方遭受不合理的不便或承担不合理的开支，即使如此，买方也有保留要求损害赔偿的权利。在本案例中，外商只比合同规定少交20万t，尚未构成根本性违约，外商只有权要求我方公司在交货期内补交，没有权拒收全部小麦，如在补交期间，我方公司给外商带来不合理的开支，外商有保留要求损害赔偿的权利。

想一想：某公司向国外某客商出口40t机油，卖方实际交货时多交了2t，买方可做出如下（　　）的决定。

A. 收取42t货物　　B. 收取多交货物中的1t

C. 拒收42t货物　　D. 拒收多交的2t货物

（二）计量单位和计重方法

1. 计算数量的单位

由于商品的种类、特性不同以及各国度量衡制度不同，因此，计算数量的单位也不相同。通常使用的计量单位有以下几类：

（1）重量（Weight）。如吨（公吨、长吨、短吨）、克、公斤、磅等。一般天然产品及其制品，如矿产品、钢铁、盐、农副产品等，均按重量买卖。

（2）个数（Number）。如只、件、双、套、打、罗、令、台、架等。一般杂货及工业制品，均按个数买卖。

（3）长度（Length）。如米（公尺）、英尺、码等。一般多用于绳索、纺织品等货物。

（4）面积（Area）。如平方米（平方公尺）、平方码、平方英尺等。多用于玻璃和纺织品等货物。

上述长度和面积单位，主要应用于纺织品及金属绳索等细长物的计算。

（5）容积（Capacity）。如公升、加仑、蒲式耳等。粮食及部分液体商品按容积计算。

（6）体积（Volume）。如立方米（立方公尺）、立方英尺、立方码等。按体积单位成交的商品不多，仅应用于木材及化学气体等少数商品。

由于各国度量衡制度不同，所使用的单位各异，因此了解与熟悉相互之间的换算方法是很重要的。目前国际贸易中常用的度量衡制度，有国际单位制（国际单位制代号为“SI”，即 Internationa1 System of Units）、公制（the Metric System）、英制（The British Systern）和美制（The U. S. System）。

我国的法定计量单位为国际单位制，但为了适应国外市场习惯，在对外成交时，也有采用对方习惯的计量单位的。因此，在洽谈交易和签订合同时，必须明确规定使用哪一种度量衡制度，以免造成误会和纠纷。同时，还要掌握各国度量衡制度之间的换算方法。

2. 计算重量的方法

国际贸易中的许多商品是按重量买卖的。按照一般商业习惯，计算重量的方法有以下几种：

（1）毛重（Gross Weight）。即商品本身的重量加包装的重量，一般适用于低值的商品。

（2）净重（Net Weight）。商品本身的重量，即除去包装后的商品实际重量。大部分以重量计量的商品，都是以净重计价。但是一些价值较低的农副产品，如粮谷、饲料等有时也以毛重计价。这种以毛重计价的办法称为“以毛作净”（Gross for Net）。例如，中国东北大豆，100t，单层麻袋包装，每袋100kg，以毛作净。

货物按净重计算时，必须由毛重扣除皮重，计算皮重的方法有四种：

①实际皮重（Actual Tare 或 Real Tare）：即商品包装实际重量，是将整批货物包装材料逐一过秤求得的重量之和。

②平均皮重（Average Tare）：在皮重相差不大的情况下，从全体商品中抽出若干件包装材料，称出皮重，然后求出其平均重量，即为平均皮重。

③习惯皮重（Customary Tare）：有些比较标准化、规格化的包装，其重量已为市场所公认，因此不必逐件重复过秤，而以习惯上公认的包装重量计算，称为习惯皮重。

④约定皮重（Computed Tare）：即指买卖双方事先协商约定的皮重，不必过秤，逐一衡量。

计算皮重究竟采取哪一种方法，在磋商交易和签订合同时，也应明确加以规定，以免事后引起争议。如在合同中未明确规定用何种方法计算重量和价格的，按惯例应以净重计。

（3）公量（Conditioned Weight）。即用科学方法除去商品中所含的实际水分，再另加标准水分，所求得的重量。这种方法经常用于水分含量不稳定、易受空气湿度影响的商品，如羊毛、生丝、棉花等。

其计算公式为：

公量 = 实际重量×（1+标准含水量）/（1+实际含水率）

（4）理论重量（Theoretical Weight）。对于有固定规格和固定尺寸的商品，根据其数量经推算所得的重量。如马口铁、钢板规格一致，其重量大致相等，可以从张数推算其实际重量。

（三）合同中数量条款注意事项

合同中的数量条款（Quantity Clause）是买卖双方交接货物和处理争议的根据，因此，买卖双方签订合同时，必须对数量条款作出明确合理的规定。在买卖合同的数量条款中，一般须订明数量和计算单位。以重量计量的，还须明确计量的办法，如“中国蚕豆五百公吨，麻袋装，净重”。但有时在某些合同中也规定交货数量的机动幅度和作价办法。为了订好数量条款，在磋商交易和签订合同时，应当注意以下几点。

1. 合理地规定溢短装条款

有些出口商品如矿砂、化肥、食粮等，由于其本身特性或因自然条件的影响或受包装和运输工具的限制，实际交货数量往往难以符合合同规定的交货数量，为避免争议，可以订立溢短装条款。

溢短装条款：买卖双方在商订交货数量时订立一定的机动幅度，卖方在交货时可以溢交或短交合同数量的百分之几。数量机动幅度的大小要适当，应视商品特性、行业或贸易习惯和运输方式等因素而定。

【例2-5】2012年3月，广西某粮油进出口C公司向南非出口食糖。合同规定：食糖，数量500t（公吨），每公吨120美元，可有3%增减，由卖方选择；增减部分按合同价格计算。如果在交货前食糖市场价格上涨，在不违反合同的情况下，卖方要想获利，可装多少公吨？如果市场价格下降呢？

分析：按合同规定，卖方最多可交515t，最少可交485t食糖，增减部分按合同计价，如在交货前市场上涨，少交对卖方有利，即卖方可交485t；如交货前市价下降，多交对卖方有利，即卖方交515t。

2. 数量条款应当明确具体

在规定商品数量条款时，应尽可能使用明确、具体的字眼，以免在合同执行时引起不必要的纠纷。有时在合同数量条款中只规定“约量”（About or Approximate or Circa），即在合同规定的数量前加上“约”字，意思是卖方交货的数量可以有一定范围的灵活性。由于“约量”的字眼笼统含糊，国际上对其含义有各种不同的解释，有的解释为2%，有的解释为5%，也有的解释为10%。

而按《跟单信用证统一惯例》《UCP 600》规定，这种约数，可解释为交货数量有不超过10%的增减幅度。

3. 数量总计价格不要超过信用证金额

【例2－6】我某公司出口布匹以信用证结算，买方银行来证规定，数量大约为5000yd，每码1美元，但金额注明为不超过总额5000美元，则我某公司如何装运数量，最少应装多少，最多可以装多少？

分析：根据《跟单信用证统一惯例》规定，大约的解释为交货数量有不超过10%的增减幅度，所以最少应交 $5000-5000\times10\%=4500$yd，最多 $5000+5000\times10\%=5500$yd，但是，5500yd金额总计5500美元，超过信用证约定，故最多只能装5000yd。

注：根据惯例《UCP 600》第39条，除非信用证规定货物的指定数量不得有增减外，在所支付款项不超过信用证金额的条件下，货物数量准许有5%的增减幅度，但以包装单位或个数记数时不适用。

想一想：黑龙江某贸易出口公司与俄罗斯某公司成交一笔黄豆出口交易。合同的数量条款规定：每袋黄豆净重100kg，共1000袋，合计100t，但货物运抵俄罗斯后，经俄罗斯海关检查，每袋黄豆净重只有96kg，1000袋共96t，当时正遇市场黄豆价格下跌，俄罗斯公司以单货不符为由，提出降价5%的要求，否则拒收。请问：俄方的要求是否合理？我方应采取什么补救措施？另问：若该例黄豆不是用袋装而是散装，则结果又如何？

四、商品包装

在进出口业务中，大多数商品都要有一定的包装，以保护商品在流通过程中的品质安全和数量完整。因此，凡买卖需要包装的商品时，交易双方必须在合同中对包装条件作出明确规定。包装条款，是买卖合同中的重要条款之一。

（一）商品包装分类

1. 包装的重要性

商品的包装（Packing of Goods），是指为了有效保护商品品质的完好和数量的完整，采用一定的方法将商品置于合适容器的一种措施，目的是保护商品在流通过程中品质完好和数量完整。由于国际贸易商品一般需要经过长距离辗转运输，因此，国际贸易商品的包装比国内销售商品的包装更为重要。在国际贸易中，经过适当包装的商品，有利于储存、保管、运输、装卸、计数、销售和防止盗窃等工作的进行。

2. 包装的分类

出口业务中的商品可分为三类：

（1）裸装货物（Nuded Cargo）。裸装货物是指将商品用铁丝、绳索等加以捆扎或以其自身捆扎成捆、堆或束，不加任何包装物料。适用于一些品质比较稳定、自成件数、能抵抗外界影响、难以包装或不需包装的商品，如钢材、橡胶等。

（2）散装货物（Bulk Cargo）。散装是指直接将货物置于仓体、车体或船体的一定部位，不加任何其他包装，适用于一些数量较大、颗粒成堆或液态商品，如煤炭、矿砂、石油类等。近年来，随着码头装卸、仓储和散装运输设备的发展，采用散装交易的比重逐步增大。优势在于散装运输可以加快装卸速度、节省包装费用、仓容和运费。

（3）包装货物（Packed Cargo）。除了以上两类商品外，其他绝大多数商品都需要有适当的包装。

3.《联合国国际货物销售合同公约》关于包装的规定

《联合国国际货物销售合同公约》规定，卖方须按照合同规定的方式装箱或包装；如果合同未规定，货物按照同类货物通用方式装箱或包装，如果没有此种通用方式，则按照足以保全和保护货物的方式装箱或包装。

（二）运输包装

进出口业务中的商品包装，按其在流通过程中作用的不同，可以分为运输包装和销售包装两种。运输包装又称大包装或外包装（Outer Packing），它的作用主要在于保护商品的品质和数量，便于运输、储存、检验、计数、分拨，有利于节省运输成本。运输包装的方式主要有两种：单件运输包装和集合运输包装。

1. 单件运输包装

单件运输包装是根据商品的形态或特性将一件或数件商品装入一个较小容器内的包装方式。一方面，单件运输包装应坚固结实，具备保护商品品质安全和数量完整的良好性能，如能防潮、防震、防漏、防锈蚀、防碰撞、防盗和通风等。另一方面，单件运输包装应适于运输装卸、储存并符合节省运输费用的要求。单件运输包装所用的材料有木制品、金属制品、纺织纤维制品、陶土制品、纸制品和塑料制品等。制作单件运输包装时，要注意选用适当的材料，并要求结构造型科学合理，同时还应考虑不同国家和地区的气温、湿度、港口设施和不同商品的性能、特点和形状等因素。

2. 集合运输包装

随着科学技术的发展，运输包装方面使用集合包装的方式日益增多。集合包装是将一定数量的单件商品组合成一件大的包装或装入一个大的包装容器内。集合包装可以提高港口装卸速度，便利货运，减轻装卸搬运的劳动强度，降低运输成本和节省运杂费用，更好地保护商品的质量和数量，并促进包装的标准化。常用的包装容器有：

（1）集装箱（Container）。集装箱一般由钢板、铝板等金属制成，多为长方形，可以反复使用周转，它既是货物的运输包装，又是运输工具的组成部分。根据不同商品的要求，有的箱内还设有空气调节设备、冷藏设备，并备有装入漏出的孔道或管道。

使用集装箱，需要有专用的船舶、码头，并配备一定的机械和设施。目前国际上最常用的海运集装箱规格为 8ft × 8ft × 20ft 和 8ft × 8ft × 40ft 两种。

（2）集装包和集装袋（Flexible Container）。集装包是用合成纤维或复合材料编织成抽口式的包，适于装载已经包装好的桶装和袋装的多件商品。每包一般可容纳 1 ~ 1.5t

重的货物。集装袋是用合成纤维或复合材料编织成圆形的大口袋，适于集合包装商品，每袋一般可容纳 1～4t 重的货物。

(3) 托盘 (Pallet)。为防止货物散落，需要用厚箱板纸、收缩薄膜、拉伸薄膜等将货物牢固包扎在托盘上，组合成一件“托盘包装”，每一托盘的装载量一般为1～1.5t。

为了保证码头使用效率，有些合同中常常在信用证上规定进口货物必须使用集合运输包装，有的港口甚至规定进口货物如果不使用集合运输包装，不能卸货。

（三） 运输包装的标志

包装标志是指在商品外包装上刷制的简单图形和文字。为了便于识别货物，便于运输、检验、仓储和海关等有关部门工作的进行，以及便于收货人收货，在运输包装上需要按合同规定刷写一定的包装标志 (Packing Mark)，按其用途可分为运输标志、指示性标志和警告性标志三种。

1. 运输标志 (Shipping Mark)

运输标志，习惯上称为“唛头”，它通常是由一个简单的几何图形和一些字母、数字及简单的文字组成，其作用主要是便于识别货物，便于收货人收货，也有利于运输、仓储、检验和海关等有关部门顺利地进行工作，运输标志的主要内容有：

(1) 收、发货人的代号。用文字、字母及图形说明收货人或发货人，有的还加列合同号码。

(2) 目的地的名称或代号。

(3) 件号、批号（如箱号、包号、桶号、件号、批号等）。

唛头的式样如图 2－1 所示

图 2－1 唛头

联合国欧洲经济委员会，在国际标准化组织和国际货物装卸协调协会的支持下，制定了一项运输标志向各国推荐使用。该标准运输标志包括：①收货人或买方名称的英文缩写字母或简称；②参考号，如运单号、订单号或发票号；③目的地；④件号。至于根据某种需要而须在运输包装上刷写的其他内容，如许可证号等，则不作为运输标志必要的组成部分。

2. 指示性标志（Indicative Mark ）

以简单、醒目的图形和文字在包装上标出，提示人们在装卸、运输和保管的过程中注意的事项，称为指示性标志。例如“此端向上”“防湿”“防热”“防冻”“小心轻放”“由此吊起”“勿用手钩”“易碎”等。

3. 警告性标志（Warning Mark ）

警告性标志也被称作危险品标志，是指在装有爆炸品、易燃物品、腐蚀物品、氧化剂和放射性物质等危险货物的运输包装上用图形或文字表示各种危险品的标志。其作用是警告有关装卸、运输和保管人员按货物特性采取相应措施，以保障人身和物资安全，如图 2－2 所示。

易燃气体（第2类）或者易燃液体（第3类）

UN Transport symbol for inflammable gases (Class2) or liquids (Class 3)

易燃固体（第4类）

UN Transport symbol for inflammable solids (Class 4)

易自燃物品

UN Transport symbol for substances liable to spontaneous combustion

遇水释放出易燃气体的物品

UN Transport symbol for substances which, in contact with water, emit inflammable gases

氧化剂和有机过氧化物

UN Transport symbol for oxidizing substances and for organic peroxides

感染性物品

UN Transport symbol for infectious substances

图 2－2　警告性标志

（四） 合同中包装条款注意事项

合同中的包装条款（Packing Clause）的内容，应根据商品的性能、特点及所采用的运输方式而定，不同的运输方式和不同的商品，其包装条款的规定也不相同。在签订合同时，一般都有包装条款，如出口水泥合同条款中规定，用 5 层水泥纸袋包装，每包 50kg。但有些简单的包装条款，也可以和数量条款合并，如“中国东北大豆 2000t，单层麻袋包装”。

包装条款的条文，要求明确具体，一般应包括包装的用料、尺寸（大小）、每件的重量（数量）、填充物料和加固设备等。按照国际贸易惯例，运输标志一般可以由卖方提供，如买方没有特殊要求，可以不列入合同，或只订明“卖方标志”，由卖方自行设计，然后通知买方。此外，在国际贸易中，有些合同对包装条款只作原则性规定，如使用“海运包装（Seaworthy Packing）”和“习惯包装（Customary Packing）”的术语，此种术语，由于内容不明确，各国理解不同，容易引起争议。因此，在合同中，一般应尽量避免使用，如需使用时，应具体订明使用何种包装材料，以免引起纠纷。

【例2-7】包装条款示例：

（1）包装：每件装一塑料袋，半打为一盒，十打装一木箱。

PACKING：EACH PIECE IN A POLYBAG，HALF DOZEN IN A BOX AND 10 DOZEN IN A WOODEN CASE.

（2）包装：单层新麻袋，每袋约50kg。

PACKING：IN NEW SINGLE GUNNY BAGS OF ABOUT 50KG EACH.

包装物料和费用一般包括在货价之内，不另计价。但如果在买方对于包装材料和包装方式提出特殊要求的情况下，卖方也可要求另收包装费。如由买方提供包装或包装材料，则应在合同中具体规定，并订明买方包装送交卖方的时间以及由于包装不能及时运到而影响货物出运时对方所应负担的责任。如包装费用由买方负担，在合同中也应明确加以规定。

五、商品报价

商品价格是国际货物买卖的主要交易条件，价格条款也是合同中必不可缺的合同条款，在出口业务中，企业除应按照国际市场价格水平，结合经营意图和国别地区政策确定价格外，还应正确选择计价货币，适当地选用贸易术语，列明作价方法。

（一）出口商品的定价方法

国际货物出口的定价方法，一般均采用固定作价，即在磋商交易中，把价格确定下来，事后不论发生什么情况都按确定的价格，结算货款。但在实际业务中，有时也采用暂不固定价格、暂定价格等方法。

1. 固定作价

商品的价格，通常是指商品的单位价格，简称单价，在机电产品交易中，有时一笔交易中也含有多种产品或多种不同规格的产品而只规定一个总价。固定作价是指买卖双方明确约定成交价格，履约时按此价格结算货款。这是我国进出口贸易最常见的作价方法，也是国际上常用的方法。

价格一般包括计量单位、单位价格金额、计价货币和贸易术语四项内容。

如：每公吨　　300　　美元　　　　CIF 纽约

USD 300 per metric ton CIF New York

这种定价，即双方履约时必须遵守的价格，即使在订约后市价发生重大变化，任何一方也不得擅自变更原定价格。有的合同甚至对此做出明确规定，例如，每公吨300美元 CIF 纽约，合同成立后，不得提高（调整）价格。

为了减少价格风险，在采用固定价格时，首先，必须对影响商品供需的各种因素进行细致的研究，并在此基础上对价格的前景作出判断，以此作为决定合同价格的依据。

2. 非固定作价

（1）具体价格待定（后定价格）。这种订价方法又可分为：

①在价格条款中明确规定定价时间和定价方法。

例如，在装船月份前 45 天，参照当地及国际市场价格水平，协商议定正式价格。

②只规定作价时间而不规定作价方法。

例如，由双方在××年×月×日协商确定价格，但这种作价方式未作出规定，执行时易产生争执，一般只适用于双方有长期交往并已形成比较固定的交易习惯的合同。

（2）暂定价格。在合同中先订立一个初步价格，作为开立信用证和初步付款的依据，待双方确定最后价格后再进行最后清算，多退少补。例如，单价暂定 CIF 汉堡，每公吨 1000 英镑，作价方法：以××交易所 3 个期货，按装船月份月平均价加 5 英镑计算，买方按本合同规定的暂定价开立信用证。

（3）部分固定价格，部分非固定价格。为了照顾买卖双方的利益，解决定价方法可能存在的分歧，可以采用部分固定价格，部分非固定价格的方法。尤其是分期交货的合同，可以在订约时将交货期近的价格固定下来，其余的在交货前一定期限内由双方议定价格。

（二）贸易术语的选用

在出口业务中，可供选择的贸易术语有多种，其中以 FOB、CFR 和 CIF 最为常用，因为买卖双方都不愿意承担在对方国内所发生的风险，而这三种贸易术语都是以货物在装运港装上船为风险划分的分界线的，并且都不用到对方国家办理货物的交接。随着国际进出口业务的发展和运输方式的变化，FCA、CPT 和 CIP 术语的使用也日趋增多。

1. FOB、CFR 和 CIF 三种贸易术语的价格构成

FOB 价 = 生产成本价 + 国内费用 + 净利润

CFR 价 = 生产成本价 + 国内费用 + 国外运费 + 净利润

CIF 价 = 生产成本价 + 国内费用 + 国外运费 + 国外保险费 + 净利润

2. FCA、CPT 和 CIP 三种术语的价格构成

FCA 价 = 进货成本价 + 国内费用 + 净利润

CPT 价 = 进货成本价 + 国内费用 + 国外运费 + 净利润

CIP 价 = 进货成本价 + 国内费用 + 国外运费 + 国外保险费 + 净利润

其中生产成本价适用于生产制造企业，针对商业企业则是进货成本价，国内费用具体包括以下一些费用：

（1）加工整理费用。

（2）包装费用。

（3）保管费用（包括仓租等）。

（4）国内运输费用（仓至码头）。

（5）证件费用（包括商检费、公证费、领事签证费、产地证费、许可证费、报关单费等）。

（6）装船费（装船、起吊费和驳船费等）。

（7）银行费用（贴现利息、手续费等）。

（8）预计损耗（耗损、短损、漏损、破损、变质等）。

3. 主要贸易术语的价格换算

CFR = FOB + 运费

CIF = FOB + 运费 + 保险费

CIF = CFR + 保险费

注：根据《2010 年国际贸易术语解释通则》的规定，凡按 CIF 或 CIP 条件达成的合同，卖方有义务按 CIF 价或 CIP 价的总值另加 10% 作为保险金额。保险费 = CIF ×（1 + 10%）× 保险费率

故 CIF =（FOB + 运费）/［1 -（1 + 10%）× 保险费率］

【例 2 - 8】我某出口公司按每公吨 1200 美元 FOB 大连报出口商品，美国客户要求改按 CIF 旧金山报价，保险金额为加成 10%，保险费率为 1%，运费我方估计为 30 美元每公吨，问我应报多少？

分析：CIF =（FOB + 运费）/［1 -（1 + 10%）× 保险费率］

=（1200 + 30）/（1 - 110% × 1%）

= 1243. 68（美元）

（三）佣金与折扣

在磋商交易和计算价格时，有时会涉及佣金和折扣。

1. 佣金的含义

在国际贸易中，有些交易是通过中间代理商进行的，因中间商介绍生意或代买代卖而需收取一定的酬金，此项酬金称为佣金。

（1）含佣价。在货价中包含佣金的价格称为含佣价。例如，USD1000 per metric ton CIFC 5% London。

①如在合同价格条款中，明确规定佣金的百分比，称为“明佣”。

②如不在合同中表示出来，由当事人按约定另行私下交付，称为“暗佣”。

（2）双头佣。在买卖双方双头吃佣金，称为“双头佣”。

（3）净价（Net Price）。不含佣金的价格为净价。

2. 佣金的规定方法

（1）规定佣金率。

如：每公吨 1000 美元 CIF 香港包括佣金 3%。

USD1000 per metric ton CIF Hongkong including 3% commission.

也可以在贸易术语后直接加注佣金的英文缩写“C”并注明百分比，如：

每公吨 1000 美元 CIFC3% 香港

USD1000 per metric ton CIFC3% HongKong

（2）以绝对数表示佣金。

如：每公吨支付佣金 30 美元

在实践中，规定佣金率的做法比较常见，一般掌握在 1% ~5%。

3. 折扣

折扣的计算比较简单，一般按实际发票金额乘以约定的折扣百分率，即为应减除的折扣金额，而不存在按 FOB 或 FCA 价值还是按 CIF 或 CIP 价值计算的问题。如一笔出口业务，总金额为 80000 美元，折扣约定为 0.5%，那么折扣就是 80000 × 0.5% = 400 美元。

在出口业务中，佣金通常是由出口企业于收到全部货款后再支付给中间商或代理商。折扣一般由买方在支付货款时扣除。

六、装运条款

在对外磋商交易和签订买卖合同时，必然涉及装运条件。装运条件规定得合理和明确，是保证装运工作顺利进行和及时完成进出口任务的一个很重要的环节。如果在磋商交易和签订买卖合同时，忽略了运输问题，或对某些装运条件考虑欠周，使有关装运条款订得不适当或责任不明确，就会影响合同的履行，甚至引起各种争端。

由于国际业务中货物绝大部分通过海洋运输，以下仅就海上装运条款加以说明。在买卖合同中，涉及装运方面的条款，主要有装运期、装运港和目的港、装卸时间、装卸率、装运通知、分批装运和转船等项内容。

（一）“交货”和“装运”比较

1. 交货和交货地点

货物的交付简称交货（Delivery），是指卖方自愿将其对货物的占有权转移给买方的行为。交货地点是指卖方按买卖合同规定将货物交付给买方或承运人的地点。交货地点直接关系到买卖双方交接货物的具体安排，还涉及租订接运船舶等运输工具和指定承运人等事宜，因此，交货地点对买卖双方均至关重要。

2. “交货”和“装运”一致的情形

在使用 FOB、CIF、CFR 以及 FCA、CIP、CPT 六种装运术语达成的交易中，卖方在装运港或装运地将经出口清关的货物装到船上或者交付给承运人以运交，买方就算完成了交货义务。因此，在采用上述六种术语订立合同的情况下，“交货”和“装运”在一定意义上是一致的。

3. “交货”和“装运”相区分的情形

采用 E 组与 D 组术语成交时，均采用实际交货方式，且分属启运与到达术语，所以，按 E 组与 D 组术语达成交易时，“装运”和“交货”是两个完全不同的概念。其中，装运期是仅指卖方在装运港装运货物的时间；交货期是指卖方在目的港将货交给买方的时间。二者相差一个航程，其区别极为明显。

（二）交货时间

1. 交货时间的含义

交货时间又称“交货期”或“装运期”，是指卖方按买卖合同规定将合同货物交付给买方或承运人的期限。交货时间是买卖合同的主要交易条件，对买卖双方的利益均有很大影响，对买方来说，关系到能否适时适地地取得货物，满足其销售或使用的需要，对卖方来说，关系到能否在规定的时限内备妥货物，安排运输，办理各种必要手续，以交付买方。在国际货物买卖合同中，一般均须对交货时间作出明确具体的规定。

按某些国家法律规定，凡规定有交货时间的买卖合同，卖方必须严格按规定时间交付货物，不得任意更改，若有提前或延迟，均构成违约，买方有权拒收货物，解除合同并要求赔偿损失。

2. 约定交货时间的方法

在实际业务中，最常见的有关交货时间的规定有以下四种：

（1）规定某月装运。

如：Shipment during May，2014

2014 年 5 月装

（2）规定跨月装运。

如：Shipment during May/June 2014

2014 年 5/6 月装

（3）规定在某月月底或某日前装运；

如：Shipment at or before the end of May，2014

2014 年 5 月底或以前装运

（4）规定在收到信用证后若干天内装运。

如：Shipment within 30 days after receipt of L/C

收到信用证后 30 天内装运

其中，“规定某月装运”这种规定方法使用最广。需要注意的是，《UCP 600》第三条规定：“除非确需在单据中使用，银行对诸如‘迅速’‘立即’‘尽快’之类词语将不予置理。”因此，为避免误解而引起纠纷，除买卖双方对这类术语的解释已有一致的理解外，在买卖合同中应尽量避免使用。

（三）装运港（地）和目的港（地）

在采用 F 组、C 组术语合同中的交货地点条款通常包括装运港或装运地和目的港或目的地两个内容。装运港或装运地和目的港或目的地不仅关系到卖方于何地履行交货义务和货物的风险何时由卖方转移至买方，还关系到运输的安排，运费、保险费以至成本核算和确定售价等问题，因此，都必须在国际货物买卖合同中作出具体规定。

1. 装运港或装运地

在国际贸易中，装运港或装运地一般由卖方提出，经买方同意后确定。在实际业务中，应根据合同使用的贸易术语和运输方式正确选择和确定装运地点。在出口贸易中，为便于履行交货义务，节省开支，原则上应选择靠近产地、交通便捷、费用低廉、储存仓库等基础设施比较完善的地方。在使用 FOB、CFR 或 CIF 贸易术语进行交易时，应选择海轮能够直接进入载运货物的港口为装运港；在采用多式运输的情况下，一般应以便于多式运输经营人收货的地方作为装运地点。

如：Port of shipment：Qingdao and/or Shanghai

装运港：青岛和/或上海

2. 目的港或目的地

在国际贸易中，目的港或目的地一般由买方提出，经卖方同意后确定。在实际业务中，一笔交易，通常只规定一个目的港或目的地。

（1）目的港或目的地的选择。在国际货物买卖合同中，通常均需规定目的港或目的地。在 FAS、FOB、CFR、CIF、DES、DEQ 合同中，一般应规定港口；在 FCA、CPT、CIP、DDU、DDP 合同中，则可规定内陆地点。

如：Port of destination：London/Liverpool

目的港：伦敦/利物浦

（2）出口企业针对目的港或目的地需要考虑的问题。在出口业务中，我方出口企业决定可否接受国外客户提出的目的港和目的地时，通常应考虑以下几个方面的问题：

①贯彻我国的有关政策，不得以我国政府不允许进行贸易往来的国家和地区的港口或地方作为目的港或目的地。

②对目的港或目的地的规定，应力求明确具体，特别是按 C 组术语达成的交易。

③凡以非集装箱的一般海上散货运输方式交运的交易，货物运往的目的港无直达班轮或航次较少的，合同中应规定允许转运的条款。

④目的港必须是船舶可以安全停泊的港口，力求避免把正在进行战争或有政治动乱的地方作为目的港或目的地。

⑤对内陆国家的出口交易，采用 CFR 或 CIF 条件通过海上运输货物的，应选择距离该国目的地最近的，我方能够安排船舶的港口为目的港。除非多式联运承运人能够接受全程运输，一般不接受以内陆城市为目的地。

⑥规定的目的港和目的地，如有重名，应明确国别与所处方位。如维多利亚（Victoria），全世界有 12 个，为防止出错，凡以有重名的港口或城市作为目的港或目的地时，应明确标明所在国家和方位。

⑦正确使用“选择港”，有时国外中间商在与出口企业订立合同时，尚未找到合适的买主，未能确定最后的卸货地，为了取得更多的选择时间，有时会要求采用“选择港”的办法。即允许收货人在预先提出的两个或以上的卸货港中，在货轮驶抵第一个备选港口前，按船公司规定的时间，将最后确定的卸货港通知船公司或其代理人，船方负责按通知的卸货港卸货。需注意的是，出口企业在接受国外客户选择港要求时，需要注

意合同中规定“选择港”的数目一般不超过三个，备选港必须在同一条班轮航线上，而且是班轮公司的船只都停靠的港口。

如：CIF London/Hamburg/Rotterdam optional

CIF 伦敦/汉堡/鹿特丹，任选

（四）分批装运和转运

1. 分批装运

分批装运又称分期装运，是指一个合同项下的货物先后分若干期或若干批装运。在国际贸易中，有的交易因为数量较大，或是由于备货、运输条件、市场需要或资金的限制，有必要分期分批交货、到货者，则可在出口合同中规定分批装运条款。

在出口合同中，规定分批装运的方法，主要有以下两种：

（1）只原则规定允许分批装运，对于分批的具体时间、批次和数量均不作规定。这种做法下，卖方可较为主动地根据货源和运输条件，在合同规定的装运期内灵活掌握。

（2）在规定分批装运条款时，具体订明每批装运的时间和数量。这种做法下，买方可从其使用或转售的需要出发进行安排，有利于资金和仓储周转，而对卖方的限制较严，在出口业务中，卖方应予慎重对待此类条款，以免造成被动。

《UCP 600》第三十一条规定：“表明使用同一运输工具并经由同次航程运输的数套运输单据在同一次提交时，只要显示相同目的地，将不视为分批装运，即使运输单据上标明的发运日期不同或装卸港、接管地或发送地点不同。”

《UCP 600》第三十二条规定：“如信用证规定在指定的时间段内分批装运，任何一期未按信用证规定期限发运时，信用证对该期及以后各期均告失效。”

2. 转运

按照《UCP 600》第十九条的规定，转运是指在从信用证规定的发运接受监管或装运地至最后目的地的运输过程中，从一运输工具卸下，再装上另一运输工具（不论是否为不同运输方式）的行为。

按照《UCP 600》的解释，采用不同的运输方式，“转运”一词可作出不同的解释。其中，在海运情况下，转运是指从信用证中规定的装货港和卸货港的运输过程中，从一艘船只卸下，再装上另一船只；在航空运输情况下，转运是指从信用证中规定的启航机场至目的地机场的运输过程中，从一架飞机卸下，再装上另一架飞机；在公路、铁路或内河运输情况下，转运是指从信用证中规定的装运、发运或运输地至目的地运输过程中，在同一运输方式下，从一运输工具卸下，再装上另一运输工具。

《UCP 600》第十九条规定：“即使信用证禁止转运，银行也将接受注明转运将发生或可能发生的运输单据。”出于转运不可避免的趋势考虑，《UCP 600》所指的“禁止转运”，实际上仅指禁止海运中港至港除集装箱以外货物（即散货）运输的转运，但在实际业务中，尤其是出口合同中，仍以明确规定允许转运条款为宜。

如：Shipment during Oct. /NOV. /Dec. 2014，with partial shipments and transshipment allowed.

2014 年 10/11/12 月份装运，允许分批和转运。

During Mar. /Apr. in two shipments, transshipment is prohibited.

3/4 月分两次装运，禁止转运。

任务 2　出口交易磋商

知识目标

- 掌握出口交易磋商的形式和内容。
- 掌握常见的商业发盘的写作技巧。
- 熟悉发盘和接受的构成条件。

技能目标

- 能够寻找买家，并获得客户信任。
- 能够根据情境完成发盘、还盘和接受。
- 能够完成合同磋商和合同签订。

■ 知识准备

一、出口交易磋商的形式和内容

出口交易磋商（Export Business Negotiation），即出口合同磋商（Export Contract Negotiation），是指出口企业为出售某项货物与国外客户就各项交易条件进行洽商，以期达成协议的过程。交易磋商是以成立合同为目的，一旦双方对各项交易条件协商一致，买卖合同就成立，因此，磋商是合同的依据，合同是磋商的结果，交易磋商的过程也就是合同成立的过程。

（一）出口交易磋商的形式

出口交易磋商的形式有两种，分别是口头磋商和书面磋商。

1. 口头磋商

口头磋商包括由出口企业邀请国外客户来访，参加各种商品交易会（如广交会、小交会），以及由我方派遣出国推销人员、贸易代表团（组），或委托驻外机构、海外企业代为在当地洽谈等面对面的磋商。通过电话洽谈，也属于口头磋商形式。

口头磋商的优点是可以使双方及时、准确了解对方的合作态度，能根据具体进展随时调整战略，但最大劣势在于成本相对较高。举办一次洽谈会往往会有许多庞杂的费用要处理，代表团出访的成本更高，适用性不广，主要是通过面对面谈判以及国际电话进行。

2. 书面磋商

根据《联合国国际货物销售合同公约》第12条规定，书面磋商仅指通过交换信件、电报和电传进行交易磋商。但随着互联网的发展，在目前出口业务中，使用比较多的是电子数据交换和电子邮件，《中华人民共和国合同法》第11条规定：“书面形式是指合同书、信件和数据电文（包括电报、电传、传真、电子数据交换和电子邮件）等可以有形地表现所载内容的形式。”随着现代化通信技术的发展，书面磋商越来越简便易行，而且费用与口头磋商相比有时还更低廉一些，因此，成为日常业务中的常用做法。

（二）出口交易磋商的内容

交易磋商的内容，以货物的品质（质量）、数量、包装、价格、交货和支付条件为主要内容，但通常也涉及检验、索赔、不可抗力和仲裁条件等其他内容。而品质、数量、包装等这六项是成立买卖合同所不可缺少的交易条件，至于其他交易条件，特别是检验、索赔、不可抗力和仲裁，虽然不是成立合同不可或缺的内容，但是为了防止和减少争议的发生以及便于处理可能发生的争议，买卖双方在磋商时也不应忽视。

为了简化交易磋商内容，节省磋商的时间和费用，很多出口企业往往会在正式进行交易磋商之前，先与对方就“一般交易条件”达成协议。

一般交易条件（General Terms and Conditions）是指由出口商为出售货物而拟订的对每笔交易都适用的一套共性的交易条件，有时称为“一般销售条件”。

一般交易条件应按所经营的商品大类（如轻工业品、粮油食品、机械等）分别予以拟订。一般交易条件的内容，通常包括以下几方面：

（1）有关预防和处理争议的条款（如关于货物检验、索赔、不可抗力的规定）。

（2）有关主要交易条件的补充说明（如品质机动幅度、数量机动幅度、允许分批/转运、保险金额、险别和适用的保险条款、信用证开立的时间和到期日、到期地点的规定）。

（3）个别的主要交易条件（如通常采用的包装方法、凭不可撤销即期信用证支付的规定等）。

一般交易条件通常都印在出口商自行设计和印制的销售合同格式的背面或格式正面的下部，也称为格式条款。

二、出口交易磋商的一般程序

出口交易磋商的一般程序包括询盘、发盘、还盘和接受四个环节。其中，发盘和接受是达成交易、合同成立不可缺少的基本环节和必经的法律步骤。

（一）询盘（Enquiry）

1. 询盘的含义

询盘又称询价，是指买方为了购买或卖方为了销售货物而向对方提出有关交易条件的询问。其内容可以是只询问价格，也可询问其他一项或几项交易条件，以至要求对方向自己作出发盘。询盘按发出人的地位不同，可分为两种：

（1）邀请发盘（Invitation to Make An Offer）。邀请发盘是买方发出的询盘，这是出口业务中最常见的。

如：①Please offer northeast soybean most favorable price.

请报东北大豆价格。

②英国伦敦客户向我轻工业品进出口公司9月8日来电询盘。

Bookable middle size T－shirt 2000 dozen ，please cable lowest price earliest delivery.

拟订购中号T恤衫2000打，请电告最低价格和最快交货期。

（2）邀请递盘（Make A Bid）。邀请递盘是卖方发出的询盘。

如：①Can supply soybean oil，please bid.

可供豆油，请递盘。

②Can supply T－shirt march shipment cable if interested.

可供T恤衫3月装，如有兴趣电告。

询盘既可由买方发出，也可由卖方发出，对买卖双方均无约束力，不是交易磋商的必经步骤。但询盘是了解市场供求、寻找交易机会的有效手段，不应忽视。

2. 询盘应注意的问题

（1）询盘不一定要有“询盘”字样，凡是含有探询交易条件或价格方面的意思的均可作询盘处理。

（2）询盘人在询价时，除了询问商品价格条件外，也应注意询问其他的交易条件，如商品的款式、型号、数量、包装以及付款方式、交货时间、估价等。

（3）在选定了询盘的国别或地区后，要选择其中几家交易对象发出询盘，而不是同时间向所有潜在的交易对象发出询盘，以免暴露我方急于销售的意图。

（4）因买卖双方处于平等地位，所以询盘时可以不必使用过于客气的语气。同时，买卖是公司间的交易，不是私人交易，所以询盘应寄送公司，而不应寄送个人，避免信件被耽搁。

（5）询盘必须简洁、清楚，用词得体。

询盘是交易磋商的第一步，在法律上对询盘人和被询盘人均无约束力（即买方询价后不购货，或卖方询价后无出货责任。但在交易习惯上，应避免出现只询价或不购买、不售货现象，以维护自己的企业信誉）。但它往往是一笔交易的起点，应对接到的询盘给予重视，及时做出适当处理。

（二）发盘（Offer）

1. 发盘的含义

发盘又称发价，在法律上称为“要约”，交易一方接到对方的询盘后，主动向对方发出确定的交易条件，称为发盘，又称发价、报盘、报价。《联合国国际货物销售合同公约》明确：发盘是指向一个或一个以上特定的人提出订立合同的建议，并且表明在确定的数量和价格及其他条件在得到对方接受时，承受其约束。

发盘通常由卖方公司主动发出，习惯上称为售货发盘（Selling Offer），也可以由买方发出，习惯上称买方发盘购货发盘（Buying Offer），也称递盘（Bid）。

如：Offer 5000 dozen sport shirts sample March 15th USD84. 50 per dozen CIF New York export standard packing，May/June shipment payment by irrevocable sight L/C subject reply here 20th.

兹发盘5000 打运动衫，规格按 3 月 15 日样品，每打 CIF 纽约价为 84. 50 美元，标准出口包装，5 ~6 月装运，以不可撤销的信用证支付，限20 日复到。

2. 发盘的特点

（1）在发盘有效期内，发盘人不得随意撤销或修改其内容。

（2）发盘一经对方在有效期内表示接受，合同即可成立。

（3）发盘一生效，发盘人要按发盘条件承担法律责任。

（三） 还盘（Counter - Offer）

还盘又称还价，是受盘人对发盘内容不完全同意而提出修改或变更的表示。还盘是受盘人对发盘的拒绝，因其对原发盘的交易条件做了修改、增添或限制，实际上构成了新的发盘。一方的发盘经对方还盘以后即失去效力，除非得到原发盘人同意，受盘人不得在还盘后反悔，再接受原发盘。

一方发盘，另一方如对其内容不同意，可以进行还盘。同样，一方的还盘，另一方如对其内容不同意，也可以再进行还盘。一笔交易有时可以不经过还盘即可达成，有时要经过还盘，甚至往返多次的还盘才能达成。还盘不仅可以对商品的价格，也可以对交易的其他条件提出意见。在还盘时，对双方已同意的条件一般不需要重复列出。

如：①Yours tenth price too high counter offer sterling thirty reply fourteenth.

你方 10 日报价太高，还盘 30 英镑，限 14 日复。（某澳大利亚客户 12 日还盘）

②Yours twelfth lowest sterling thirty - one subject reply eighteenth here.

你方 12 日最低价 31 英镑，限 18 日复。（我方 14 日再还盘）

（四） 接受（Acceptance）

接受在法律上称“承诺”，是指买方或卖方同意对方在发盘中提出的各项交易条件，并愿按这些条件与对方达成交易、订立合同的一种肯定的表示。一方的发盘经另一方接受，交易即告达成，合同即告订立；双方就应分别履行其所承担的合同义务。

如：①Yours seventeenth confirmed please advise contract number.

你 17 日来电确认请告合同号码。

②We accept“Red Star”gloves 2000 dozen HK $3. 50 per dozen CIF London shipment during July payment in sight irrevocable L/C.

我方接受“红星”牌手套2000 打，每打 HK $3. 50 CIF 伦敦，七月底前装运，不可撤销即期信用证支付。

三、出口合同订立注意事项

出口合同的订立，是双方当事人意思表示一致的结果。合同订立的过程包括两个阶段或两个法律步骤：一是要约（又称订约提议），一是承诺（又称接受提议）。要约和承诺在业务上通常分别称为发盘和接受。

《联合国国际货物销售合同公约》（以下简称《公约》）第14条至24条对合同的订立作了详细规定，我国《合同法》也同样规定："当事人订立合同，采取要约、承诺方式"。参照《公约》与我国《合同法》的规定，在实际出口业务中需要注意以下一些问题。

（一）发盘的注意事项

1. 发盘的成立条件

在实际出口业务中，构成一项法律上有效的发盘必须具备以下四个条件：

（1）表明订约意图。按照现行法律和《公约》，一方当事人是否向对方表明在发盘被接受时承受约束的意旨，是判别一项发盘的基本标准。"承受约束"是指发盘人于得到接受时承担与受盘人按发盘条件订立合同的责任。

如果一方当事人在他所提出的售货或购货的建议中未表明在被接受时承受约束的意旨，或者附有保留或限制性条件，例如，"经确认为准"（Subject to confirmation），"以未售出为准"（Subject to prior sale），"以我方认可样品为准"（Subject to our approval of sample），"以领得许可证为准"（Subject to licence obtainable），则该项建议就不能构成发盘，而仅应被视为邀请作出发盘，或称发盘邀请。

（2）向一个或一个以上特定的人提出。发盘必须向一个或一个以上特定的人（Specific Persons）作出。所谓"特定的人"，是指在发盘中指明个人姓名或企业名称的受盘人，即受盘人可以是自然人，也可以是法人，但必须特定化。日常生活中常见的商业广告、商品价目表、招股说明书及其他一些载有部分交易条件的宣传品，由于其非向特定的人发出，因而不构成发盘，仅视为发盘邀请。

（3）内容十分确定。《公约》第14条规定："一项订立合同的建议如果写明货物，并且明示或暗示地规定数量和价格或如何确定数量和价格，即为十分确定"。按此规定，一项订约建议只要列明货物名称、数量和价格三项条件，即可成立合同。其他所缺少的内容，如货物的包装、交货和支付条件等，可在合同成立后，按双方之间已确立的习惯做法，或按《公约》有关买卖双方义务的规定，予以补充。

但在实际业务中，如果只按这三个条件而不提及其他，很容易给履行合同带来困难，也容易产生纠纷。为了慎重起见，我们应在对外报价时，将货物的品名、规格、数量、价格、包装、交货期限和支付方式等列明为宜。

（4）传达到受盘人。发盘无论是口头的还是书面的，只有被传达到受盘人时才生效。例如，发盘人通过电话向受盘人发盘，中途电话发生故障，传送声音模糊，必须等电话修复后，让受盘人听清全部发盘内容，该发盘方为有效。又如，发盘人用信件发盘，如该信件因邮电局误递或遗失，以致受盘人没有收到，则该发盘无效。

【例2-9】请思考，下例中1月8日的去电是否构成交易条件完整的发盘呢？

1月5日，甲向乙去电：拟售500打向日葵牌全棉童袜，请递盘。

1月6日，乙向甲去电：确认500打向日葵牌全棉童袜，请报最优惠价格。

1 月 8 日，甲向乙去电：你 1 月 6 日电最优惠价每打 15 美元 FOB 上海。

分析：发盘内容应十分确定，至少应包括货物名称、数量和价格三个要素，本例中 1 月 8 日发盘内容不完整，缺少货物名称和数量。应改为："你 1 月 6 日电，向日葵牌全棉童袜每打 15 美元 FOB 上海，共 500 打。"

【例 2 - 10】发盘函电阅读

Dear Sirs,

We write to thank you for your offer of May10, 2009. However after a careful study of your quotation, we find that your price seems to be on the high side. It will leave us with almost no profit to accept your price. We appreciate the quality of your products and are glad to have the opportunity to do business with you. We suggest that you make some allowance on your price. For your reference, the highest prices we can accept are as follows:

ART. NO. bs - 12 USD125. 40 /dozen CIFC3 DUBAI

ART. NO. bs - 14 USD138. 50 /dozen CIFC3 DUBAI

ART. NO. pc - 12 USD22. 80 /dozen CIFC3 DUBAI

ART. NO. pc - 14 USD28. 60 /dozen CIFC3 DUBAI

Please take it into serious consideration and your early reply will be appreciated.

Best regards!

2. 发盘的有效期

发盘的有效期是指可供受盘人对发盘作出接受的时间或期限。这一含义包含以下两层意思：

（1）发盘人在发盘有效期内受约束，即如果受盘人在有效期内将接受通知送达发盘人，发盘人承担按发盘条件与之订立合同的责任。

（2）超过有效期，发盘人将不再受约束。

因此，发盘的有效期，既是对发盘人的一种限制，也是对发盘人的一种保障。例如，采取口头发盘时，除发盘人发盘时另有声明外，受盘人只能当场接受方有效，采用函电成交时，可规定最迟接受的期限（如 5 月 31 日复到有效），或规定一段接受的期限（如发盘有效期为 10 天）。

3. 发盘的撤回

发盘的撤回（Withdrawal）是指发盘人将尚未为受盘人收到的发盘予以取消的行为。《公约》第 15 条规定："一项发盘，即使是不可撤销的，得予撤回，如果撤回通知于发盘送达被发盘人之前或同时送达被发盘人。"这一规定是建立在发盘尚未生效的基础上的。

撤回的实质是阻止发盘生效。因此，在受盘人接到发盘之前，发盘人可以用更为迅速的传递方式，声明撤回和修改发盘内容。只要该项声明是早于或与发盘同时送达受盘人，撤回和修改即生效。但在现代信息技术发达的时代，贸易基本上都采用传真和电子邮件等方式进行询盘、发盘，撤回不可能实现，故需对发盘内容做好详细考虑。

4. 发盘的撤销

发盘的撤销（Revocation）是指发盘人将已经为受盘人收到的发盘予以取消的行为。关于发盘的撤销，各国法律有不同的规定：

（1）大陆法主张。发盘原则上对发盘人具有约束力。一项发盘一经送达受盘人，即生效后，就不得撤销，除非发盘人在发盘中注明不受约束。

（2）按英美法的传统观点。发盘在被接受之前得予撤销。即使发盘人在发盘中明确规定了可供接受的期间，该发盘对发盘人也不具约束力，除非受盘人为使该发盘保持可供接受而付出某种“代价”，如支付了一定金额或给付了一定物品。

由于各国法律在对待发盘有效期之内是否可以撤销的问题存在不同解释，这样形成了法律冲突，有碍国际贸易发展。为了解决这个法律冲突，《公约》第16条规定：已为受盘人收到的发盘，如果撤销的通知在受盘人发出接受通知前送达受盘人，可予撤销。但是，在下列情况下不得撤销：

①发盘是以规定有效期或以其他方式表明为不可撤销的。

②如受盘人有理由信赖该项发盘是不可撤销的，并已本着对该发盘的信赖采取了行动。

5. 发盘的终止

发盘的终止（Termination）是指发盘法律效力的消失。它含有两方面的意义：一是发盘人不再受发盘的约束；二是受盘人失去了接受该发盘的权利。发盘终止的原因主要有以下几种情况：

（1）在有效期内未被接受而过时。

（2）被受盘人拒绝或还盘。

（3）发盘人在受盘人作出接受前对发盘进行了有效的撤销。

（4）不能控制的因素所致，如战争、灾难或发盘人死亡、法人破产等。

【例2－11】上海A外贸公司欲向美商B公司出口服装一批，于2014年6月10日向B公司发盘。6月20日A接到总公司的通知，该服装价格从6月20日起提高20%。于是，A立即电告B 6月10日发盘无效。6月22日B经研究来电表示：“我方无条件接受6月10日发盘的条件”。请问A 6月10日发盘仍有效吗？

分析：无效。因《公约》规定，如果撤销通知在受盘人发出接受通知之前到达受盘人，即合同未成立前，发盘可撤销。案例中，A 6月20日发出撤销通知，B在6月22日才接受，应视为原发盘已失效。

（二）接受的注意事项

1. 接受的构成条件

《联合国国际货物销售合同公约》第18条规定：“被发盘人声明或做出其他行为表示同意一项发盘，即是接受。缄默或不行动本身不等于接受。”根据这个规定，构成一项法律上有效的接受，必须具备以下四个条件：

（1）接受必须由特定的受盘人作出。对发盘表示接受，必须是发盘中所指明的特定的受盘人，而不能是其他人。如果其他人通过某种途径获悉发盘内容，而向发盘人表示接受，该“接受”只是其他人向原发盘人作出的一项发盘，除非原发盘人表示同意，合同不能成立。

（2）接受必须表示出来。受盘人表示接受的方式有用“声明”（Statement）作出表示和用“做出行为”（Performing an act）来表示两种。声明可以是口头声明或书面声明。行为表示接受，即受盘人无须声明，直接本着发盘已被接受的设想行事，例如受盘人收到发盘后，认为可接受，就直接开立信用证或发货。用行为表示常常发生在老客户之间，各自对对方的资信等情况熟悉，履约有保证。我国外贸业务尚未采用此做法。缄默和不行动（Silence、Inactivity）本身不是接受。

需要注意的是，我国在批准参加《公约》时对《公约》承认合同可以书面以外形式订立的规定声明保留。因此，在实际业务中，我外贸企业应以书面通知的形式表示对发盘的接受。

（3）接受必须在发盘的有效期内传达到发盘人。关于接受生效的时间，各国法律有不同的规定。其中，英美法系的国家采用“投邮生效”原则，即接受通知一经投邮或电报发出，则立即生效；大陆法系的国家采用“到达生效”的原则，即接受通知必须送达发盘人时才能生效。《公约》和我国《合同法》都采用“到达生效”原则。

（4）接受必须与发盘相符。如要达成交易，成立合同，受盘人必须无条件地、全部同意发盘的条件。即接受必须是绝对的、无保留的、必须与发盘人所作出的发盘的条件完全相符。如果受盘人对发盘或递盘、还盘的内容做了修改、添加或限制，就构成还盘，但并不是所有的更改都构成还盘。

《公约》将接受中对发盘的条件所作的变更分为实质性变更和非实质性变更两类。

实质性变更：凡对货物的价格、付款、质量和数量、交货地点和时间、赔偿责任范围或解决争端等的添加、限制或更改，均视为实质上变更发盘的条件。实质性变更发盘条件构成还盘，接受无效。

非实质性变更：要求提供重量单、装箱单、商检证和产地证等单据，要求增加提供装船样品或某些单据的份数，要求分两批装运，或要求包装上刷制指定标志等。这类非实质性变更发盘条件的接受，除发盘人及时向受盘人表示反对其间的差异外，仍构成接受，合同得以成立，并且合同的条件以该项发盘的条件以及在接受中所载的变更为准。

想一想：“同意你方发盘条件，如有可能，最好提前 1 个月交货”，这种接受是否生效？

分析：表示期望的变更不是实质性变更。“同意你方发盘条件，如有可能，最好提前 1 个月交货”这时是一种期望，未改变发盘，不影响交易达成。

2. 逾期接受

逾期接受是指接受通知超过发盘规定的有效期限，或发盘未具体规定有效期限而超过合理时间才传达到发盘人。逾期接受在一般情况下无效，但在以下两种情况下仍然有效：

（1）发盘人毫不迟延地用口头或书面将该项逾期接受仍然有效的意见通知受盘人。

（2）由于出现传递不正常的情况而造成了延误，这种逾期接受可被认为是有效的，除非发盘人毫不迟延地用口头或书面通知受盘人认为发盘已失效。

由此可见，发生逾期接受时，合同可否成立主要取决于发盘人。因此，在遭遇逾期接受时，发盘人及时通知受盘人明确其态度是十分必要的。

3. 接受的撤回

《公约》第22条规定："如果撤回通知于接受原发盘应生效之前或同时送达发盘人，接受得予撤回。"一般来说，接受通知到达发盘人，合同即告成立，接受也不能撤销，否则属于毁约行为。

大陆法接受撤回规定与《公约》规定一致，但英美法系认为，接受通知一旦投邮发出就立即生效，合同成立，撤销已生效的接受，无异于撤销一份合同，即构成毁约行为。因此，发盘人一定要谨慎，规定"接受于接受通知到达时生效"。

【例2-12】我C公司于2013年7月16日收到法国巴黎D公司发盘："马口铁500公吨，每公吨545美元CFR中国口岸，8月装运，即期信用证支付，限20日复到有效。"我方于17日复电："若单价为500美元CFR中国口岸可接受500公吨马口铁，履约中如有争议，在中国仲裁。"法国D公司当日复电："市场坚挺，价格不能减，仲裁条件可接受，速复。"此时马口铁价格确实趋涨。我方于19日复电："接受你16日发盘，信用证已由中国银行开出，请确认。"但法商未确认并退回信用证。

请问合同是否成立，我方有无失误，并说明理由。

分析：合同不成立，理由是D公司16日发盘，经C公司17日还盘已失效。我方操作有误。一是我方不应接受D公司16日发盘，而应接受其17日发盘。二是做出接受，不应用"请确认"字样或文句。

【例2-13】我国A公司向国外B公司发盘："纯棉男衬衫，15000件，大、中、小号各5000件，每件2美元CIF大阪，订立合同后两个月装船，即期不可撤销的信用证付款，请电复。"B公司收到发盘后立即复电："接受你方发盘，订立合同后立即装船。"但A公司未做答复。请问上述情况下合同是否成立？为什么？

分析：合同不成立。因为B的接受无效，其改变了装运期。A未答复表示不同意B的还盘。

（三）书面合同的签订

在交易磋商过程中，一方发盘经另一方接受后，交易即告成立，买卖双方就构成了合同关系。双方在磋商过程中的往返函电，就是合同的书面证明。但根据国际惯例，买卖双方还要签订书面合同，以进一步明确双方的权利和义务。

1. 签订书面合同的意义

（1）合同成立的证据。根据法律要求，凡是合同必须能得到证明，提供证据，包括人证和物证。通过口头磋商成立的合同，举证就难以做到。因此，口头磋商成立的合同，如不用一定的书面形式加以确定，就将由于不能被证明而不能得到法律的保障，甚至在法律上成为无效。1986 年我国政府在向联合国交存对《公约》的核准书时，对《公约》第 11 条、第 29 条及有关规定提出了保留，即我国不同意国际货物买卖合同采用书面以外的形式订立、更改和终止。因此，我国出口企业在与国外客户订立买卖合同时，应采用书面形式。

（2）合同生效的条件。假如在买卖双方磋商时，一方曾声言以签订书面合同为准时，即使双方已对交易条件全部协商一致，在书面合同签订之前，合同不能生效。按照我国法律，当事人采用合同书包括确认书形式订立合同的，自双方当事人签字或者盖章时合同成立。签字或者盖章不在同一时间的，最后签字或者盖章时合同成立。此外，按规定须经一方或双方所在国政府审核批准的合同，也必须是有一定格式的书面合同。

（3）合同履行的依据。在国际贸易中，货物买卖合同的履行涉及企业内外的众多部门和单位，过程也很复杂。将分散于多份函电中的双方协商一致的条件，集中归纳到一份有一定格式的书面合同上来，有助于合同的顺利履行。

2. 书面合同的形式

在实际工作中，我国出口企业所采用书面合同的形式主要是合同和确认书。其中，合同是指销售合同（Sales Contract）；确认书是指销售确认书（Sales Confirmation）。经买卖双方签署的合同和确认书，都是法律上有效的文件，对买卖双方有同样的约束力。

另外，在国际上，还有一些形式也经常被采用，如协议、备忘录、意向书以及订单和委托订购单。

3. 书面合同的内容

在进出口贸易中，书面合同的内容一般包括三个部分：约首、本文和约尾。

（1）约首即合同的首部，包括合同名称、合同编号、合同签订的日期和地点、订约双方名称和地址等。

（2）本文是合同的主要组成部分，是对各项交易条件的具体规定。

（3）约尾即合同的尾部，通常载明合同使用的文字及其效力、合同正本的份数、附件及其效力，以及有正当权限的双方当事人代表的签字。

国际买卖合同样本如图 2 - 3 所示。

GRAND WESTERN FOODS CORP.

Room2501,Jiafa Mansion, Beijing West road, Nanjing 210005, P.R.China

SALES CONFIRMATION

Messrs:	Carters Trading Company, LLC P.O.Box8935, New Terminal, Lata. Vista, Ottawa, Canada	**No.**	Contract01
		Date:	2004-08-19

Dear Sirs,

We are pleased to confirm our sale of the following goods on the terms and conditions set forth below:

Choice	Product No.	Description	Quantity	Unit	Unit Price	Amount
					[CIF] [Toronto]	
○	01005	CANNED SWEET CORN 3060Gx6TINS/CTN	800	CARTON	USD14	USD11200
					[添 加][修 改][删 除]	
		Total:	800	CARTON		[USD] [11200]

Say Total:	U.S.DOLLARS ELEVEN THOUSAND TWO HUNDRED ONLY
Payment:	L/C [By 100% irrevocable sight letter of credit in our favor.]
packing:	3060Gx6TINS/CTN Each of the carton should be indicated with Item No., Name of the Table, G.W., and C/No.
Port of Shipment:	Nanjing
Port of Destination:	Toronto
Shipment:	All of the goods will be shipped on or before Sep. 20, 2004 subject to L/C reaching the SELLER by the end of August, 2004. Partial shipments and transhipment are not allowed.
Shipping Mark:	CANNED SWEET CORN CANADA C/NO.1-800 MADE IN CHINA
Quality:	As per sample submitted by seller.
Insurance:	The SELLER shall arrange marine insurance covering ICC(A) plus institute War Risks for 110% of CIF value and provide of claim, if any, payable in Canada, with U.S. currency.
Remarks:	The Buyers are requested to sign and return one copy of this Sales Confirmation immediately after receipt of the same.

BUYERS	SELLERS
Carters Trading Company, LLC	GRAND WESTERN FOODS CORP.
Carter	*Minghua Liu*
(Manager Signature)	(Manager Signature)

图 2－3　国际买卖合同样本

■　情境演练

湖湘电器公司市场部经理李华远通过一段时间的学习，弄明白了一些基本的商品出口规定，最近，公司在徐州国际工程机械交易会宣传了公司的 SF33901 型 230 电动轮自卸车，也收集了一些国际机械工程公司的基本信息。

李华远想尝试着联系几家公司，走出产品出口的关键一步，他叫来小姜和小邓。

“你们两个今天把这五家公司的电话打一打，看看它们需不需要用到电动轮自卸车，就当作一次客户电话拜访吧。”

小邓看了一下资料：“经理，怎么全是英文的?”

李华远：“是英文的，电话号码不认识?”

小邓看了下小姜，一脸为难的表情。

小姜：“李经理，和国内陌生客户打打电话，进行电话拜访没点问题，但是要和国际客户打电话，我们的口语水平实在是有限，我说的可能他听不懂，他说的我也可能听不懂……”

小邓赶紧点头。李远华一想，确实是这样，这个任务对他们两人来说，确实是难度大了点。

小邓又说道：“经理，而且我记得出口业务当中，一般都很少用电话交流的，好像是用信函来进行沟通。”

李远华：“信函?”

小姜：“是的，我也记起来了，应该是询盘、发盘、还盘和接受，通过这四个步骤来进行交易磋商。”

小邓：“对对对，这四个步骤一般都是用邮件来进行。”

李远华：“意思是你们会写不太会说?”

小姜：“经理，要不，我们试试写个询盘?”

李远华；“你们不是说有四步吗，只写个询盘怎么行，四个都写出来，我看看是怎么回事。你们俩分开写，小邓，你作为我们公司代表，打算卖SF33901型230电动轮自卸车，小姜，你作为一方买方代表，给我演示下。”

请思考：如果你们分别是小邓和小姜，分别作为湖湘电器的销售业务员，以及澳大利亚力拓集团的采购业务员，根据前面的知识准备，写出双方交易磋商的商业信函，力拓集团资料可自行收集。

课后思考与练习

一、单选题

1. 交易磋商是签约的基础，(　　) 是交易磋商成功的结果。
   A. 发盘　B. 还盘　C. 接受　D. 签约
2. (　　) 是交易磋商过程中必不可少的步骤。
   A. 询盘　B. 发盘　C. 还盘　D. 交付
3. 要约邀请的对象往往不止一个，此行为对于 (　　)。
   A. 询盘人有约束力　B. 被询盘人有约束力
   C. 询盘人和被询盘人有约束力　D. 询盘人和被询盘人均无约束力
4. 关于发盘的撤回，表述不正确的是 (　　)。
   A. 在发盘尚未生效之前，将该项发盘取消，使其失去作用
   B. 只有使用信函或电报发盘时，发盘的撤回才具有实际意义
   C. 指发盘已经送达受盘人，即发盘已经生效，发盘人以某种方式解除发盘的效力
   D. 一项发盘，即使是不可撤销的，也可以撤回
5. 导致发盘终止的原因主要不包括 (　　)。
   A. 发盘过期
   B. 发盘人有效地撤回了发盘
   C. 受盘人拒绝或还盘
   D. 发盘人为自然人，在发盘被接受前丧失行为能力
6. 在实际业务中，(　　) 往往是交易磋商过程中持续时间最长的阶段。
   A. 发盘　B. 还盘　C. 接受　D. 签约
7. 对于接受，描述不正确的是 (　　)。
   A. 接受是指交易的一方对于对方的发盘或还盘所作出的完全同意的表示
   B. 对发盘表示接受，必须是由特定的受盘人，而不能是其他人作出
   C. 接受必须由受盘人以声明或行为的方式向对方表示出来
   D. 受盘人在思想上愿意接受对方的发盘，则在法律上也存在接受
8. 下列哪些事项不一定属于实质性变更 (　　)。
   A. 单据的份数　B. 货物的质量和数量
   C. 交货地点和时间　D. 付款
9. 在实际业务中，(　　) 是最主要的合同形式。
   A. 口头　B. 行为　C. 书面合同　D. 其他
10. 关于销售确认书，不正确的是 (　　)。

A. 只有主要交易条件　　B. 条款简约
C. 不具有法律效力　　D. 通常用于老客户

11. 商品单价不包括（　　）。
A. 商品数量　B. 计价货币　C. 单位价格金额　D. 计价单位

12. 我某进出口公司于2014年4月15日用特快专递向美国ABC公司发盘，限2014年4月29日复到有效。4月25日下午3时同时收到ABC公司的表示接受的特快专递和撤回接受的电传。根据《联合国国际货物销售合同公约》，对此项接受（　　）。
A. 可以撤回　　B. 不得撤回，合同成立
C. 在我方同意的情况下，可以撤回　D. 以上答案都不对

二、判断题

1. 每笔交易都必须有询盘、发盘、还盘和接受四个环节。(　　)
2. 发盘对发盘人是没有约束力的。(　　)
3. 邀请发盘对发盘人是没有约束力的。(　　)
4. 发盘必须明确规定有效期，未明确规定有效期的发盘无效。(　　)
5. 不可撤销的发盘是不能撤回的。(　　)
6. 撤回发盘的目的是阻止发盘生效。(　　)
7. 凡是逾期送达要约人的承诺，只要要约人缄默，合同即告成立。(　　)
8. 在国际贸易中，发盘是卖方做出的行为，询盘是买方做出的行为。(　　)
9. 还盘可视为一项新的发盘。(　　)
10. 分批装运有两种规定方法：允许分批装运、禁止分批装运。(　　)

三、案例分析题

1. 我对美国客商出口一批商品，报价为每千克100元人民币CFR纽约，美国客商要求改报CIFC5美元价（投保一切险，加一成投保，保费率为4%，人民币兑美元比价为1∶6.3）。试确定在不影响收汇额的前提下，准确的CIFC5价应报多少？

2. 我某外贸公司3月1日向美商发去电传，发盘供应某农产品1000t并列明“牢固麻袋包装”。美商收到我方电传后立即复电表示“接受，装新麻袋装运”，我方收到上述复电后即着手备货，准备于双方约定的4月份装船，两周后，某农产品国际价格猛跌，美商于6月20日来电称：“由于你方对新麻袋包装的要求未予确认，双方之间无合同”，而我方坚持合同已有效成立，双方发生争执，试评析此案。

3. 某公司5月10日向外商发盘，限5月15日复到有效。5月12日收到外商回电表示接受我方发盘，但提出降价3%。我方公司正在研究该回电时，获悉该商品市场价格看涨。5月14日又收到外商来电表示无条件接受我方5月10日发盘。试分析我方应如何处理？

项目三

出口货物的装运

任务1 出口车斗装运方案设计

知识目标

- 熟悉大型机械产品特性。
- 熟悉产品包装设计适应的相关文件。
- 熟悉码头吊装及内河船运要求。

技能目标

- 能够查找资料，估算物流运输时间。
- 能够结合具体产品，合理选择包装方式。
- 能够根据情境，合理设计物流方案。

■ 知识准备

一、车斗装载方案设计

SF33901 型自卸车车斗和车斗装车示意如图 3－1 和图 3－2 所示。

（一）产品包装设计适应的相关文件

（1）GB/T 191—2008，包装储运图示标志（标准项 2 中标志 16、标志 7）。

（2）GB/T 7350—1999，防水包装（标准项 3 中防水包装等级 B 类 2 级包装）。

（3）GB/T 13384—2008，机电产品包装通用技术条件（标准项 5 技术要求中 5.2 敞装）。

（二）车斗装载、加固及包装防护方法（车斗装车）

（1）车斗装车运输时，为铺装方式。

（2）起吊车斗专用支垫工装到汽车平板上，焊接工装和汽车车板，配置 12 根 150mm×200mm×4800mm 枕木整齐放入专用支垫工装。

图 3－1　SF33901 型 230 电动轮自卸车车斗

（3）起吊车斗专用平衡工装到汽车平板上，车斗侧板和平衡工装接触处垫上 10 个厚橡皮。

（4）起吊车斗到汽车平板上，车斗后端落于支垫工装上，两侧板落于平衡工装上，并在车斗前端保护板下方支垫 5 根 140mm × 150mm × 1000mm 枕木。

（5）车斗支垫平稳后，用 ϕ17.5 钢索前后两个“八”字加固绑扎车斗在汽车运输平板上。

（6）车斗绑扎加固时，绑扎加固件与车斗的接触面用 5mm 厚橡胶板隔垫。

图 3－2　SF33901 型车斗装车示意图

（三）车斗装载、加固及包装防护方法（车斗装船）

车斗装船包装防护方法见图 3－3，图中 1 处为车斗底部平衡工装；图中 2 处为车斗底部尾端支垫工装；图中 3 处为车斗底部前端支垫工装。

（1）配置 2 根 220mm × 250mm × 2350mm 前车斗垫木，用 M16 × 280 螺杆通过纵梁螺孔固定木框于纵梁上，如图 3－3 第 3 处（垫高 220mm，与纵梁接触面为 250mm）所示。

（2）将车斗起吊到一定高度，在车斗底部吊耳处前后安装 4 个专用车斗平衡工装并用螺杆固定，如图 3－4 所示。

（3）制作两件专用链接钢板，配置 4 根 150mm × 250mm × 500mm 木方，根据技术要求将木方与链接钢板用螺杆串联成底部后车斗垫木，在车斗翻边前，安装后车斗垫木

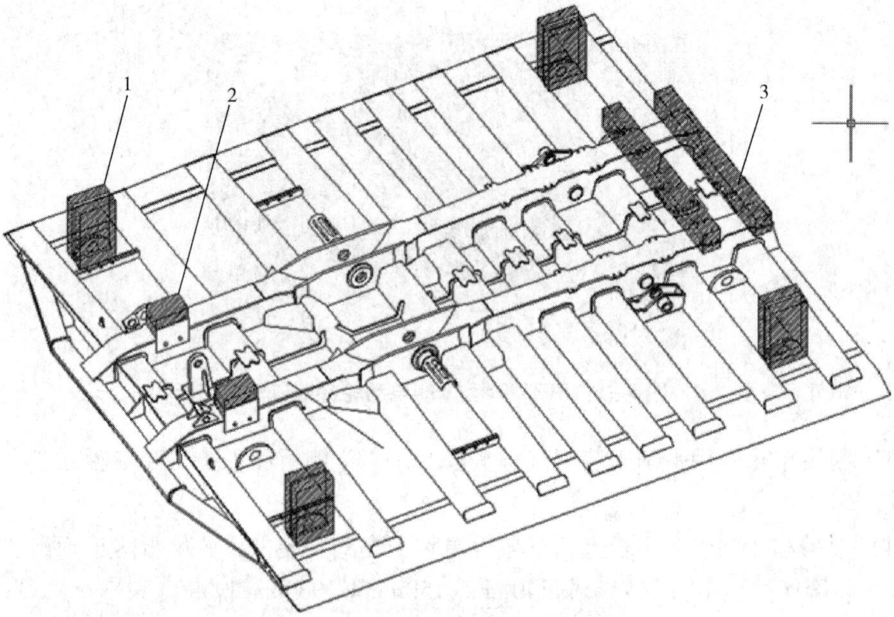

图 3-3　SF33901 型车斗装船示意图

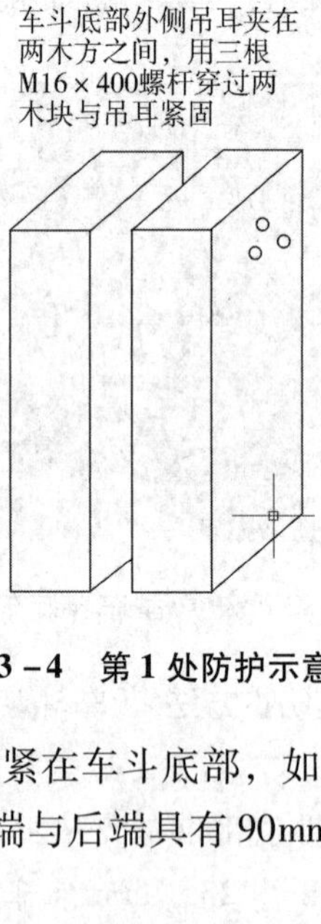

图 3-4　第 1 处防护示意图

在底部纵梁处，工装用 4 根螺杆卡紧在车斗底部，如图 3-3 第 2 处（垫木与链接钢板组合方式如图 3-5 所示，因为前端与后端具有 90mm 高度差，故后端垫高 310mm，垫木与纵梁接触面为 250mm）所示。

（4）车斗支垫平稳后，用 ϕ17.5 钢索左右两个“八”字加固绑扎车斗在运输轮船平板上。

（5）车斗加固完后，用三防油布罩罩住整件车斗，罩下部边缘用索带锁紧。

（6）车斗绑扎加固时，绑扎加固件与车斗的接触面用 5mm 厚橡胶板隔垫。

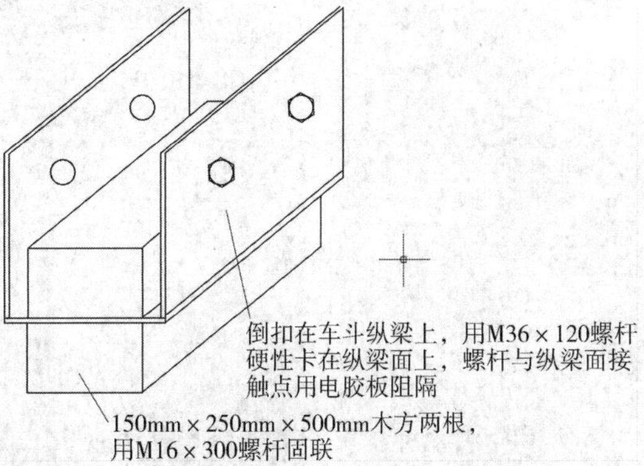

图3-5　第2处防护示意图

二、车斗国内运输方案

国内运输建议由工厂公路转运至湘江码头，再从湘潭水运至上海。根据码头的不同选择，有以下A、B两种方案。

（一）备选方案A

本项目车斗由位于国家级湘潭（九华）经济技术开发区的湘潭永达机械制造有限公司制造，经过实地考察路线以及以往的相关经验，确定九华码头为备选码头之一。该码头位于湘江西岸的湘潭九华经济区内，可进行散货、零货件杂货、集装箱的装卸作业；建有3个千吨级泊位，配置40T门吊机1台、30T塔吊5台。

永达至九华码头采用公路转运，详细路线如下：永达机械（大众东路）→九华大道→疏港路→九华码头（湘潭河西中心港区），全程约5.6km（图3-6）。

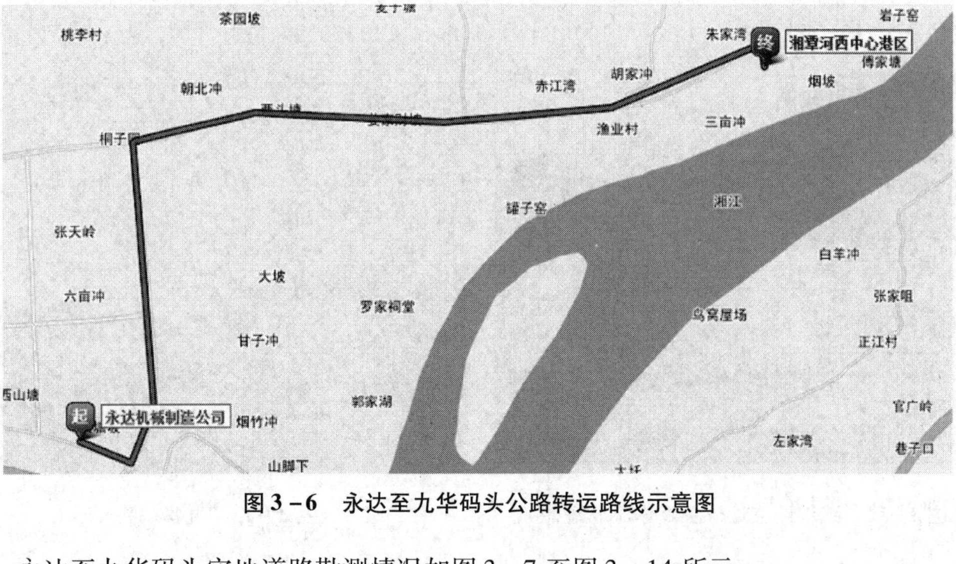

图3-6　永达至九华码头公路转运路线示意图

永达至九华码头实地道路勘测情况如图3-7至图3-14所示。

图 3－7　大众东路—九华大道路口

图 3－8　九华大道部分路段施工但不影响转运

图 3－9　疏港路临近码头较为坑洼

图 3－10　疏港路临近码头简易公路较窄

图 3－11　疏港路临近码头路途不够理想

图 3－12　九华码头

图 3－13　码头货物较为繁杂

图 3－14　码头水位

（二） 备选方案 B

本方案选择湘潭新源码头作为水运装货发运码头。新源码头位于湘潭市岳塘区，坐落在湘江北岸，毗邻京珠高速、107 国道。该码头一期工程主要针对重型装备的装卸作业，码头现有千吨泊位 2 个，40T 塔吊 2 台，300T 龙门吊 1 台，是一个拥有专业重型装卸设备与技术的新兴码头。

永达至新源码头采用公路转运，永达机械→九华大道→莲城大桥→芙蓉大道→河东大道→吉安路→书院路→双拥路→临港路→新源码头（图 3－15），全程约 25km。实地道路勘测情况如图 3－16 至图 3－23 所示。

图 3－15　永达至新源码头

图 3－16　沿途道路宽敞

图 3－17　交通灯高 5. 5～5. 7m

图 3－18　沪昆高速桥高 4. 5～5. 5m

图 3－19　莲城收费站宽 8. 25m（护栏可拆）

图 3－20　靠近码头有采砂场，道路泥泞

图 3－21　新源码头的吊装设备

图3－22 码头空旷而宽广

图3－23 码头常年水位超过5m

（三）方案选择

表3－1 方案A和方案B比较

方案		A	B
公路装运	线路	永达机械—九华码头	永达机械—岳塘区新源码头
	里程	5.6km	25km
	转运耗时	1.2h	5h
	路况	沿途良好，临港公路坑洼、狭窄，容易发生剐擦	沿途较好，临港公路泥泞
码头	码头堆放	堆放面积较小，煤炭等散杂货多，地面煤渣、砂砾较多	堆放面积大，地面干净
	吊装设备	40T龙门吊（宽度只有8m，不能用）	40T塔吊、300T龙门吊
	港口装卸经验	力拓东澳车斗项目装卸发运车斗1个	力拓项目230T自卸车整车发运4台

综合考虑转运路况、港口的装卸设备、堆放面积以及以往的装卸发运经验（表3－1），建议按照B方案来操作本项目的国内运输。

三、车斗装载方案

车斗采用7轴液压平板车装载（图3－24）。

1. 车斗翻边

由于车斗在运输过程中需采取倒装的方式，所以在运输装载前利用车斗专用吊扣将车斗翻边（图3－25）。

图 3-24　7 轴液压平板车装载

图 3-25　车斗翻边图示

2. 装载车斗运输专用工装

将铁支架横跨在车板上，支架两端用来支撑车斗边板落点，确保车斗在运输过程中的平衡（图 3-26）。

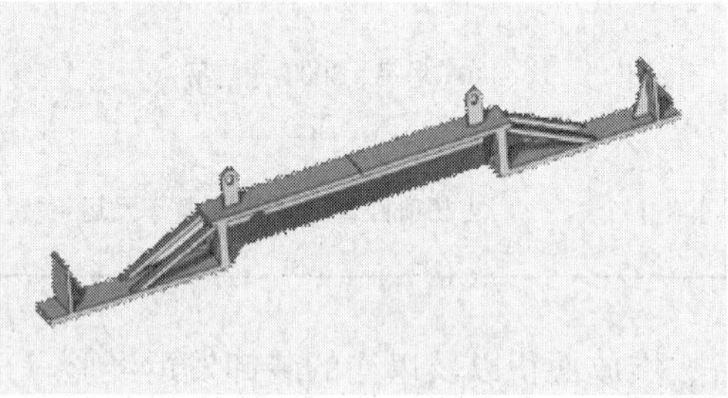

图 3-26　铁支架

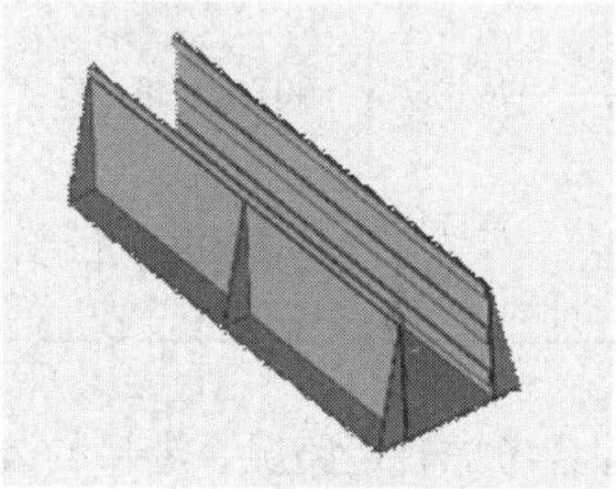

图 3-27　铁框

将铁框（图 3-27）置于车板前端用于支撑车斗底板。在铁质框架内码放 17 根 150mm×200mm×4800mm 的枕木。

铁质“扁担”担起车斗边板支撑点，防止车斗摇摆倾斜。在铁质框架内堆码 17 根枕木，扩大车斗底板受力面积。车斗装载模拟和实物如图 3-28 和图 3-29 所示。

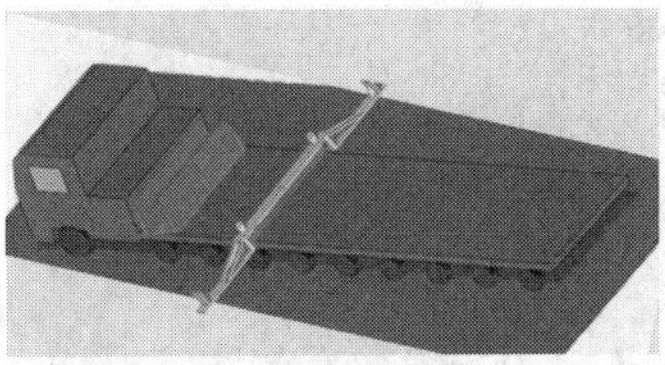

图3－28　车斗装载模拟图

图3－29　车斗装载实物图

四、车斗装运安全措施

（1）车斗宽达8000mm，属于超宽货物，按照新道路交通法规定应在省内交通管理部门办理超限运输证明。

（2）在指定的时间、路线行驶，超宽部分悬挂警示标识，白天运行。

（3）加固材料用17.5 mm钢丝绳将产品与汽车固定成一个整体，以保护产品不受损坏。产品与汽车底板之间垫加缓冲材料，减少运输过程中车辆振动对产品的影响，押运人员随时观察运行情况，最高时速不能超过60km/h。

（4）除运输车辆要求购买车辆保险外，还需向中国人民保险公司投产品货运综合险。

五、码头吊装

相比汽车吊，使用300T龙门吊，吊装将更加简单、快捷，同时在安全上更加有保障。但是，按照新源码头的工期，2015年11月之后，码头的300T龙门吊未能够投入使用，因此，只能选用吊车来完成吊装。

第一步：先用220t＋75t汽车吊配合作业，将车斗翻边（图3－30）。

第二步：用一台220t汽车吊吊装装船（图3－31）。

图 3－30　车斗翻边示意图

图 3－31　车斗吊装装船图示

六、上海港装船

选择上海罗泾码头为海运的装船地。根据物流专家介绍，在上海罗泾码头不需要卸货，可以选择以船装船的方式。即选择拥有重吊的海船，直接把车斗从内河运输船上吊装到海船上。此种操作方式更加经济、安全、高效。

根据经验，上海装船的周期大约是 4 天，以下是上海装船的流程与具体操作方式：

第一步：海船与内河船并排停靠（如图 3－32）；

第二步：从内河船上将车斗起吊（图 3－33）；

第三步：起吊至海船甲板（图 3－34）。

图 3－32　船舶并排

图 3－33　起吊

图3-34　车斗装上甲板

海运路线：上海罗泾码头→澳大利亚黑德兰港，周期约为34天，其中上海装船周期约4天，海运周期25~30天。

任务2　国际货物运输

知识目标

- 掌握国际海运的优缺点、运费的计算。
- 熟悉国际集装箱空箱调运及货运业务管理。
- 掌握国际多式联运业务及大陆桥运输。

技能目标

- 能够根据情境合理选择运输方式。
- 能够计算海运运费。
- 能够根据情境填写相关单据。

■ 知识准备

出口货物的运输往往贯穿几个国家，其空间距离较大，并且在运输过程中，往往需要经过多次装卸搬运，使用各种运输工具，并变换不同的运输方式，故货物的运输，线长面广，中间环节多，情况变化大，涉及的问题也较多，它远比国内运输复杂。货物的运输是货物出口的一个重要环节。在对外达成交易并签订出口合同后，必须及时将出口货物运交约定地点。

国际货物运输方式的种类很多，其中包括海洋运输、铁路运输、公路运输、航空运输、邮政运输、管道运输、集装箱运输和多式联运等，具体应由买卖双方在磋商交易时约定。而在国际进出口业务当中，通过海洋运输的货物约占80%，因此，海洋运输是国际进出口业务中最主要的运输方式。

一、货物海洋运输

（一）海洋运输特点

目前，国内现有的主要海港有大连、秦皇岛、天津、烟台、青岛、连云港、南通、上海、宁波、温州、福州、厦门、黄埔、北海、湛江等，此外，我国台湾还有一些优良港口。在我国港口与世界各国港口之间开辟了许多定期或不定期的海洋航线，随着外贸业务的发展，海洋进出口货运量迅速增加，海洋运输在外贸业务中起着越来越大的作用，世界主要海运航线如图3－35所示。它具有以下优点：

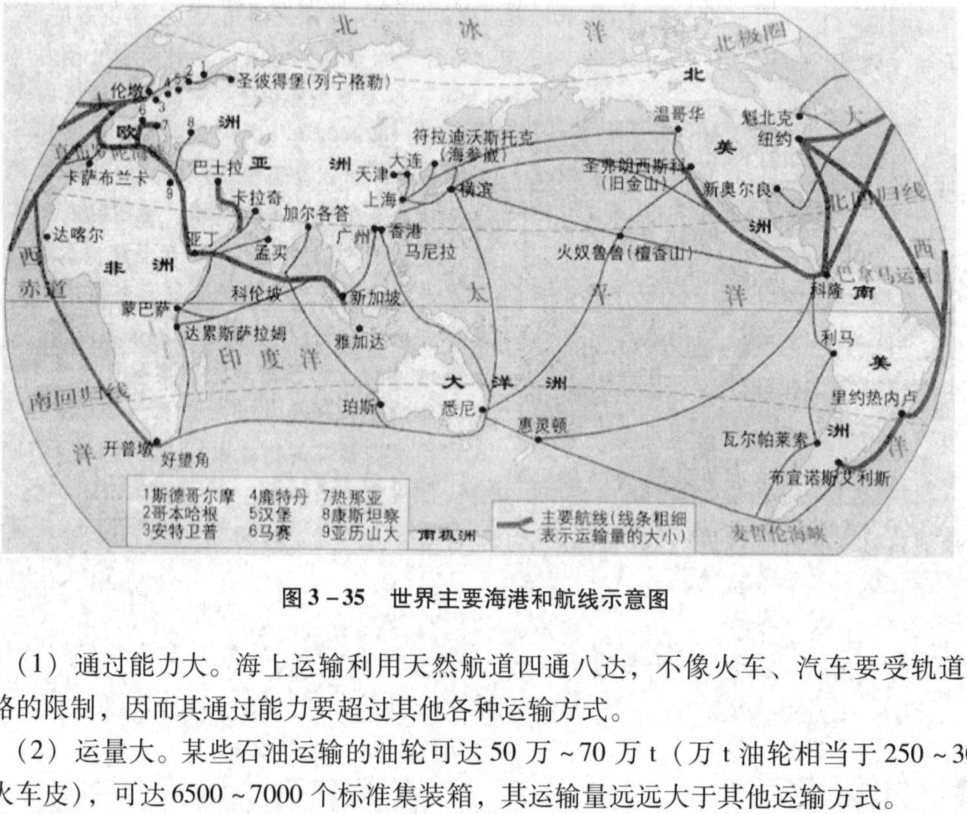

图3－35 世界主要海港和航线示意图

（1）通过能力大。海上运输利用天然航道四通八达，不像火车、汽车要受轨道和道路的限制，因而其通过能力要超过其他各种运输方式。

（2）运量大。某些石油运输的油轮可达50万～70万t（万t油轮相当于250～300节火车皮），可达6500～7000个标准集装箱，其运输量远远大于其他运输方式。

（3）运费低。船舶的航道天然构成，船舶运量大，港口设备一般均为政府修建，船舶经久耐用且节省燃料，所以货物的单位运输成本相对低廉。海运运价约相当于铁路运价的1/5，公路运价的1/10，航空运价的1/30。

（4）对货物的适应性强。超大、超宽、超长的货物均可运输。为适应货物运输的需要，可设计多用途船、专业化船舶，如油轮、液化气船和专门运输车辆的船舶。

海洋运输虽有上述优点，但也存在不足之处：运输的速度慢，由于商船的体积大，水流的阻力大，加之装卸时间长等其他各种因素的影响，所以货物的运输速度比其他运输方式慢。风险较大，由于船舶海上航行受自然气候和季节性影响较大，海洋环境复杂，气象多变，遇险的可能性比陆地、沿海要大。同时，海上运输还存在着社会风险，如战争、罢工、贸易禁运等因素的影响。因此，对于不宜经受长期运输的货物以及需用急切和易受气候条件影响的货物，一般不宜采用海洋运输方式。

（二）海运船舶营运方式

国际海洋货物运输，按船舶的营运方式来分，可以分为班轮运输和租船运输。

1. 班轮运输

班轮运输（Liner Transport，简称 Liner）通常是在固定的航线和港口往返运载货物，按照预先规定的时间表航行，并且由船方负责装卸，其运费按相对固定费率收取，所以对国际贸易货物的运输提供了很大的便利。

在班轮运输条件下，船方出租的不是整船，而是部分舱位，因此，凡班轮停靠的港口，一般不论货物数量多少，都能接受装运。这对于成交数量少、批次多、交持港口分散的货物运输比较合适。班轮运输有以下三个特点：

(1)“四固定”。即船公司按固定航线、固定港口、固定的航行时间表航行，以及相对固定费率计收运费。

如：中国到德国，起运港为深圳，目的港为汉堡，每周一、三、五有船，如果运20尺的集装箱则运费为320美元，如果是40尺的大箱则运费为600美元。

固定航线 ⟶ 中国到德国

固定港口 ⟶ 深圳—汉堡

固定船期 ⟶ 每周一、三、五有船

相对固定费率 ⟶ 20尺320美元，40尺600美元

(2)“一负责”。货物由承运人负责配载装卸并负担装卸费用，即承运人管装管卸，装卸费用包括在运费内转嫁给运费的承担方。

(3) 承运人和托运人双方的权利、义务、责任、豁免以班轮公司签发的提单条款为依据，不计算装卸时间与滞期费和速遣费。

通常，班轮船舶具有良好的技术质量，配备合格的船长、船员及船舶航运所需的供给品，并且各班轮公司有着严格的管理制度，保证货物运输的质量；班轮运输的“四固定”“一负责”的特点，为订立出口合同中的交货条款、交货时间和货物运输提供了方便。

2. 租船运输

租船运输又称不定期船运输。它属不定期船，没有固定的航线、装卸港及航期，要按船租双方签订的租船合同来安排航线、港口、货物种类、航行时间。租船运输没有固定的运价。租船的运价受市场供求规律的约束，并在租船合同中加以约定。灵活是租船运输的最大优点，适合运输低值的大宗货物，如粮食、煤炭、矿砂、化肥、木材、水泥等。运量约占国际外贸运输的80%。

在国际海运业务中，租船方式主要有定程租船、定期租船和光船租船三种。

(1) 定程租船。又称航次租船，或简称程租船，是以航程为基础的租船方式。在这种租船方式下，依照租船合同的规定，船舶出租人负责提供船舶或船舶的部分舱位，在指定的港口之间进行一个或多个航次，承运指定货物的租船运输。定程租船由出租人

负责营运，其责任和义务以租船合同为准。按租赁方式不同可分为：单航次程租船、来回航次租船、连续航次租船和包运合同租船。

特点：船方必须按时间把船舶驶向装货港口装货，再驶到卸货港口卸货，完成合同规定的运输任务并负责船舶的经营管理以及航行中的一切开支费用，租船人则按约定支付运费。租船人简单易行，不必操心船舶的调度和管理。在国际租船市场上，程租船占主导地位。

（2）定期租船。又称期租船，在这种租船方式下，依照租船合同的规定，船舶出租人向租船人提供约定的由出租人配备船员的船舶，由租船人在约定的期间内按照约定的用途使用，并支付租金。除租船合同另有规定外，租船人也可将租赁的船舶作为班轮营运，或作为程租船使用。

特点：一般不规定航线和装卸港口，只规定航行区域范围，而程租船要规定航线和装卸港口；期租对船舶装运的货物也不作具体的规定，可以选择任何合法的货物；期租的租船人有船舶调度权并负责船舶的营运，支付船用燃料费、各项港口费用和货物装卸等装卸费，而在程租船下船舶的调度、营运权归船方，租船人只付运费及其他少数费用，其余费用都由船方负担；期租船不规定滞期、速遣条款，而程租船规定滞期、速遣条款。

在期租情况下，租船人要了解船舶的性能、性质、船舶规范等大量动作，除非特殊需要，一般不采用期租形式。

（3）光船租船。按一定的期限，光一条船交租船人使用。船舶所有人将船舶出租给承租人使用一定时期，所提供的船舶是一艘空船。承租人要自己配备船员、船长，支付船舶营运管理的一切费用。

3. 程租船和期租船的比较

①程租船按航程租用船舶，而期租船则是按期限租用船舶。

②程租船的船方直接负责船舶的经营管理，除了负责船舶航行、驾驶和管理外，还应对货物运输负责；租期船东只负责船舶的维修、保险、配备船员和供给船员的给养和支付其他固定费用，而船舶的调度、货物运输、船舶在租期内的营运管理的日常开支，如船舶燃料费、港口费以及拖轮费等营运费用，都由租船人负担。

③程租船的租金或运费，一般按装运货物的数量计算，也有按航次包租总金额计算的，而期租船的租金一般是按租期每月每吨若干金额计算。

（三）租船运输业务管理

1. 定期租船业务管理

（1）定期租船主要合同范本。目前，国际上广泛使用的定期租船合同范本主要有：

“巴尔的摩统一定期租船合同”（BALTIME1939—Uniform Time Charter），由波罗的海国际航运公会于1909年制定，现在使用的是1974年范本，条款偏向于船东。

“纽约土产交易所定期租船合同”（Time Charter—New York Produce Exchange, NYPE），由美国纽约土产交易所于1913年制定，后经1921年、1931年、1946年、1981年和1993年五次修订，并经美国政府批准使用。1993年格式，代码为“NYPE93”。此范本的条款在维护船舶出租人双方的权益上，显得比较公正。现普遍使用1981年格式，并比“BALTIME”格式使用得更广泛，也是我国航运公司使用较多的范本之一。

“中国1980年定期租船合同”（SINOTIME1980），是中国租船公司于1980年制定专供中国租船公司使用的自备范本。该范本现已为船东熟悉、接受和使用。此范本条款对承租人较有利。

（2）定期租船合同的主要合同内容与业务注意事项。定期租船方式下，船舶出租人提供指定船舶按约定的期限内供承租人使用调派，与船舶相关事宜、双方的权利义务及责任在合同中有比较具体、详细的规定。合同内容主要包括：出租人与承租人的名称及地址；船名、船籍与船级，船舶吨位、载重与满载水尺、容积；机器公率、船速、燃油消耗与储量；航区、用途；租期、交船、还船及转租；地点及条件；租金及其支付；不准装载的货物以及运输特殊货物的措施；其他有关事项等。

承租人在签约与履行合同时应注意：

①船舶：船舶是合同的重要项目，承租人应根据船舶使用范围与航线要求，寻找合适国籍的船舶并在合同中加以指定。一旦船舶指定，出租人未征得承租人同意不得更换船名、船籍与船旗。如果出租人提供非指定船舶，或交船时的级别与合同订明的不一致，承租人都有权拒绝接受。指定船舶在租期开始前或租期内灭失，合同即告终止。

②船舶使用范围与航区：通常规定承租人应保证船舶用于运输约定的合法货物，但一般不规定具体货名。所谓“合法”，即要求所装运的货物符合装货港、卸货港、中途挂靠港所在地法律、船旗国法律或合同所适用的其他法律。

③租期：租期是指合同双方约定租用船舶的期限。租期的长短一般视承租人对船舶需求以及市场行情的发展趋势定，有几个月到几年不等，以月或年表示，也有规定上下限的。

④交船、还船、转租与停租：交船，是指船舶出租人按合同规定将船舶交给承租人使用。交船有期限、地点、船舶状态等规定与要求。交船期限的最后一天一般为解约日，如果出租人未能在这一日之前，将船舶按约定条件交于承租人，承租人有权解除合同。

还船，是指承租人按合同规定，于租期界满时将原船按交船时相同的良好状态还给船东。合同一般给予承租人一个还船伸缩期。所谓良好状态，是指将完租验船报告与起租验船报告作比较，然后决定该船还船时的状态是否符合合同要求。如果船舶还船时未能保持与交船时相同的良好状态，即船舶有损坏时，承租人应当负责修复或者给予赔偿。

转租，承租人根据需要可以把船舶转租给另一租船人。合同中有转租条款对保障承租人利益很重要，特别是长期租船合同。转租时，原承租人以二船东的身份与第三者签订租船合同，但原承租人仍具有原租船合同规定的权利、义务与责任，并按原租船合同履行。承租人转租船舶时，应将转租的情况及时通知出租人。与转租承运人订立转租合同，在船舶航行区域，装运货物的范围等方面，同原租船合同内容不能相抵触。

停租，非承租人的原因，承租人具有因船舶不能按约定使用而停付租金的权利。我国《中华人民共和国海商法》（简称《海商法》）第133条亦有相应规定。

⑤租金：租金由承租人按约定支付给出租人。租金，一般按每月载重吨或每船天计算。具体按日历月或30天为一月，视当事人的约定为准。租金一般规定现金预付，每

15 天或每月按约定日期和方式全额支付。租金一经支付便不能收回。但船舶停租、为出租人垫付的款项，以及向出租人提出的索赔额，承租人可以在应支付的租金中扣减。

承租人不按合同规定准时全额支付租金，不论其有无过错，出租人有权撤回船舶并向承租人索赔。

（3）期租船业务代理注意事项。

①船舶所有人任命船长，但承租人可以就船舶使用、代理和货运活动做出安排。

②出租人提供的船舶在交船时和租期内都应处于有效使用状态，否则，出租人应及时采取合理措施予以保证。然而，货物装船、积载、平舱、运输事项和卸船等，由承租人负责。合同一般规定船长负责监督由承租人雇用的装卸工人进行合理的作业。

③承租人可以指示船长按规定签发提单，也可让其货运代理以船东名义签发提单，所有提单签发不影响合同的地位。若提单条款与合同内容有争议，引发的责任问题及其损失由承租人负担。

④承租人或其在港口的代理人在航次开始前应向出租人发出航次指示文件，出租人接到有关指示后应及时通知船长执行航次任务。航行过程中，由于船员过失或低效率造成船期损失，以及非货物原因而绕航至其他港口的时间、燃油损失等，承租人有权要求出租人赔偿并在支付租金时减扣。但船舶因恶劣天气而驶至避难港，或在装卸港发生非船舶不适航原因的滞留，有关船期损失与费用一般由承租人负责。

⑤合同应注意运用国际惯例、公约及相应的保护性条款，并根据实际情况与需要，选择附加条款以补充格式合同内容的不足。

⑥业务洽谈和合同签署，一般经过市场调查、洽谈、执行三个阶段。承租人可运用信息系统和询价了解市场运力供给情况，并对市场船舶的适宜性、使用经济性、租金及相关事项进行分析与比较。选用合同范本并根据当时业务的需要和要求进行增删与修改，直到双方接受与确认。

2. 航次租船业务管理

（1）航次租船合同格式。航次租船合同（Voyage Charter Party），是指货主或货运代理人以承租人的身份向船舶所有人租用船舶或舱位运输约定货物，明确船舶提供、货运条件、要求以及运费支付，规定当事人双方权利、义务与责任的书面契约。因合同直接关系到当事人的利益和风险责任的防范，所以，订立合同是一项很细致的工作。租船实务中，为加快合同谈判进程、简化条款审核程序、节省签订合同而发生的各项费用，在合同条款中体现和保障当事人的利益，常常选用格式合同作为洽谈合同条款的基础。

格式合同，从公认性和使用的广泛性一般分为标准格式合同（Standard C/P Form）和非标准格式合同（Non－Standard C/P Form）。标准格式合同，是指国际上有关组织或一些国家航运组织制定的并被广泛采用的合同格式，如波罗的海国际航运公会（Baltic International Maritime Conference）、英国航运工会（British Chamber of Shipping）等制定的合同格式。非标准格式合同，是指不属于标准格式合同范围，但合同格式有一定的规律，实际也常被采用的合同格式。此外，还有一些厂矿企业、进出口贸易商行为租用船舶而制定的格式合同。格式合同在内容、条款上一般都有维护制定者自身利益的一面。

航次租船合同格式很多。比如，英国航运公会认可并在实际中使用的有关谷物和煤炭运输的航次租船合同格式就分别有10多种。目前，实际业务中使用比较多的航次租船合同格式有：

①“统一杂货租船合同”（Uniform General Charter）：租约代号“金康”（GENCON）。它是波罗的海国际航运工会的前身“波罗的海白海航运公会”（the Baltic and White Sea Conference）于1922年制定，经英国航运公会采用后作过几次修改，1976年和1994年又进行两次修订。现在使用较多的是1994年格式版本，但1976年版本也有使用。该合同格式不分货种和航线，适用范围比较广泛。

②“谷物泊位租船合同”（Berth Grain Charter Party）：简称“巴尔的摩C式”（BALTIME FORM C），它是北美地区向世界各地进行整船谷物运输的航次租船的合同格式。合同格式由设在纽约的北美粮食出口协会和设在伦敦的北美托运人协会以及纽约土产交易所联合制定。当前普遍使用的是1974年的修订本。

③“北美谷物航次租船合同，1989”（North American Charter Party，1973，< Amended 1989 >）：简称“NORGRAN”，是专用于美国与加拿大出口谷物的航次租船合同格式。该合同格式，由北美粮食出口协会、波罗的海国际航运公会和英联合王国航运委员会、船舶经纪人和代理人全国联盟等制定，内容较新、条款全面。

④“澳大利亚谷物租船合同”（Australian Grain Charter Party）：简称“AUSTRAL”，此合同格式主要用于从澳大利亚到世界各地进行谷物整船运输的航次租船活动。

⑤“斯堪的纳维亚航次租船合同1956”（Scandinavian Voyage Party 1956）：简称“SCANCON”，是波罗的海国际航运公会于1956年制定并经1962年修改的用于斯堪的纳维亚地区的杂货航次租船合同格式。

⑥“美国威尔士煤炭合同”（Americanized Walsh Charter Party）：它是美国船舶经纪人和代理人协会于1953年制定的专门用于煤炭的航次租船合同格式。

⑦“普尔煤炭航次租船合同”（Coal Voyage Charter Party）：简称“POLCOALVOY”，是波罗的海国际航运公会于1971年制定，经1978年修订的用于煤炭的航次租船合同格式。

⑧“北美化肥航次租船合同，1978”（North American Fertilizer Charter，1978）：简称“FERTIVOY”，是波罗的海国际航运公会和国际航运委员会制定的用于化肥的航次租船合同格式。

⑨“C（矿石）7租船合同”（C < ORE > 7 Mediterranean Iron Ore）：是英国政府在第一次世界大战期间制定的用于进口铁矿石的航次租船合同格式。

（2）航次租船合同的主要内容及业务注意事宜。航次租船合同，其格式内容与条款主要有：合同当事人的名称、船名、船籍、载货吨；货名、数量、容积；船舶现在位置；装货港和目的港；受载日期、解约日；运费；装卸时间、滞期费、速遣费及其他有关事项。此外，合同条款还包括：提单、出租人责任与免责、承租人责任、船舶绕航、冰冻、留置权、合同解除、罢工、战争、共同海损、仲裁、佣金等相关条款。作为承租人的货主或其代理人必须了解格式合同的主要内容，重视合同条款的制定，注意合同条款中各项与业务运作和风险责任相关的细节。

①合同当事人：合同当事人即为履行租船合同约定事项并承担责任的人，一般是作为承租人的货主和船舶出租人的船东。租船合同须详细列明当事人的名称、地址或主要营业场所地址、通讯号码等。签署合同的人，必须是具有合法身份和法人资格的人，或经合法授权的人。

②与船舶相关的事项：船舶所有人只能派遣合同中被指定船舶，非经承租人同意无权更换已指定船舶。但为确保提供船舶，合同中规定指定船的同时可规定代替船。当指定船不能正常投入运营时，船舶所有人应指派替代船履行合同。否则，指定船发生事故，合同因而解除，承租人很难向出租人提出损害赔偿。船舶所有人根据当时其船舶的实际情况用合同给予的“选择权”决定是否指派其他船舶。不过，船舶所有人选用代替船，在船型、船级、载重吨等条件方面，必须与原指定船相符。若船舶所有人指派的船舶并非合同规定的船名，或替代船条件与合同规定条件不符，承租人依据合同条款可以拒绝接受这类船舶，有权解约并对因此遭受的损失进行索赔。船舶所有人依据合同决定指派替代船时，应将替代船的船名事先通知承租人。替代船一经指定，就不能再做更改，并如同指定船一样。指定船或替代船被指定后因发生意外事故不能履行合同货运任务时，除非双方在合同中另有约定，船舶所有人不必为承租人急需船舶而另派其他船舶。当这种情况被认定是“合同受阻”时，合同解除，合同双方不承担责任。

因某些原因，签约时无法在合同中确定船名，经双方同意采用“船舶待指定”（Vessel to Named）的做法。船舶所有人在履行航次租船货运合同前的适当时间，须将已确定的具体船名通知承租人，但派遣船舶的条件、性质和技术规范等，应在合同中规定。待指定船舶一旦被指定，就成为指定船，根据指定船的要求实施对船舶所有人和承租人的约束。

船籍是合同的重要内容之一。国际贸易运输中，船舶船籍和悬挂船旗不同，可能影响到法律适用、货物保险、港口收费等。出租人在合同履约期间，擅自变更船舶国籍或变换船旗，即构成违约，承租人有权解约和提出因此遭受损失的索赔。

船级（Classification of Vessel），是船舶技术与性能状况的反映。合同要求的船级在于保证船舶的适航性和适货性能，若违反有关约定，租船合同就有可能被当事一方解除。

载货吨和容积，与船舶大小、装载货物的数量有着密切的关系，也与港口费用、运河通行费等有关。合同通常载明船舶实际能装载货物的数字。应注意出租人在指定船舶载货能力时是否已扣除燃料、淡水、备用品等以及船舶常数（Constant）。同时，应规定有上下百分之几幅度的选择权。如果出现船舶实际载货能力与合同规定不相符，承租人有权索赔因重量或容积差异而造成的损失，但一般不能解除合同。

船舶位置（Present Position），是指签约当时船舶所有人在合同中提供船舶所处的位置或状况，关系到船舶能否按合同的期限到达装货港，关系到承租人备货和货物出运安排。合同中正确地记载船舶当时位置和状况是船舶出租人的一项义务。船舶出租人错误申报船位和船舶状况，使船舶发生延误和不能在合同规定期限内抵达装货港装货，不论是故意或过失行为，承租人有权对船舶出租人的违约行为造成的损失要求赔偿，甚至解除合同。如果船舶进入合同规定的预备航次，那么实际上船舶出租人已经开始履行租船合同。这时，承租人有权要求出租人须对其船舶合理速遣，不得非法绕航，也不得进行无须立即实施的修理等。

③货物：货物是指在租船合同中约定的货物，合同可以规定某一种货物，也可以约定几种货物或某一类货物，供承租人根据贸易进行选择，船长有权拒绝受载不符合约定的货物，并要求承租人赔偿损失。

④装货港与目的港：装货港与目的港通常由承租人按规定确定或选择。承担人可以明确、具体地指定一个装货港和一个卸货港，也可以规定某个特定区域内的一个安全装货港和安全卸货港，或规定某个特定的装卸泊位或地点，如果合同规定装货港或卸货港是两个或两个以上的港口，则合同应明确挂靠的顺序。否则，船长则按地理位置的顺序（in Geographical Rotation）安排船舶挂靠作业。如果合同规定几个港口供卸货选择，承租人负有宣布卸货港的责任，并在合同规定的时间内或船舶驶经某地点时向船舶出租人发出宣港通知。

⑤受载期（Lay Days）和解约日（Cancelling Date）：前者是指所租船舶到达指定装货港或地点并已做好装货准备，随时接受货物装船的期限，合同受载期可以具体定在某一天，但习惯上规定为一段期限。解约日，通常定在受载期限的最后一天，但也有合同规定解约日为受载期限届满后如10~20天中的某一天。

⑥运费：承租人有义务按合同规定支付运费给船舶出租人作为提供货运服务的报酬。运费一般按承运货物的重量吨或容积吨为基础进行计收。有些重量和容积不易准确测定的货物或货价较低的货物，也有人按包干运费（Lump Sum Freight）计收整船、整舱或整批货物的运费。

⑦装卸费用：此费用是指将货物从岸边（或驳船）装入舱内和将货物从船舱内卸至岸边（或驳船）的费用。

⑧装卸时间（Lay Time）：装卸时间是指合同双方当事人约定的，出租人使船舶处于有效进行装/卸货物状态、运费之外不支付附加费的时间。装卸时间的确定和表示，常见的方法有：合同规定具体的装/卸日数；约定平均每天装卸效率计算装卸日数；不规定具体的装/卸时间，使用某些术语约定和计算装卸时间等。

⑨装卸时间起算、中断与终止：装卸时间起算，通常为承租人或其代理人受到来自船长或出租人的代理人递交的"装卸准备就绪通知书"（Notice of Readiness，N/R）后，经过一定时间开始起算，具体视合同约定。"金康"合同规定；"上午递交N/R，下午1：00时起算，下午办公时间内递交N/R，下一工作日从上午6：00时起算。"我国港口规定递交（与接受）装卸准备就绪通知的时间是10：00—17：00，星期日及节假日前一天是10：00—12：00。

⑩装卸时间的使用与计算方式：装卸时间与计算方式直接影响滞期和速遣时间计算及其结果。在实际操作中，由合同双方洽商确定应采用的方式。一般有如下几种：

- 按装/卸港分别使用与计算（Separate Calculation）。
- 共用装卸时间（Lay Time All Purposes）。

• 装卸时间抵算（Reversible Lay Time），又称“装卸时间调剂使用”。

• 装卸时间平衡计算（to Average Lay time）。

上述不同计算方式，最终会影响装卸时间的计算结果和当事人的经济利益，能否正确使用装卸时间的计算方法，与合同当事人对合同装卸港环境的了解、装卸效率把握和装卸时的准确估计有关。

• 装卸时间事实记录和装/卸时间表。

装卸时间事实记录（Lay Time Statement of Facts）是一份记录船舶从到达、等待、被引领入港的地点时起，到船舶装货或卸货完毕时止的时间内所处的状态和各项工作的起止日、时和等待时的起止日、时的书面记录文件。

装/卸时间表（Time Sheet），又称速遣费/滞期费的计算单。它是根据装/卸时间事实记录，具体计算装货港和卸货港实际用于装/卸的时间，以及滞期或速遣时间的表格文件。

另外，还有一些需要注意的细节，如滞期与速遣、出租人的责任与免责、代理人的约定、佣金、船舶绕航条款、货物留置权、承租人免责条款、共同海损、罢工条款、战争风险条款、冰冻条款等。

3. 油轮租船业务管理

（1）油轮租船合同的种类。船舶公司和石油公司之间签订的租船合同，也和一般的租船合同一样，可分为航次租船合同、定期租船合同和光船租船合同三种，其中最常使用的是航次租船合同。

①航次租船合同：航次租船合同是指约定将油类货物从某港运至某港，按照装运油类的吨数和规定的费率计算，由承租人向船公司支付运费的合同。在这种情况下，整个航次的总运费取决于装运油类的吨数和约定的费率。

在航次租船合同下，所有的营运费用以及一切与航次有关的必要开支，都由船舶所有人负担，承租人只需按约定的费率支付运费，即可将油类货物运往目的港。

这种约定以完成一个航次为期限的租船合同，是单航次租船合同。

单航次租船合同所装运的都是即期交运的油类货物，即通常所说的现货交运。其交易市场比较狭小，运价的涨落非常激烈。在世界油轮中，约有10%是以单航次租船的形式营运的。

由于单航次租船的运价涨落非常激烈，租用船舶的大石油公司为了能维持比较低廉的运费，常与船东签订以一定的期间为限，在此期间反复地进行航次运输的租船合同，比如约定“××至波斯湾间10年连续航次”的租船合同，这种租船合同就是长期的连续航次租船合同。

长期航次租船合同不但可以使作为承租人的石油公司能够在较长期内，以较稳定的运费来运输自己的石油，也可以使船舶所有人能够取得较稳定的货源，使船舶所有人建造船舶时作为取得一部分银行贷款的保证。

在长期连续航次租船合同中，运费率的约定大致有两种方法：其一是整个租船期间使用同一费率；其二是将整个租期分割为几段期间，对每段期间（如2~5年）规定渐增或渐减的费率。使用哪一种方法，主要是根据当事人双方的经营情况和对石油行情及市场运价行情的预测来决定。

②定期租船合同和光船租船合同：定期租船合同是指在约定的一定期间内，承租人向船舶所有人租用已配备好船员的船，并使用这种船舶进行海上油类货物运输的合同。国际上一些大的石油公司，常使用这种租船合同。

光船租船合同是指承租人只向船舶所有人租用已完全装备好的船舶，由承租人自己任命船长、配备船员、负担一切有关船舶维持费和营运费用进行货物运输的合同。

（2）油轮航次租船合同范本及其主要内容。油轮航次租船中，应用较广泛的范本，除美国油轮经纪人和代理人协会制定的，简称为 ASBATANKVOY 的“油轮经纪人和代理人协会油轮航次租船合同”，美国政府战时制定以后又经过修订的简称为 WARSHIPIPOIL VOY 的“战时油轮航次租船合同”，英国的 UMAVOIL 和日本海运集会所制定的“油轮航次租船合同”等标准格式外，还有各大石油公司自己制定的，如“德士古格式”（Caltex Form）和“壳牌格式”（Shell Form）等厂商合同格式。

（四） 国际货运中转业务管理

1. 货物转运的原因

国际贸易货物，有相当大的比重通过中途港转运来实现其自起运地到目的地的空间位移。其中，单件杂类货物的集装箱化，为其转运和门到门运输提供了极大便利，提高了整个物流运作效率，分析货物转运的原因，主要是：

（1）货物出运地与进口地之间尚无直达航线及其船舶挂靠，贸易货物只能经他港转运。

（2）贸易货物进出口地之间有直达航线和直挂船舶，但航班与时间不宜，舱位限制而不能载运更多货物或港口及码头装卸能力、装卸效率和服务等难以满足货运的要求。

（3）货物批量不能满足整箱装运或直拼出运要求，只能通过其他港口转拼出运。

（4）干支线结合的集疏运模式，主要是集装箱运输。这里，干线和支线运输经营人，可能是同一家船公司，也可能分属于两家船公司并以协议形成干支结合的货物中转模式。

（5）转口贸易或货物买卖合同规定。

需要指出，货物转运是承运人根据与委托人的事先约定，或得到托运人的默许，为保证货物完成至目的港运输而需要在转运港换船或交给其他承运人进行继续运输的安排。它包括：货物由起运港装船后，在中途卸船并以原箱、原货方式交给接运船或接运承运人至目的港；货物在起运港装船后，中途卸船进行必要处理，如重新拆装、分拨等处理事宜，然后交由接运船或接运承运人运至目的港。这两种转运方式和货物转运处理都需要在转运港通过转运代理人进行业务的具体操作才能完成。此外，货物转运业务也包括转运货物单证处理业务。

2. 货物转运的支持条件

货物转运需要一定条件的支持与配合，概括起来主要有三个方面：港口及其码头条件与能力；船舶接运、载货与货运服务能力、水平；转运港业务及其单证处理条件与能力。

3. 海运支线与货物中转业务管理

（1）海运支线货运业务特点与要求。支线运输是干线运输的延伸。以转运港为枢纽的国际货物运转，必须十分注重支线运输在货物集疏运中的作用。实践表明，完善的支线运输网络和周到的支线运输服务是干线船经营和效益的基本保证，调整好干支线船舶公司、转运港代理人及有关方面的相互关系和利益，是集装箱货运的一项重要工作。转运港代理人在货物干支结合转运业务中具有重要的地位，起着重要的作用。支线船舶经营和货运业务具有其自身要求与特点：

①支线船舶运输经营：支线船舶经营和货运活动的主要对象是集装箱货物，它承担的运输是货物从起运港至目的整个过程的一个部分，即与转运港之间的运输。支线船舶经营者主要有两类：一类是专门从事沿海或内河运输的有限船舶活动的公司，一般又具有公共承运人性质，可接受与签约的和未签约而以自有箱形式托运的各类转运货物；另一类是与干线运输或海洋运输公司同为一家，通过专业转运代理人在转运港把干支线运输贯穿起来，保证货物供给和转运的快速执行。并且，只有当有舱位剩余时，才会考虑捎带其他公司的货物或货主自有箱货物。支线运输，投入营运的船舶规模较小。根据航线港口、设备、货源等情况，有小型集装箱船舶，也有半集装箱船舶、多用途船舶、载驳船或驳船等。

②支线船舶运输货物：支线运输的集装箱货物，包括重箱、空箱和拼箱货物，以及重进空出、空进重出等货物。这些货物，通常以批量形式交接，通过直接转船或在转运港经处理后转船完成至目的港的运输；转运港为地点划分货物运输、装卸、转运等当事人的义务与责任；起运港装载货物一般使用能直达目的港的船东箱，若集装箱只能在有限范围或支线段使用，通常需要在转运港掏箱或重新拆装；转运港承接和转运整箱货，箱主不同，业务和单证制作要求不同，非接运承运人的箱子货物，按货主自有箱处理业务；支线船舶公司通过与干线船舶公司的协议进行用箱并确定交接和费用责任。由于干线船舶公司航线、航班条件的限制，因此在集装箱提供和使用方面有一定限制和规定。集装箱的提供和有效管理直接影响支线船舶公司的揽货和可给货源。对箱主公司而言，集装箱过多提供和进入支线港，可能会产生集装箱积压，影响周转，甚至丢失。因此，需要综合分析和评估。

③货运单证：支线运输货运单证必须满足货物在转运港业务处理的要求，并清楚显示转运港。支线运输因航程短、时间紧等特点，所以特别注重货运单证的正确性和实效性。在国内转运港办理转运出口结关手续，必须出具全程联运提单；如果货物在当地已经办理出口海关手续，国内转运港离境时需向转运港海关提交该手续的当地海关关封。进口货箱，干线船公司的国内转运港的代理人在进出口时应向海关提交单列目的港的货运舱单并向海关办理清关或转关手续。有关单证，应确保无误，否则，会影响货物正常和快速转运、收费，甚至会发生纠纷。

目前，大多数船公司有关单证样式和作业已实现规范化和格式化。船舶箱位报告和转运港要求的货运资料、文件，通过传真、EDI 系统等都能快捷地转送至转运港代理人手中，进行双方交流，从而，保证了货物在转运港对于文件和资料的要求。

④支线运费及其他杂费：支线运费占全程运费多少，或如何分割，实际做法不完全一

样。经营活动中，干支线同属一家公司，支线运输的价格策略一般建立在全程运输价格的对外策略基础之上，支线经营人的利润取决于上级公司的政策支配和货运相关服务的收入。转运代理人的收益主要来自转运业务量及其约定的收费标准与增值服务项目收入。

干支线非同属一家公司，支线船经营人的运费和其他杂费收取与支付取决于与干线船经营人、各作业环节经营人之间的协商结果，当地收费项目及标准规定和业务活动的范围。就运费而言，出口货物，支线船经营人一般按协商的全程运价揽载货物，并从干线船经营人处按约定得到相应的支线运费；进口货物，干线船经营人按约定的数额向承担转运的支线经营人支付支线运费。转运港或支线船经营人在其港口发生的如装卸费、装箱费、代理费、箱管费、仓期费，以及与货运和船东箱子相关的费用，根据协议规定各自的责任、明确收费标准。转运港的代理费用、代收代付费用、费用收取、支付、结算等，由转运港代理人与委托人之间商定。

（2）海运支线货物转运安排。海运支线货物转运安排，从船公司的货运代理人角度，主要包括：出口转运货物舱位安排、进口转运货物接受与转船、集装箱动态跟踪与管理、单证业务、运费结算，以及其他相关工作。

出口转运货物舱位安排，由货物出运口岸的支线船代理人负责。具体包括：货物转运舱位申请和确认、货物接受、装船准备、装船，以及货运单证工作。具体工作及注意事项：

• 适时公布支线船船名、船期、受载期、货物入仓期及关仓期。

• 向托运人或询盘人提供转运港接运船的船名、航班、接转和离港时间，以及抵达目的港的预计时间。由于海运易受各种条件、环境的影响，所以有关航班、船期等相关信息的提供，只能是参考性的，必须向要求者说明。

• 接受托运人航次订舱与货物入仓，包括托运单内容的审核，装货单和放箱单的签发工作，通知码头场站按已接受的订舱发放空箱。航次订舱货物在入仓或装箱和装船前完成检验、报关或转关等入仓出口必要手续，获得转运港代理人的转运认可，或干线接运船公司认可。若支线船有剩余舱位，在不影响航班的前提下可以安排适量加载。

• 及时汇总航次订舱数和入仓数，把确认汇总数及时通知支线船公司、码头、转运港代理和/或接运船公司，使这些相关公司都能了解货物装载情况，及时做好各自的接货、受载、转运等工作安排。同时，协助码头做好装船准备和预配载工作。为保证船舶舱内积载安全、货物在转运港顺利卸转和换装、避免船舶不合理移泊、倒舱或移箱等额外费用产生，应注意考虑舱内货物的安排和特殊货物的专门处理要求。

• 货物装船时，应加强监管，做好查验、点数和记录。对于不符合装船和不宜装船，或发现有疑问的集装箱，应及时会同有关方面进行查验、做出处理意见，确保所有出口货物在转运港顺利转运。

• 货物装船后，及时缮制、整理和汇总已装船货物单证，并按约定及时送交各干线船接运公司、转运港代理人等。

（五）货物海运运费计算

海上货物运输费用，按海运船舶的不同营运方式，主要分为班轮运费、程租船运费和期租船租金三种。

1. 班轮运费

班轮运费是班轮公司为运输货物而向货主收取的费用，班轮运费分为散货运输和集装箱运输，散货运输的班轮运费包括货物从装运港至目的港的海上运费以及货物的装卸费。班轮运费按照班轮运价表的规定计算，由基本费率（Basic Freight Rate）和各种附加费（Additionals or Surcharges）所构成。不同的班轮公司有不同的班轮运价表。班轮运价表的结构一般包括：说明及有关规定、货物分级表、航线费率表、附加费率表、冷藏货及活牲畜费率表等。对于基本费率的规定，一般是将承运的货物分为若干等级（常见为20个等级），每一等级有一个基本费率，也称为“等级费率表”。基本费率是每种商品必收的费率，其中1级费率最低，20级费率最高。具体可见图3－36。

COMMODITIES	CLASS	BASIS	COMMODITIES	CLASS	BASIS
Agricultural implement	8	W/M	Medical & surgical apparatus	12	W/M
Machines parts & accessories	9	W/M	Medicines & drugs	12	W/M
Artificial leather & goods	11	M	Medicines（Chinese patent in cases）	11	M
Bags gunny，paper polypropylene	5	M	Minimum B/L	7	M
Bamaoo products	8	M	Motor cars，trucks & parts	10	W/M
Barrow	8	W/M	accessories	12	M
Beans all kinds	5	W/M	Musical instruments（N. O. S.）	10	W/M
Bicycles & parts	9	W/M	Paint	8	M
Cable	10	W/M	Paper goods	12	W
Candle	6	M	Paper（in bales & reeld）	9	M
Canned goods all kinds	8	W/M	Plastic manufactures	5	M
Cargo（N. O. S.）	12	W/M	Ployproyiene woven bags	8	M
Clocks & spare parts	10	M	Porcelain & pottery ware	10	W/M
Computer & duplicator	12	W/M	Provisions（N. O. S.）	12	W/M
Cotton goods & piece goods	10	M	Radio，television set，recorder	12	W/M
Cotton thread & yarn	9	M	Semi－conductor & parts	10	W/M
Cotton tovels and kinds	9	M	Refrigerator	8	M
Copper pipes	12	W/M	Rubber manufactures	8	M
Chemicals（no－D.）	12	W/M	Sanitary ware	17	M
Chemicals（semi－D.）	17	W/M	Silk goods & piece goods	12	M
Chemicals（D.）	20	W/M	Silk noil tran silk noil	8	M
Detergent（liquid）	7	M	Soap，laundry，midicated	11	M
Dyestuffs，pigments（non－D.）	10	M	Soap，toliet	11	W/M
Electric goods materials	10	W/M	Sports goods & amusement（N. O. S.）	10	W/M
Enamel Ware	9	W/M	Stationery & office appliance	5	M
Feather down & products	15	M	Straw，willow，rush products	12	M
Fertilizers	6	W	Suitcases，leather	8	M
Footwear leather	12	M	Suitcases，canvas & check cloth	9	M
Footwear（N. O. S.）	9	M	Suitcases（N. O. S.）	12	M
Furnitures（N. O. S.）	10	M	Tape recorder & magnetic tape	8	M
Glasswear（N. O. S.）	8	M	Tea	7	W
Gloves（N. O. S.）	10	M	Tiles，procelain	7	W
Gloves，cotton working	9	M	Tiles，mosaic	11	M
Gloves leather	12	M	Toliet shampoo	9	M
Hardware & tools（N. O. S.）	10	W/M	Tooth brush	11	M

图3－36　部分货物分级表

班轮基本运费共有8种计费标准，具体如下：

（1）按货物的毛重。即以重量吨（Weighi Ton）为计算单位，1重量吨为1公吨或1长吨，按此方式计收运费者，班轮运价表内的货物后面有（W）字样。

（2）按货物的体积。即以尺码吨（Measurement Ton）为计算单位，1尺码吨以1立方米或40立方英尺作为计算运费单位。按此方式计收运费者，班轮运价表内的货物后面有（M）字样。

（3）按商品的价格计收。也称为从价运费，一般以商品的F. O. B. 总值的一定百分比（Ad Valorem是拉丁文“从价”的意思）计收。班轮公司在承运黄金、白银、精密仪器、手工艺品等贵重商品或高价商品时，由于在积载、保管方面需要采取特别措施，并承担较大的责任，所以对这类商品收取从价运费，其费率从占F. O. B. 货价的百分之零点几到5%不等。在运价表上有（A. V. 或ad val）字样.

（4）按货物重量或尺码从高计收。即在重量吨或尺码吨两种计算标准中选择其高者计收。运价表内有（W/M）字样。例如，在运价表内以“W/M”表示，即指船方可凭货物的重量或体积取收费较高的一种计收运费。

（5）按货物重量或体积或货价三者中选取收费最高的运费计收。运价表内有（W/M or A. V.）字样。

（6）按货物重量或体积两种选择最高者，再加上一定百分比从价运费计收。运价表内有（W/M Plus A. V.）字样。

（7）按货物的件数计收，如装运卡车按辆数，活牲畜按头计收运费等。

（8）由货主和船公司临时议定。有些班轮公司对承运某些大宗货物（如粮谷、豆类、矿石、煤炭等）采取由船货双方临时议定运价的办法。由于这些大宗货物运量较大，装卸容易，货价较低，所以对这些货物临时议定的运价比一般杂货的班轮费率低。有的班轮公司在运价表中只列出“议价货”品名，却不规定运价。

在实际业务中，基本运费的计算标准以按货物的毛重（W）或按货物的体积（M）或按重量、体积从高选择（W/M）三种方式居多。贵重物品大多采用按货物的价格，即FOB总价（A. V.）计收。例如中国—加拿大航线运价如图3-37所示。

班轮运价除了收取“基本运费”外，往往还要加收种种附加费，以弥补船方在运输上的额外开支或其所蒙受的某些损失。附加费名目繁多，常见的有：超重附加费、超长附加费、转船附加费、直航附加费、洗舱费、选港附加费、港口附加费、港口拥挤附加费、燃油附加费、货币贬值附加费，等等，由此，在对外报价时应充分考虑这一因素，才能使商品的价格规定得合理。

班轮运费的计算步骤如下：

第一步：查货物分级表。先根据货物的英文名称在货物分级表中查出该货物属于什么等级和按什么标准计费；

第二步：查航线费率表。根据货物等级和计费标准，在航线费率表中查出货物的基本运费费率；

FROM CHINA PORTS TO CANADA PORTS	Orig. /Rev	Page
	Original	901
	Cancels	Page
	Effective Date	
	September 25 1974	
	Correction	

SCALE OF CLASS RATES FOR CHINA
—CANADA SERVICE

in H. K. Dollars

West Canada		East Canada	
Class	Vancouver	Halifax St. John	Montreal Quebec, Toronto Hamilton
1	150. 00	177. 00	193. 00
2	159. 00	185. 00	202. 00
3	167. 00	193. 00	211. 00
4	175. 00	201. 00	220. 00
5	183. 00	215. 00	235. 00
6	194. 00	231. 00	252. 00
7	205. 00	248. 00	270. 00
8	219. 00	264. 00	288. 00
9	235. 00	283. 00	309. 00
10	257. 00	305. 00	333. 00
11	285. 00	337. 00	368. 00
12	317. 00	373. 00	407. 00
13	350. 00	414. 00	451. 00
14	383. 00	454. 00	496. 00
15	416. 00	495. 00	540. 00
16	449. 00	536. 00	585. 00
17	492. 00	591. 00	644. 00
18	547. 00	645. 00	704. 00
19	629. 00	735. 00	802. 00
20	711. 00	844. 00	920. 00
Ad. val	4%	4%	4%

图 3-37　中国—加拿大航线运价表

第三步：查附加费率表。

【例3-1】某公司出口到澳大利亚悉尼港某商品100箱，每箱毛重30kg，体积$0.035m^3$，运费计算标准为W/M10级。查10级货直运悉尼港每运费吨200元，加货币附加费37%，燃油附加费28%，港口拥挤费25%。请计算总运费。（计费的重量吨和尺码吨统称为运费吨，我国远洋运输运价表中将每公吨的体积大于$1m^3$的货物定为容积货物）

分析：(1) 计算货物的体积和重量。

100箱的体积为：$0.035\times100=3.5$（m^3）。

100箱的重量为：$0.030\times100=3$（t）。

由于$3.5m^3$的计费吨大于3t，因此计收标准为体积。

(2) 10级运输费率为200元，则基本运费为：

$200\times3.5=700$（元）

(3) 附加运费为：

$700\times(37\%+28\%+25\%)=630$（元）

(4) 其应付运费为：

$700+630=1330$（元）

【例3-2】出口箱装货物共100箱，报价为每箱4000美元FOB上海，基本费率为每运费吨26美元或从价费率1.5%，以W/M or Ad Val选择法计算，每箱体积为$1.4m\times1.3m\times1.1m$，毛重为每箱2t，并加收BAF10%、GRI20%、PTF40%，求总运费。（计费的重量吨和尺码吨统称为运费吨，我国远洋运输运价表中将每公吨的体积大于$1m^3$的货物定为容积货物）

分析：(1) 基本运费

按"W"计算为：$26\times2\times100=5200$（美元）

按"M"计算为：$26\times(1.4\times1.3\times1.1)\times100=5205.2$（美元）

按"A. D."计算为：$4000\times1.5\%\times100=6000$（美元）

三者比较，按"A. D."计算的运费最高，故实收基本运费6000美元。

(2) 总运费

$$
\begin{aligned}
F &= F_b + S \\
&= 6000(1+10\%+20\%+40\%) \\
&= 10200\text{（美元）}
\end{aligned}
$$

答：总运费为10200美元

2. 租船运费

通过海洋运输的国际贸易货物，除少量成交的零星货物和一般杂货大多需要使用班轮运输外，凡粮谷、矿砂、煤炭、石油、木材等大宗货物，一般都需要包租整船运输。

在定程租船方式下，船方必须按租船合同（Charter Party）规定的航程完成货物运输任务，并负责经营管理船舶和承担船舶在航行中的一切开支。租赁程租船运送货物时，关于装卸费的收取办法，有下列各种不同的规定：

（1）船方不负担装卸费（Free in and out，F. I. O.），即船方不负担装货费，也不负担卸货费。这种情况一般适用于散装货。采用这一规定方法时，必要时还需明确理舱费和平舱费由谁负责，如规定租方负担，则称“船方不管装卸、理舱和平舱”（Free in and out，Stowed and Trimmed，F. I. O. S. T.）。

（2）船方负担装卸费，又称班轮条件（Gross Terms），即装卸费用采用班轮运输的做法，将货物的装卸费用包括在程租船运费内。租船人负担运费，装卸费由船公司负责支付，多用于木材和包装货物的运输。

（3）船方管装不管卸（Free out，F. O.），船方负担装货费，不负担卸货费。

（4）船方管卸不管装（Free in，F. I.），船方负担卸货费，不负担装货费。

在定期租船方式下，租赁期间，租船人根据租船合同规定的航行区域可自行使用和调度船舶。一般期租船在各自航次中所产生的燃料费、港口费、装卸费、垫舱物料费等项费用，均由租船人负担。

租船运费由船、租双方根据租船市场运价水平协商确定。关于租船运费的计算及支付方法，都应在租船合同中明确规定。由于定程租船运费易受租船市场价格波动的影响，时涨时落，有时变动很大，所以各进出口公司对外成交大宗货物时，应注意租船市场的动态和运价趋势。定期租船的租金经船、租双方商定后，在租赁期间，不论租船市场运费涨落如何，都固定不变。

在世界租船市场上，有些国家和地区的航运组织或商会，根据有关的航线、货类和租船方式的特点制定有各种标准租船合同，以便船、租双方办理租船业务时，可以这些合同中的条款为依据进行洽商，从而加速交易的进行。

租船合同与贸易合同是有联系的，特别是采用程租船运输时，有关装卸港口、装运货物的种类和数量、装卸费用、装运期、装卸时间和滞期费与速遣费等问题，在程租船合同与贸易合同的规定中应当互相衔接。因此，各进出口公司的业务人员应当了解租船运输方面的基本知识，同时在磋商交易和签订大宗货物的买卖合同时，应与有关运输人员密切联系，充分考虑运输方面的问题，认真订好合同中的装运条款，使贸易合同与租船合同的有关规定统一起来。

3. 装卸时间、滞期费和速遣费

程租船运输情况下，装卸时间的长短影响到船舶的使用周期和在港费用，直接关系双方利益。因而，在程租船合同，除规定装卸货时间外，还需规定一种奖励和处罚措施，以督促租船人快装快卸。

装卸时间，或称装卸期限，是指租船人承诺在一定期限内完成装卸作业，装卸期限可以用若干日表示，也可以用装卸率表示，即平均每天装卸若干吨。

在规定的装卸期限内，如果租船人没有完成装卸作业，为了弥补船方的损失，对超过的时间租船人应向船方支付一定的罚款。这种罚款称为“滞期费”或“延期费”。反之，如果租船人在规定的装卸期内，提前完成装卸作业，则所节省的时间船方要向租船舶人支付一定的奖金，这种奖金称为“速遣费”。速遣费一般为滞期费的二分之一。

如某公司以 CIF 悉尼达成出口货物 10000t，出口合同规定在悉尼港口每天装 400t，延期一天罚款500元，提前一天奖250元，而程租船合同规定每天装500t，滞期一天罚600元，速遣一天奖300元，结果22天6小时装完全部货物。

该出口公司要对国外进口公司支付速遣费25天－22.25天＝2.75天，共计2.75×250＝687.50元，同时还要对船方支付滞期费22.25天－20天＝2.25天，共计2.25×600＝1350元，双重损失合计2037.50元。

二、国际集装箱运输

（一） 集装箱含义和种类

集装箱海运是把零散的货物合并组成大件通过船舶进行海洋运输。随着国际贸易的日益发展和运输装载工具的不断革新，近年来，集装箱运输也相应迅速发展起来，并成为国际货物运输中的重要方式。

1. 集装箱

集装箱（图3－38）是一种容器，而且是能反复使用的运输辅助设备。外形像一个箱子，可将货物集中装入箱内，故称集装箱，又称“货柜”或“货箱”。

图3－38　集装箱图示

国际标准化组织规定，集装箱必须具备下列条件：

（1）能长期反复使用；

（2）途中转运，不动容器内的货物，可直接换装；

（3）能快速装卸，并能从一种运输工具上直接方便地换装到另一种运输工具上；

（4）便于货物的装满和卸空；

（5）每个容器具有$1m^3$（即$35.32ft^3$）或以上的容积。

采用集装箱运输时，可以在收货人的工厂、仓库、场地或集装箱货运站直接将货物装进特制的标准规格的集装箱内，经当地海关铅封后，由各有关承运人将货箱直接运交收货人。集装箱的交接地点，可以按惯常的“港港交接”办法，在港口办理交接货手续，也可以延伸到内地，按“门到门”的交接办法，在买卖双方各自的工厂、仓库就地交货和接货，由于“门到门”这种交接办法的应用很普遍，所以集装箱运输多用于陆、海（空）多种运输方式的联合运输。国际标准化组织为统一集装箱的规格，在国际航运上推荐使用20ft和40ft两种。两种集装箱具体参数如图3－39所示。

参数		20 英尺箱		40 英尺箱	
材质		铝制		铝制	
单位		mm	ft - in	mm	ft - in
外部尺寸	长	6058	10 - 10　1/2	12192	40
	宽	2438	8	2438	8
	高	2438	8	2591	8
内部尺寸	长	5930	19 - 5　7/16	12056	39 - 6　5/8
	宽	2350	7 - 8　1/2	2351	7 - 8　1/2
名义高度		2180	7 - 1　7/8	2324	7 - 7
净空高度		2083	6 - 10		
门框尺寸	宽	2350	7 - 8　1/2	2340	7 - 8　1/16
	高	2154	7 - 0　13/16	2286	7 - 7
单位		m^3	ft^3	m^3	ft^3
容积		30.4	1073	60.8	2147
单位		kg	lb	kg	lb
自重		2030	4480	3800	8380
总重		24000	48525	30480	67200
载重		21970	44046	26680	58820

图 3 - 39　常用集装箱规格图示

2. 集装箱运输的优点

（1）便利货运，简化手续。由于集装箱运输，便于采用海陆（空）联运，货物在中途的一切装卸、搬运工作，全由有关承运人负责，而且货物中途也可以免验，这就大大减少了中间环节，简化了办理货运的手续。

（2）提高装卸效率，扩大港口吞吐能力。在国际上通用的集装箱，由于规格一致，便于机械化操作，而且装卸作业不受气候限制，故装卸速度很快。每艘集装箱船一般在港口只需一天即能装卸完毕。由于装卸效率高，码头使用率也随之提高，从而扩大了港口的吞吐能力。

（3）加速船舶周转，降低营运成本。由于集装箱运输的装卸效率高，因而大大减少了船舶的停港时间，加速了船舶的周转，提高了船舶的使用率，并降低了营运成本。一般来说，集装箱运输的货运成本比非集装箱运输的货运成本要降低 60% ~70%。

（4）加快货运速度，缩短货运时间。采用集装箱运输，由于货运手续简便，装卸效率高，船舶运转快，因而大大提高了货运速度，缩短了货运时间。

（5）提高货运质量，减少货损货差。由于集装箱结构坚固，设计科学，货物装箱后关门铅封，既不怕风吹、雨淋、日晒，也不怕中途被偷窃。同时货物装箱后，可以避免互相挤压和碰撞，一般不会因包装不同或配载不当而招致货损。加之，集装箱运输快，货物不易中途变质。这一切，都有助于提高货运质量和减少货损、货差。

（6）节省包装用料，减少运杂费用。凡采用集装箱运输的货物，包装简易，特别是外包装，只要纸袋、纸盒即可，从而大大节省了包装用料和包装费用。如能做到“门到门”运输，其包装费可节省50%左右。

采用集装箱运输，其运费一般比非集装箱货约低10%，保险公司对集装箱货运的保险费，一般比普通货运保险费约低10%；集装箱运输中间环节少，节省了一些杂项开支。

集装箱运输具有上述许多优点，是一种比较理想的运输方式，但开展这种运输，对船舶、码头、仓库、货箱、装卸搬运都要求有专门设备，除了要有大量的、稳定的货运作保证外，还需要花费巨大的投资，因此，采用这种运输，需要创造必要的条件。

（二）国际集装箱租箱合同管理

集装箱租赁业，是一个随着集装箱运输的发展而派生出来的行业。当今世界具有相当规模的集装箱租赁公司已有100多家。目前可供租赁用的集装箱数量约占世界集装箱总数的50%左右，这对于集装箱的发展起着重要的促进作用。

集装箱租赁方式，主要有以下几种。

1. 长期租赁

长期租赁合同年限较长，通常是3~10年。根据租赁期届满后对集装箱处理的方式不同，长期租赁可分为金融租赁及实际使用期租赁两种。金融租赁是指租箱人在租箱合同期满后作价买下所租用的箱子，从而取得集装箱的所有权的一种租赁方式；而实际使用租赁期则是当租赁合同期满后，租箱人将箱子退还给出赁公司的一种租赁方式。

2. 即期租赁

即期租赁是指租箱人根据自己的需要及市场情况与租箱公司签订短期租赁合同的一种租赁方式。它的特点是与租箱公司磋商后达成临时短期租箱协议，因此，其租箱费率由当时的租箱市场竞争及供需情况而定。即期租赁除临时的短期租赁外还有单程租赁和来回程租赁两种。

集装箱租赁方式很多，租箱人根据航线货源情况、航运市场及租箱市场情况、租箱人的资金状况，经过论证、分析后，确定采用何种租赁方式及租箱量。

（三）国际集装箱空箱调运管理

1. 集装箱空箱调运的原因

产生集装箱空箱调运的原因很多，主要有：

（1）管理失误，运作不规范。如由于单证交接不全，流转不畅，影响集装箱的调配和周转，有的集装箱因责任不清，损失或灭失，无法追回或未及时追回，只能调运空箱补充；又如货主提箱超期，造成港口重箱积压，影响到集装箱在内陆的周转，为保证船期，不得不从附近港口调运空箱。

（2）进、出口货源不平衡，因而造成进、出口集装箱比例失调。

（3）由于贸易逆差，导致集装箱航线货流不平衡，因而产生空箱调运。

（4）由于进出口货物种类和性质不同，因而使用不同规格的集装箱，产生航线不同规格集装箱短缺现象，不得不调运同一规格的空箱，以满足不同货物的需要。

（5）其他原因。如出于对修箱费用和修箱要求的考虑，船公司将空箱调运至修费低、修箱质量高的地区去修理。

应该指出，由于客观货物流向、流量及货种的不平衡，产生一定数量的空箱调运是必然的。

2. 空箱调运的合理化

空箱调运应综合论证空箱调运费用与租赁费用的比较，根据二者费用的高低，再考虑航线集装箱配备量因素，决定采取空箱调运或租赁的决策。

减少空箱调运量行之有效的途径主要有：

（1）组建联营体，实现船公司之间集装箱共享。联营体通过互相调用空箱，可减少空箱调运量和航线集装箱需备量，节省昂贵的空箱调运费和调箱费。

（2）强化集装箱集疏运系统，缩短集装箱周转时间。通过做好集装箱内陆运输各环节工作，保证集装箱运输各环节紧密配合，缩短集装箱内陆周转时间和在港时间，以提供足够箱源，不致因缺少空箱而从邻港调运。

（3）强化集装箱跟踪管理系统，实现箱务管理现代化。通过优化集装箱跟踪管理计算机系统，采用EDI系统，以最快、准确的方式掌握集装箱信息，科学、合理地进行空箱调运，最大限度地减少空箱调运量及调运距离。

（四）集装箱货运业务管理

1. 集装箱货物的集散与交接方式

按国际贸易分类的货物品目来划分，运输中所有的货物可归纳为56种。其中，最适合集装箱化的货物有32种，占总数的57.1%；适合集装箱化的货物有6种，占总数的10.7%；其余的为不适合或边缘集装箱化的货物。最适合集装箱化的货物系指货价高、运费承受能力也较高并且按其属性可有效地装载集装箱运输的商品。所谓货物属性是指商品的大小、容积与质量的关系以及物理、化学性质。最适合集装箱化的货物有针织品、酒、医药品、打字机、各种小型电器、光学仪器、电视机、收音机、小五金等。适合集装箱化的货物系指货架、运费承受能力适当、其属性较适合集装箱运的商品。该类商品有纸浆、天花板、电线、电缆、面粉、生皮、炭精、金属制品等。边缘集装箱化的货物可用集装箱来装载，但因其货价较低，用集装箱来运输时，经济上不合理。而且，该类货物的大小、重量、包装也难于集装箱化，如钢锭、生铁、原木等。不适合集装箱化的货物是不能装载集装箱运输的。有些货物在大量运输时可能使用专用船运输更加经济，这类货物有废钢铁、大型卡车、桥梁、铁塔、发电机等。

集装箱货物的运输，是根据各国的运输法规和每条运输线上的经济、地理等条件，决定其不同的集散方式和流转程序。由于集装箱运输是建立在大规模生产方式基础上的，所以，它必须将分散的小批量货源预先在内陆的某几个点加以集中，等组成大批量货源后，通过内陆运输，将其运至集装箱码头。这里，假设把内陆地点作为集装箱运输中的第一枢纽站，装船港作为第二枢纽站，然后通过海上运输，卸船港作为第三枢纽站，再通过内陆运输，将集装箱货物运到最终目的地，即第四枢纽站。这是集装箱运输中一个比较典型的例子，只有采用这样的货源组织方式，将小批量货源组成大批量货源后，才能使货物运输的总成本减至最低。

在上述集装箱货物的流通过程中，集装箱货物可分为两种形态：一种叫整箱货（FCL）；另一种叫拼箱货（LCL）。所谓整箱货系指由货主负责装箱，填写装箱单，并加海关封志的货物，习惯上整箱货物只有一个发货人和一个收货人。所谓拼箱货系指由集装箱货运站负责装箱，填写装箱单，并加海关封志的货物，习惯上拼箱货涉及几个发货人或几个收货人。

2. 整箱货流转过程

（1）发货人在自己工厂或仓库集装箱地点配置集装箱（使用承运人提供的集装箱或自备箱）。

（2）发货人在自己工厂或仓库装箱地点配货、装箱。

（3）通过内陆运输，将集装箱货物运至集装箱码头。

（4）根据堆场计划在堆场内暂存集装箱货物，等待装船。

（5）根据装船计划，将集装箱货物装上船舶。

（6）通过海上运输，将集装箱货物运抵卸船港。

（7）根据卸船计划，从船上卸下集装箱货物。

（8）根据堆场计划在堆场内暂存集装箱货物，等待收货人前来提货。

（9）通过内陆运输，将集装箱货物运至收货人工厂或仓库。

（10）收货人在自己工厂或仓库等掏箱地点掏箱。

（11）集装箱空箱回运（货主自备箱除外）。

3. 拼箱货流转过程

（1）发货人自己负责将货物运至集装箱货运站。

（2）集装箱运货站负责备箱、配箱、装箱。

（3）集装箱货运站负责将装载的集装箱货物运至集装箱码头。

（4）根据堆场计划将集装箱货物暂存堆场，等待装船。

（5）根据装船计划将集装箱货物装上船舶。

（6）通过海上运输，将集装箱货物运抵卸船港。

（7）根据卸船计划从船上卸下集装箱货物。

（8）根据堆场计划将集装箱货物暂存堆场，等待集装箱运货站前来提箱。

（9）集装箱货运站掏箱、交货。

（10）集装箱空箱回运。

4. 交接地点与交接方式

集装箱运输中，根据整箱货、拼箱货的不同，其交接地点和交接方式有以下16种：

（1）门到门交接（Door/Door）。门到门交接形式习惯上只有一个发货人和一个收货人，由承运人负责内陆运输，即承运人在发货人工厂或仓库接收货箱后，负责将货箱运至收货人的工厂或仓库，门到门交接的货物系整箱货，而且通常是采取多式联运时使用的一种交接方式。

（2）门到场交接（Door/CY）。门到场交接形式是在发货人的工厂或仓库接收货箱后，由承运人负责运至卸货港集装箱码头堆场交货，目的地的内陆运输则由收货人自己负责安排。门到场交接的货物也为整箱货。

（3）门到站交接（Door/CFS）。门到站交接形式是在发货人的工厂或仓库接收货箱后，由承运人负责运至目的地集装箱货运站交接，即整箱货接收、拼箱货交付。

（4）门到钩交接（Door/Hook）。门到钩交接是在发货人的工厂或仓库接收货箱后，由承运人负责运至卸货港码头，并在船边交货。通常为整箱货。此时货物的卸船费用多由承运人负担，但也可约定由收货人负担。

（5）场到门交接（CY/Door）。场到门交接系指在装货港集装箱码头堆场接受货箱，由承运人负责运至收货人工厂或仓库交货的交接方式，即整箱接收、整箱交付。

（6）场到场交接（CY/CY）。场到场交接是指在装货港集装箱码头堆场接收货箱，并将其运至卸货港集装箱码头堆场的交接方式。

（7）场到站交接（CY/CFS）。场到站交接是指在装货港集装箱码头堆场接收货箱，并将其运至目的地集装箱货运站的交接方式。

（8）场到钩交接（CY/Hook）。场到钩交接是指在装货港集装箱码头堆场接收货箱，将其运至卸货港码头，并在船边交货的交接方式。

（9）站到门交接（CFS/Door）。站到门交接是指在起运地集装箱货运站接收货物后，将其运至收货人工厂或仓库的交接方式。

（10）站到场交接（CFS/CY）。站到场交接是指在起运地集装箱货运站接收货物后，将其运至卸船港集装箱码头堆场的交接方式。

（11）站到站交接（CFS/CFS）。站到站交接是指在起运地集装箱货运站接收货物，并将其运至目的地集装箱货运站交付的方式。

（12）站到钩交接（CFS/Hook）。站到钩交接是指在起运地集装箱货运站接收货物，将其运至卸货港码头，并在船边交付的方式。

（13）钩到门交接（Hook/Door）。钩到门交接是指在起运港码头船边接收货箱，并将其运至目的地收货人工厂或仓库交付的方式。

（14）钩到场交接（Hook/CY）。钩到场交接是指在起运港码头船边接收货箱，并将其运至卸货港集装箱货运站交付的方式。

（15）钩到站交接（Hook/CFS）。钩到站交接是指在起运港码头船边接收货箱，并将其运至卸货港集装箱货运站交付的方式。

（16）钩到钩交接（Hook/Hook）。钩到钩交接是指在起运港码头船边接收货箱，并将其运至卸货港码头，在船边交付的方式。

在以上16种交接方式中，凡涉及Door者，经常属于多式联运。而在全集装箱船运输中通常不涉及Hook。因此，海上集装箱班轮运输中，集装箱货物的交接地点通常为CY或CFS，而CY/CY交接方式是最常见的一种。

（五）拼箱业务管理

拼箱业务管理主要在集装箱货运站中进行，它是国际集装箱运输及多式联运中极其重要的环节，通过集装箱货运站，可形成一个深入内陆的运输网络，有效地进行集装箱货物的集合和流运，实现集装箱的“门到门”运输。

1. 货运站的种类

目前，集装箱货运站主要有以下三种类型：

（1）集装箱码头内的货运站。它是整个集装箱码头的有机组成部分。它所处的位置、实际工作和业务隶属关系都与集装箱码头无法分割，我国大多数集装箱专用均属此类型。其主要任务是承担收货、交货、拆箱和装箱作业，并对货物进行分类保管。

（2）集装箱码头附近的货运站。这种货运站设置在靠近集装箱码头的地区，处于集装箱码头外面。它不是码头的一个组成部分，但在实际工作中与集装箱码头的联系十分密切，业务往来也很多，它承担的业务与上述货运站相同，我国台湾地区不少集装箱码头的货运站属此类型。

（3）内陆货运站。集装箱内陆货运站的主要特点是设置于内陆主要城市及外贸进出口货物较多的地方，主要承担将货物预先集中，进行装箱，装箱完毕后，再通过内陆运输将集装箱运至码头堆场，具有集装箱货运站和集装箱码头堆场的双重功能。它既接受托运人交付托运的整箱货与拼箱货，也负责办理空箱的发放和回收。如托运人以整箱货托运出口，则可向内陆货运站提取空箱，如整箱进口，收货人也可以在自己的工厂或仓库卸空集装箱后，随即将空箱送回内陆货运站，它还办理集装箱拆装箱业务及代办有关海关手续等业务。

2. 集装箱货运站的主要任务

（1）集装箱货物的承运、验收、保管和交付。

（2）拼箱货的装箱和拆箱作业。

（3）整箱货的中转。

（4）重箱和空箱的堆存和保管。

（5）货运单证的处理，运费、堆存费的结算。

（6）集装箱及集装箱车辆的维修、保养。

（7）其他。

3. 集装箱货运站的基本设施

大型集装箱货运站为了有效地开展工作，需要有进行集装箱货物交接、保管和拆集装箱的场地及进行装箱作业的机械和设施。

4. 集装箱货运站的进出口业务

集装箱货运站负责集装箱的中转、储存保管、拆装箱等业务，有的还兼营集装箱的清洗和修理等。集装箱货运站在工作中涉及的单位很多，它既要配合船公司、港口做好出口集装箱货物到站装箱、拼箱工作，又要协助港口做好进口拼箱货的保管和交付工作。为了提高集装箱货运站的服务质量，加速集装箱的周转，必须对各项业务进行科学管理，使各项进出口业务顺利进行。

（六）集装箱运费

1. 集装箱运费的构成

集装箱运费构成和计算方法与传统的运输方式不同，以海运为例，它包括内陆运输费、拼箱服务费、堆场服务费、海运运费、集装箱及设备使用费和港口中转费等。

（1）海运运费。包括基本运费和各种附加费，是集装箱运费收入的最主要部分。

（2）内陆运输费。指经陆路（公路或铁路）集装箱货物在港口与交货地之间的运费。

（3）拼箱服务费。包括拼箱货在货运站至堆场之间空箱或重箱的运输、理货，货运站内的搬运、分票、堆存、装拆箱以及签发场站收据、装箱单制作等各项服务费用。

（4）堆场服务费。即装船港堆场接收出口的整箱货，以及堆存和搬运至装卸桥下的费用；卸货港包括装卸桥下接收进口箱及搬运至堆场和堆存的费用，还包括装卸港单证等费用。

（5）集装箱及设备使用费。是指当货主使用由承运人提供的集装箱及底盘车等设备时发生的费用。

2. 拼箱货运费

集装箱运输有整箱货（Full Container Load，FCL）和拼箱货（Less Than Container Load，LCL）。整箱货由发货人在工厂或仓库进行装箱，货物装箱后直接运交集装箱等待装运，货到目的港或目的地后，收货人可直接从目的港或目的地的集装箱堆场（Container Yard，CY）提走。拼箱货是指货量不足一整箱，需由承运人在集装箱货运站（Container Freight Station，CFS）负责将不同发货人的货物拼装在一个集装箱内，货到目的港或目的地后，由承运人拆箱后分拨给各收货人。

目前，各船公司对集装箱运输的拼箱货运费的计算，基本上是依据件杂货运费的计算标准，按所托运货物的实际运费吨计费，即尺码大的按尺码吨计费，重量大的按重量吨计费。另外，在拼箱货海运运费中还要加收与集装箱货运站作业有关的费用，如拼箱服务费、困难作业费、超重或超大件作业费等。

拼箱货运费计收要注意以下两点：

（1）由于拼箱货涉及不同的收货人，因而拼箱货不能接受货主提出的有关选港或变更目的港的要求，所以，在拼箱货海运运费中没有选港附加费和变更目的港附加费。

（2）拼箱货起码运费按每份提单收取，或计费时不足 1t 或 $1m^3$ 时按 1W/M 收费。在拼箱运输下，一个集装箱中一般装有多票货物。为保证承运人的利益，各船公司每票（提单）货物规定最低运费吨。

3. 整箱货运费

对于整箱托运的集装箱货物运费的计收：一种方法是同拼箱货一样，按实际运费吨计费。另一种方法，也是目前采用较为普遍的方法是，根据集装箱的类型按箱计收运费。

包箱费率（Commodity Box Rate，CBR）是各公司根据自身情况，按集装箱的类型制定的不同航线的包干运价，既包括集装箱海上运输费用，也包括在装、卸船港码头的费用。集装箱的包箱费率有三种方式：

（1）FAK 包箱费率（Freight for All Kinds），即不分货物种类，也不计货量，只规定统一的每个集装箱收取的费率。这种方式的基本原则是集装箱内装运什么货物与应收的运费无关。换句话说，所有相同航程的货物征收相同的费率，而不管其价值如何。它实际上是承运人将预计的总成本分摊到每个所要运送的集装箱上所得出的基本的平均费率，形式如表3－2所示。

表3－2　　中国—新加坡航线集装箱费率　　单位：美元

装港	货类	CFS/CFS（集装箱货运站）	CY/CY（集装箱堆场）	
		Per F/T	20' FCL	40' FCL
大连	杂货	78.5	1250	2310
新港	杂货	70.0	1150	2035
上海	杂货	70.0	1150	2035
黄埔	杂货	63.0	950	1750
…	…	…	…	…

（2）FCS包箱费率（Freight for Class），即按不同货物等级制定的包箱费率，使用这种费率计算运费时，先要根据货名查到等级，然后按货物大类等级、交接方式和集装箱尺度查表，即可得到每只集装箱相应的运费。这种费率属于货物（或商品）包箱费率。中远运价本中，在中国－澳大利亚和中国－新西兰航线上采用这种费率形式，其形式如表3－3所示。

表3－3　　中国—澳大利亚航线集装箱费率　　单位：美元

基本港：Brisban，Melbourne，Sydny，Fremantle

等级	计算标准	20'（CY/CY）	40'（CY/CY）	LCL（Per F/T）
1～7	W/M	1700	3230	95
8～13	W/M	1800	3420	100
14～20	W/M	1900	3510	105

（3）FCB包箱费率（Freight for Class and Basis），即按不同货物等级或货物类别以及计算标准制定的费率，这种费率也属于货物（或商品）的包箱费率。中远运价本中在中国－卡拉奇等航线上采用这种费率形式，形式如表3－4所示。

表3－4　　中国—地中海航线集装箱费率　　单位：美元

基本港：Algiers，Genoa，Marseilles—FOS

等级	LCL Per W	LCL Per M	FCL 20'（CY/CY）	FCL 40'（CY/CY）
1～7	131	100	2250	4200
8～13	133	102	2330	4412
14～20	136	110	2450	4640

三、国际多式联运及其业务管理

（一）国际多式联运

1. 国际多式联运含义

国际多式联运（International Multi－modal Transport）又称国际联合运输，是在集装箱运输的基础上产生和发展起来的一种综合性的连贯运输方式。根据《联合国国际货物多式联运公约》（简称《多式联运公约》）以及我国交通部和铁道部共同颁布的《国际集装箱多式联运管理规则》的定义，国际多式联运是指“按照多式联运合同，以至少两种不同的运输方式，由多式联运经营人将货物从一国境内接管货物的地点运至另一国境内指定地点交付的货物运输”。

国际多式联运是一种以实现货物整体运输的最优化效益为目标的联运组织形式。它通常是以集装箱为运输单元，将不同的运输方式有机地组合在一起，构成连续的，综合性的一体化货物运输。通过一次托运，一次计费，一份单证，一次保险，由各运输区段的承运人共同完成货物的全程运输，即将货物的全程运输作为一个完整的单一运输过程来安排。然而，它又不同于传统的单一运输方式。

国际多式联运业务开展之前，各种运输方式经营者各自为政、自成体系，因而其经营的范围十分有限。但一进入国际多式联运业务，其经营范围可大大扩展，并可最大限度利用自己所拥有的设备、设施。对其他行业者来说，则可避免不必要的重复投资。由于开展了国际多式联运，打破了行业界限，各承运人可选择最佳运输方式、路线，合理组织运输，提高运输组织水平，协调各种运输方式的衔接。这样做的目的是在提高运输效率的前提下，保证降低运输成本。

通过国际多式联运，可提供优质服务，方便货主。货主只要指定交货地点，运输经营人在条件许可的情况下将各种运输方式组合起来，设定最佳运输路线，提供统一货运单证、统一责任限制、统一费率。因而，货主对多式联运的需求日益高涨，并与国际运输业者一起极力促进国际多式联运的发展。

2. 国际多式联运特点

根据国际多式联运定义，结合国际上的实际做法，可以得出，构成国际多式联运必须具备以下特征或称基本条件：

（1）必须订立有一个多式联运合同，明确规定多式联运经营人与托运人之间的权利、义务、责任、豁免的合同关系和多式联运的性质，也是区别多式联运与一般货物运输方式的主要依据。

（2）必须使用一份全程多式联运单据，该单据应满足不同运输方式的需要，并证明多式联运合同及证明多式联运经营人已接管货物并负责按照合同条款交付货物所签发的单据。

（3）必须是至少两种不同运输方式的连续运输。这是确定一票货运是否属于多式联运的最重要的特征。

（4）必须是国际间的货物运输。这是区别于国内货物运输，主要是涉及国际运输法规的适用问题。可见，即使采用两种以上不同运输工具完成的国内货物运输亦不属于国际多式联运的范畴。

（5）必须由一个多式联运经营人对货物运输的全程负责。该多式联运经营人不仅是订立多式联运合同的当事人，也是多式联运单证的签发人。当然，在多式联运经营人履行多式联运合同所规定的运输责任的同时，可将全部或部分运输委托他人（分承运人）完成，并订立分运合同。但分运合同的承运人与托运人之间不存在任何合同关系。

（6）必须对货主实现全程单一运费费率。

由此可见，国际多式联运的主要特点是，由多式联运经营人对托运人签订一个运输合同统一组织全程运输，实行运输全程一次托运，一单到底，一次收费，统一理赔和全程负责。它是一种以方便托运人和货主为目的的先进的货物运输组织形式。

（二）国际多式联运业务管理

1. 多式联运业务

多式联运业务，从多式联运经营人角度，主要包括：与发货人订立多式联运合同，组织全程运输，完成从接货到交货过程的合同事项等基本内容。多式联运是依托不同运输方式，跨国、跨地区的物资流通业务。如把多式联运从货物接收到最后交付这一过程进行分解，则其业务主要包括：

（1）出运地货物交接，即托运人根据合同的约定把货物交至指定地点。若港口交货，货主可在港口办理出口报关手续；若内陆货站交货，通常由海关派员现场监装和办理出口报关手续。集装箱货物，箱子一般由多式联运经营人提供，发货人可自行装箱，也可委托多式联运经营人代为装箱。多式联运经营人接管货物时，应签发一份多式联运单据给发货人。单据是可转让的或不可转让的，由发货人选择。

（2）多式联运路线和方式确定，与分包方签订货物联运合同。

（3）货物出口安排。对货物全程运输投保货物责任险和集装箱险。

（4）通知转运地代理人，与分包承运人联系，及时做好货物过境或进口换装、转运等手续申办和业务安排。

（5）货物运输过程的跟踪监管，定期向发货人或收货人发布货物位置等信息。

（6）通知货物抵达目的地时间，并要求目的地代理人办理货物进口手续。目的地代理人也可根据收货人的委托，处理货物进口和提货相关事宜。比如，了解出口地备货与出运情况、与联运公司联系货物运输动态和及时进行到货通知、委托检验货物、办理提运货物手续等。若港口交货，在港口地报关后提运货物；若内陆目的地进行货物清关提取，则通常在入境地先办理保税运输手续，加封后运往内地，然后在目的地再办理报关手续。

此外，具体业务还包括结算费用、箱子跟踪管理、租箱与归还业务，以及货物索赔和理赔业务等。

2. 多式联运业务关系方

国际多式联运，业务的参与方比较复杂，主要的相关关系有：

（1）多式联运经营人。国际货物多式联运公约有专门定义，多式联运经营人是与托运人进行签约，负责履行或组织履行联运合同，并对全程运输负责的企业法人和独立经营人。他可以是拥有或经营运载工具如船舶、铁路、公路、航空、内河运输的某一区段的实际承运人，也可以是其本身不拥有或经营运载工具的货运代理人。实务中，以船舶运输公司为多式联运经营人和货运代理人以无船承运人的身份从事多式联运经营活动者居多。他们在国际多式联运业务活动中，以本人或委托他人以本人的名义，与有关区段承运人订立分合同安排相关联运，与枢纽港和网络点如码头、仓储、场站和内陆货站等订立分合同安排相关货物交接、装卸、存放与保管等相关业务。为了便于理清多式联运过程中复杂的业务关系和操作，简化责任划分范围，便于按照《国际多式联运公约》和法规规定实施相关责任制度，分合同可以约定区段各承运人和各环节经营人的责任期间和责任范围。然而，按照《国际多式联运公约》和我国《海商法》，这类分合同不得影响多式联运经营人对于全程运输所承担的责任，多式联运经营人的责任期间，仍是自接管货物之时起至最终目的地交付货物之时为止。

那些不拥有经营性资产的货运代理人，以多式联运经营人的身份开展多式联运活动，其地位相当于一般承运人，在其接管货物后的整个掌管和运输过程中包括任何区段发生货物损失、损坏，都应以承运人的身份负直接赔偿责任。《汉堡规则》在第10条中指出，如果将运输或部分运输委托给实际承运人时，不论根据海运合同是否有权这样做，承运人仍须按照本公约的规定对全程运输负责。承运人责任的一切规定适用于实际承运人对其所履行的运输所负的责任。如果承运人和实际承运人在责任期间内都有责任，他们所负的责任是可分的连带责任。同时指出“本条的规定不妨碍承运人和实际承运人之间的任何追索权。”

（2）货物托运人与收货人。货物托运人和收货人是指货物实际托运人和实际收货人。与多式联运经营人的关系，前者是多式联运的业务委托关系和合同当事方；后者是多式联运合同涉及的第三方和目的地享受货物提运权的关系人。

（3）分合同方。分合同方包括区段承运人（如船舶所有人或经营人，铁路、公路、航空和江河运输经营人），以及非载运工具经营人（如集装箱场站、仓储经营人和转运代理人等）。与多式联运经营人签订分合同当事人应承担合同中所约定的责任部分。目前，国际通行的多式联运活动的“网状责任制”规定，如果货物的灭失或损坏发生的区段能够确定，多式联运经营人的赔偿责任和责任限额，适用于调整该区段方式的有关法律。

目前，国际多式联运货物的责任制主要有以下几种制度。

（1）网状责任制（Network Liability System）。网状责任制是指由多式联运经营人就全程运输向货主负责，但各区段或各运输方式适用的责任原则和赔偿方法仍根据该区段或运输方式的法律予以确定的一种制度。它是介于全程运输负责制和分段运输责任制之间的一种制度，故又称为混合责任制。

网状责任制下，如果发生了不可免责的货运事故，货主可直接向多式联运经营人或区段承运人索赔，多式联运经营人在赔偿时，使用货运事故发生的区段的法律规定。多式联运经营人赔偿后有权就各区段承运人过失所造成的损失向区段承运人进行赔偿，当货主直接向区段承运人索赔时，适用该区段的法律规定；当发生了隐蔽损害，货主无法判定损害发生的确切区段时，货主只能向多式联运经营人索赔。

（2）统一责任制（Uniform Liability System）。统一责任制是指多式联运经营人对全程运输负责，不论损害发生在哪一区段，均按照统一责任制进行赔偿的一种制度。也就是说，多式联运经营人对全程运输中货物的灭失、损坏或延迟交付负全部责任，无论事故是隐蔽的还是明显的，是发生在海运区段，还是发生在陆运区段，均按照一个统一原则由多式联运经营人按约定的限额赔偿。

统一责任制的优势在于货方和经营人事先可以预见到未来的货物损失赔偿的额度。在网状责任制下，货主有时难以查明适用某一区段的法律，自己能否得到赔偿以及能得到什么样的赔偿，统一责任制弥补了这一缺陷，这种责任制有利于货方。不足之处在于经营人与实际承运人适用的法律不一样，所承担的义务和享受的权利不同，有可能造成经营人赔偿损失后得不到实际承运人的补偿，对多式联运人来说责任负担比较重；同时，由于约定经营人的承担责任可能比货方实际损失低，货方可能不如使用货损发生实际运输段的法律得到的赔偿多。

（3）修正性的统一责任制（Modified Uniform Liability System）。修正性的统一责任制是由联合国多式联运公约所确立的以统一责任制为基础，以责任限额为例外的一种责任制度。根据这一制度，不管是否能够确定事故发生的实际运输区段，都适用公约的规定。但是，若货运事故发生的区段适用的国际公约或强制性国家法律规定的赔偿责任限额高于联合国公约规定的赔偿责任限额，则多式联运经营人应该按照国际公约或国内法的规定限额进行赔偿。所以，修正性的统一责任制下，是多式联运经营人承担责任的总体规则，但对责任限额，则适用于网状责任制形式。

联合国公约确立的责任制度有利于货主而不利于多式联运经营人，而且这种责任制还产生了双层赔偿责任关系问题，及多式联运经营人与货主之间的赔偿责任关系受联合国多式联运公约约束；而多式联运经营人与各区段承运人之间的赔偿责任关系，联合国多式联运公约未作规定，这导致了多式联运经营人和各区段承运人之间责任承担可能不一致，很容易产生纠纷，因为联合国多式联运公约尚未生效，所以实践生活中适用该责任制的情况也较少。

（4）责任分担制（Dispersion of Liability）。责任分担制也称独立赔偿责任制，是指多式联运经营人和各区段承运人在合同中事先划分运输区段，并按照各区段所适用的法律来确定各区段承运人责任的一种制度。这种多式联运的特征和优势就在于托运人的一次付费，适用同一运输单证，一次保险，多式联运经营人对全程运输负责。如果多式联运采取责任分担制，那么多式联运经营人为无船承运人，则将因其不参与联运而对全程不负责任，这显然是与多式联运的立法目的相违背的。而且多式联运经营人以外的各承运人虽与多式联运经营人有合同关系，但与委托人并无合同关系，托运人只能基于侵权行为行使损害赔偿请求权，在举证责任上十分困难。显然，这是单一运输方式的简单组合，并没有真正发挥多式联运的优越性，货方的利益得不到保护，故目前很少被采用。

根据上述制度，假如，多式联运经营人与托运人签订了一项从太原到美国盐湖城的多式联运合同，全程包括太原到天津的公路运输、天津到洛杉矶的国际海运和洛杉矶到盐湖城的美国铁路运输。如果货物的灭失能够确定在中国公路段发生，多式联运经营人的赔偿责任及其责任限制则按中国公路运输规则办理；如果发生在国际海运途中，则按照我国《海商法》第4章的规定或双方约定的赔偿依据、原则和方法进行理赔；如果发生在美国铁路段，则按照洛杉矶到盐湖城段适用的美国铁路法规处理。因此，当托运人向多式联运经营人提起索赔，对于认定的责任区段，多式联运经营人在承担分合同方，即区段承运人所负责任相同的赔偿后，可以根据分合同的约定，向认定的区段承运人进行追偿。

多式联运经营人与参加联运的各区段承运人和其他相关方订立运输等相关合同，目的是确保货物联运畅通；当货运责任非由于多式联运经营人本身原因引起时，在赔付索赔人后可依据合同向责任方进行追偿。多式联运经营人与各分合同方之间，以及各分合同方之间，也应明确货物联运活动中各项业务的衔接责任，避免因责任不清，导致联运受到阻碍或费用纠纷。

多式联运经营人与各相关方签订分合同，具体商定相互之间的权利、义务、责任，以及有关业务安排事项，不得影响多式联运经营人对合同托运人应承担的全程运输责任，除非法律、法规另有规定。

（5）其他有关方。其他有关方主要指那些与货物和国际多式联运活动相关的其他关系方，包括与货物进出口业务相关的货物保险与货物检验，以及其他责任保险方、进出口贸易监管、外汇控制机构、海关和理赔行等。

（三）大陆桥运输业务管理

大陆桥运输（Land – bridge Transport）是指以集装箱为媒介，大陆上的铁路或公路系统为中间桥梁，把大陆两端的海洋运输连接起来，构成海/陆/海的连贯运输。它具有集装箱运输和国际多式运输的优点，并且大陆桥运输更能体现利用成熟的海、陆运输条件，形成合理的运输路线，大大缩短了营运时间，降低营运成本。

世界上第一个出现的大陆桥路线是美国大陆桥，而后的俄罗斯西伯利亚大陆桥发展较快，目前每年集装箱运输业务维持在10 000 标准箱左右。我国办理西伯利亚大陆桥运输主要采用铁/铁（Transrail）、铁/海（Transea）、铁/卡（Tracons）三种方式。由于这条路线横跨欧洲和亚洲，故称为欧亚大陆桥，又称为第一条欧亚大陆桥。

1. 北美大陆桥

北美大陆桥，是指利用横贯美国东西海岸的铁路主干线，实现自远东、日本到欧洲的海/陆/海联运的主要通道。采用这条通道，比海运经苏伊士运河的路线，距离要缩短约580海里。同时，通过这一陆桥，可以使远东和日本货物以海陆联运方式迅速贯入美国发达的铁路和公路运输网并直接运抵美国东部和中部各内陆交货点。所以，这座大陆桥对北美东西部和内陆地区的进出口贸易具有重要的意义，在全美的经济发展中起着举足轻重的作用。近几年，美国铁路货运出现效率不高和延误联运货物送达时间的状况，加上陆桥收费优惠条件的优势逐渐失去，在一定程度上影响了其竞争力。

2. 美国内陆地区的进出口货物运输及相关业务

自远东运往美国中部、南部内陆点及美国湾各港口的集装箱货物，可以有两种接运方式，即由海运至美国太平洋港口，货主或其代理人提货后再委托铁路或公路承运人由铁路或公路运至内陆目的地的分段运输方式；托运人在卖方起运地或装运港以一次托运直至美国内陆交货点的多式联运方式完成全程运输，并在目的地凭起运地签发的多式联运提单进行直接提货。后一种属海陆联运方式，对货主而言，能节省运输时间、使货物得到最快转运安排，手续简单，减少全程运输的风险环节，同时，货运有批量时运费上还能得到铁路运输一定的优惠，因此，具有明显的优点和效益。采用多式联运方式，一般由全程承运人在海陆枢纽港站的代理人安排登陆或出海货物的换装和转运业务。

上述两种联运方式，在业务和单证上处理是不一样的。许多进口商在由远东出口去美国或加拿大内陆地区的集装箱货物，开出的信用证上常采用带有 OCP、MLB、IPI 字样的运输条款，以表示货物运输方式的内涵和相对应的责任划分。货运代理人处理这些业务和单证时必须了解它们的含义，注意它们之间的区别，避免发生责任纠纷和不必要的费用开支。现以 OCP 运输条款为例，做出以下释义。

关于 OCP 运输条款，OCP（Overland Common Points），意为“内陆公共点”或“陆上公共点”。作为运输条款，出现在单证上，其含义是，货物经海运抵达北美西海岸卸载后再陆运至 OCP 地区，或反向运输。按 OCP 运输条款成交的货物，发货人负责把货运到收货人指定的西海岸港口后，就完成了提单运输责任；收货人委托转运代理人持正本提单向船公司提货后换装陆运工具运货至收货人指定的地点。发货人承担的责任风险由起运地至西海岸交货时。从运输角度看，各区段签单、计收运费，则运输责任的划分与风险等方面由运输区段承运人各自完成与承担。因此，它并非真正的多式联运，不具备完整的多式联运的条件与要求。

对美贸易使用 OCP 运输条款，对于收货人而言，目的在于享受 OCP 优惠费率。所谓优惠费率，是指由太平洋航运工会为争取美国内陆地区货物经由西海岸进出口而定制的一个与海运直达美国东海岸的费率比为低的费率，以及在货物卸船后进入港区内的保税仓库所享有的储存优惠费率。在此条款下，收货人可要求保税运输和在目的地结关提货。对航商和铁路经营者而言，亦可以吸引更多的货物。全美划定的 OCP 地区，包括北达科他州（North Dakota）、南达科他州（South Dakota）、内布达斯加州（Neberaska）、科罗拉多州（Colorado）和新墨西哥州（New Mexico）以东地区。在加拿大也有一个 OCP 地区，自西向东的陆上运输实行与美国同样的优惠费率方法。

3. 西伯利亚大陆桥与运输业务

西伯利亚大陆桥，亦称亚欧大陆桥，试办于 1967 年。该大陆桥主要利用途经俄罗斯西伯利亚与欧洲、中近东把来自远东、日本等的海运货物经陆运进行（或反向）输送的陆上通道。这座陆桥的东端起点是日本经海参崴登陆连接长达 7000 多千米的西伯利亚铁路主干线，直至欧洲在波罗的海沿岸的圣彼得堡、里加、塔林，或黑海沿岸的日丹诺夫、伊利切斯科等港口，经换装船舶由海运接送货物至北欧、西欧、巴尔干等地区与国家或换装集装箱卡车由公路运至德国、瑞士、奥地利等国。大陆桥的东端，使用者已由日本发展到韩国、菲律宾、东南亚各国和我国沿海城市、香港及台湾地区等客户。在西端，已扩展到中西亚和中近东地区和各国。我国境内经东北满洲里可以直接与俄罗斯的西伯利亚枢纽铁路相连。

由于这座桥对于俄罗斯具有十分重要的战略价值和经济价值，近年来，俄罗斯政府及行业主管部门十分重视陆桥的开发与推广工作，提出了一系列技术改造和经营改革方案，制定灵活而有吸引力的运价政策，促使运量回升。在技术和设备上，比如，对陆桥东端桥头堡纳霍德卡港和东方港进行技术改造和设备更新，以提高港口换装能力和管理水平；配置集装箱专用船队到远东国家包括日本和菲律宾等地揽载陆桥货物，在提高专用船载箱能力的同时改善船队的接运货物时间与陆桥专列编开时间的衔接；配置集装箱专用车和大功率的牵引车接运过境集装箱等。在组织措施上组建跨部门和跨地区的专业经营性公司。比如由外贸、海运、交通、民航等部门共同组建过境集装箱运输公司（后为全俄过境运输公司）利用外运在国际上的联系招揽货源。

我国利用西伯利亚大陆桥，是为了满足我国经济发展和与东欧、南欧、西欧，以及中、西亚地区间外贸运输的要求。1982 年 2 月，外运总公司与原苏联有关部门正式签订了过境集装箱运输协议。采用路线是：中国经俄罗斯至欧洲或伊朗等地为铁/铁运输，即从内地各站至满洲里，经俄罗斯贝加尔国境站运至西部边境站，再转欧洲铁路至欧洲各地或通过西亚铁路运至伊朗；经俄罗斯至波罗的海港口或黑海港口再转船经海运至欧洲各主要港口。运输货物种类主要有：纺织服装、土畜产品、轻工产品、机械设备、罐头食品、电器设备、家用电器、五金矿产、化工品、展览品以及私人物品等。外运公司在我国辽宁、河北、内蒙古、天津、北京、江苏、上海等地开办专门陆桥货物承接业务，包括集装箱装卸、发送、装箱、卸箱、拼箱和租箱业务，并投资设备设施和与国外公司签订双边代理协议，以适应开展这项业务需要。我国制定有专门法规对途经欧亚大陆桥的出入境、过境集装箱货物以及联运业务实施管制和规范。

4. 新亚欧大陆桥与运输业务

新亚欧大陆桥，由连云港登陆，通过我国东西部的陇海、兰新铁路大动脉经西安至西部国境站阿拉山口进入哈萨克斯坦共和国境内国境站德鲁日巴换装，到达阿克斗卡后，与西亚地区和欧洲大陆铁路、公路运输网相衔接（图 3－40）。这座陆桥途经哈萨克斯坦、俄罗斯、白俄罗斯、波兰、德国，西至荷兰鹿特丹，全长约 10800 千米，在我国境内全长约 4130km。自 1992 年 12 月从连云港组织的第一列过境集装箱列车运输开始至今，发展很快，已经成为远东、日本和我国东部地区与中西亚、中近东和欧洲大陆集装箱货运的便捷的联运通道。围绕新亚欧大陆桥资源的开发和利用，自 20 世纪 90 年代初以来，我国在强化陆桥基础和线路等的同时，与周边国家就共同利用陆桥资源问题开展了系列谈判，并与哈萨克斯坦、蒙古、俄罗斯国签订了集装箱进出口和过境运输协议，相互代理铁路过境运输业务。同时，与日本、韩国、美国及中国香港等国家和地区的公司就集装箱联运和过境运输问题进行商谈，也取得了积极成果。目前，我国办理该陆桥集装箱的陆运口岸，除阿拉山口以及二连浩特、满洲里外，还有深圳北铁路换装站，海运口岸为连云港、天津港、上海港和广州港。

动动手：请查阅相关资料，最近提出的第三条欧亚大路桥的路线是东起哪个国家哪个城市，西至哪个国家哪个城市？

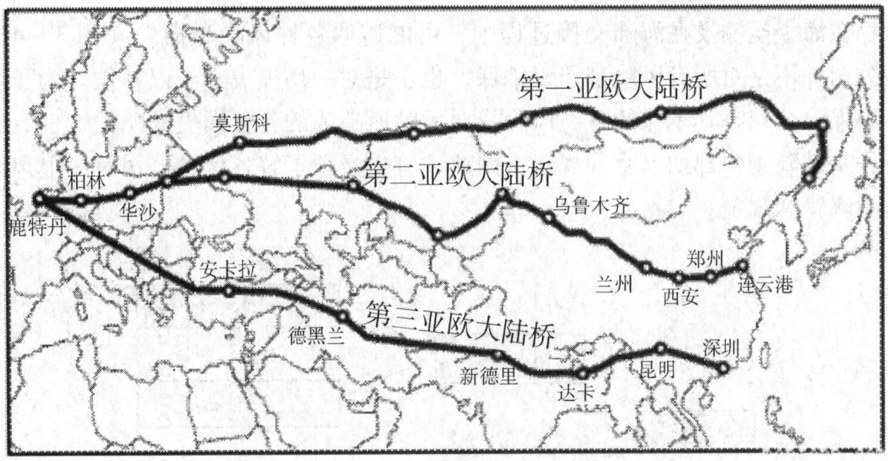

图 3-40　欧亚大路桥示意图

任务 3　国际运输保险购买

知识目标

- 熟悉出口货物运输保险保障范围。
- 掌握海运货物保险的险别和条款。
- 熟悉常见的不可抗力认定。

技能目标

- 能够查找资料，计算货物保险费用。
- 能够结合具体产品，合理购买货物保险。
- 能够根据情境分析，处理保险争议。

■ 知识准备

一、风险和损失认定

国际货物运输保险因运输方式不同可分为海洋运输货物保险、陆上运输货物保险、航空运输货物保险和邮包运输货物保险。在各种运输货物保险中，起源最早、历史最久的是海上运输货物保险。不同运输方式的货物保险，保险公司承保的责任有所不同，但所保障的范围都是相似的。

（一）海洋运输风险的划分

货物在海上运输及在海陆交接过程中，可能遭遇各种风险和损失（图3－41），各国保险公司并不是对所有风险都予以承保，也不是对一切损失都予以补偿。为了明确责任，各国保险公司将其承保的各类风险及对风险所造成的各种损失的赔偿责任，在其承保的各种基础险别中都加以明确规定。因此，首先必须了解各保险公司对海上风险和损失所作的解释和规定。

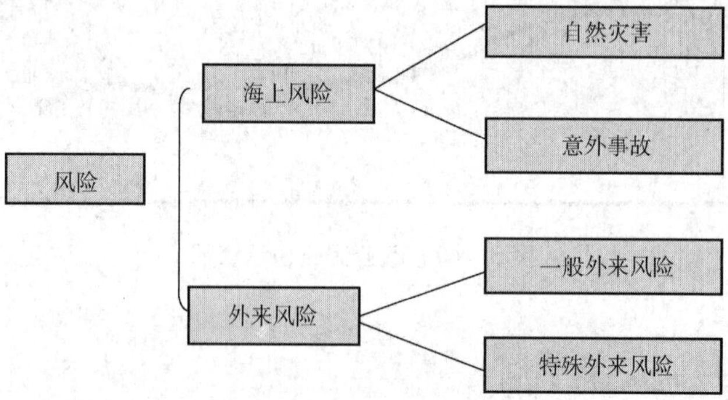

图3－41　风险结构图示

1. 海上风险

海上风险，又称海难，一般指船舶、货物在海上运输中所发生的各种风险。在各国保险业务中，各保险公司所承保的风险，主要包括“自然灾害”和“意外事故”。这些风险，在保险业务中，都有其特定的含义和内容。按照一般的解释，这些风险所指的大致内容如下：

（1）自然灾害（NaturaI Calamity）。所谓自然灾害，并非指一切由于自然力量所造成的灾害，而是仅指恶劣气候（如暴风雨）、雷电、海啸、地震、洪水以及其他人力不可抗拒的灾害。

（2）海上意外事故（Fortuitous Accidents at Sea）。海上意外事故不同于一般的事故，这里所指的主要是船舶搁浅、触礁、沉没、火灾、爆炸、碰撞、船舶失踪或其他类似事故。

2. 外来风险

外来风险，通常是由海上风险以外的其他外来原因引起的，可分为一般外来风险和特殊外来风险，偷窃、破碎、雨淋、受潮、受热、发霉、串味、沾污、短量、渗漏、钩损、锈损等属于一般外来风险。战争、罢工和交货不到、拒收等所造成的损失属于特殊外来风险。

凡以上所指的各类风险，均属海洋运输保险所承保的范围，买方或卖方可根据需要向保险公司投保。

（二）海上损失的认定

海运保险货物在海洋运输中由于海上风险所造成的损坏或灭失，称为海损。根据国际保险市场的一般解释，凡与海陆连接的陆上和内河运输中所发生的损失或灭失，也属海损。按照货物损失的程度，海损可以分为全部损失与部分损失；如按货物损失的性质，又可分为共同海损与单独海损。在保险业务中，共同海损与单独海损均属部分损失。

在海运保险业务中，海上损失可按图 3－42 所示进行分类。

<table>
<tr><td rowspan="4">海上损失</td><td rowspan="2">全部损失</td><td>实际全损</td></tr>
<tr><td>推定全损</td></tr>
<tr><td rowspan="2">部分损失</td><td>共同海损</td></tr>
<tr><td>单独海损</td></tr>
</table>

图 3－42　海上损失分类图示

1. 全部损失

全部损失简称全损（Total Loss）。全损有实际全损（Actual Total Loss）和推定全损（Constructive Total Loss）两种。

（1）实际全损是指被保险货物完全灭失，或指货物完全变质，或货物已不可能归还被保险人。例如，货物沉没海底，无法打捞，或水泥被水浸泡后变成硬块，完全失去原有用途等。

（2）推定全损是指被保险货物受损后，进行施救整理或恢复原状所需的费用，超过恢复后的货价，或者施救及修理费用加上续运至目的地的费用的总和，估计要超过货物在目的地的完好状态的价格。

2. 部分损失（Partial loss）

部分损失是指货物的损失不及上述全部损失的程度，部分损失可以分为共同海损和单独海损。

（1）共同海损（General Average，G. A.）。在海运途中，载货的船舶遇到危险时，船方为了维护船舶和所有货物的共同安全或使航程得以继续完成，有意采取合理措施所作的某些特殊牺牲形成支出某些特殊的额外费用。这些特殊的牺牲和额外费用，称为共同海损。根据以上概念，构成共同海损应具有下列几方面的条件：

①导致共同海损的危险必须是真实存在的或不可避免的；

②船方采取的措施必须是为了船、货的共同安全，是有意识的、合理的；

③所作的牺牲具有特殊性，支出的费用是额外的，是为了解除危险；

④牺牲或费用的支出最终必须是有效的；

根据惯例，共同海损的牺牲和费用，应由受益方，即船舶、货物和运费三方按最后获救的价值多寡，按比例进行分摊。

（2）单独海损（Partlcular Average，P. A.）。保险货物遭受海损以后，如未达到全损程度，仅属部分损失，而且这种损失又不属共同海损，不是由多方面的关系人共同分摊，仅由受损方面自己负责，这种损失，称为单独海损。单独海损是与共同海损相对而言的。

除上述风险损失外，保险货物在运输途中还可能发生其他损失，如运输途中的自然损耗以及由于货物本身特点和内在缺陷所造成的货损等。对于这些损失，保险公司一般不予承保。

【例3－3】某公司出口卡车700辆，该批货物均装于船面（国外买方同意接受舱面提单），航行途中遇到大风浪，有20辆卡车被冲入海中。后该船又触礁，严重漏水，为了挽救船和其他货物，船长下令将余下的680辆卡车推入海中。问：上述两种情况是否都属共同海损?

分析：20辆卡车被冲入海中属于单独海损，680辆卡车推入海中属于共同海损。

【例3－4】某货轮满载货物驶离A港口。开航后不久，由于空气湿度很大，导致老化的电线短路引起大火，将装在货舱甲的毛毯完全烧毁。船到B港口卸货时发现，装在同一货舱中的烟草和茶叶由于羊毛燃烧散发出的焦煳味道而遭受了不同程度的串味损失。其中烟草由于包装较好，串味不是非常严重，经过特殊加工处理，仍保持了烟草的特性，但是等级已大打折扣，售价下降三成。而茶叶则完全失去了其特有的芳香，无论如何不能当作茶叶了，只能按照廉价的填充物处理。后来，该船不幸又与另一艘货轮相撞，船体严重受损，货舱乙破裂，舱内进入大量海水，剧烈的震动和海水浸泡导致舱内装载的精密仪器严重受损。为了救险，船长命令用亚麻临时堵住漏洞，造成大量亚麻损失。在船舶停靠在避难港进行大修时，船方就受损精密仪器的抢修整理事宜向岸上有关专家进行了咨询，发现整理恢复费用十分庞大，已经超过了货物的保险价值。为了方便修理船舶，不得不将货舱丙和货舱丁的部分纺织品货物卸下，在卸货时造成一部分货物钩损。试分析各部分损失属于什么类型和性质。

分析：（1）毛毯：实际全损；

（2）烟草：部分损失；

（3）茶叶：实际全损；

（4）精密仪器：推定全损；

（5）亚麻：共同海损；

（6）纺织品：共同海损。

二、海洋运输货物保险的险别和条款

我国现行的货物运输保险条款是中国人民保险公司1981年1月1日修订的《中国人民保险公司海洋运输货物保险条款》，简称“中国保险条款”（China Insurance Clause，CIC），该条款参照国际保险市场习惯做法，并结合中国保险工作的实际而制定。中国保险条款的主要内容包括：保险公司承保责任范围、除外责任、责任起讫、被保险人的义务及索赔期限等。

货物运输保险险别按照能否单独投保，可分为基本险和附加险两类。基本险可以单独投保，而附加险不能单独投保，只有在投保某一种基本险的基础上才能加保附加险。

（一）海洋运输保险的基本险别

根据《海洋运输货物保险条款》（Ocean Marine Cargo Clauses）规定，海洋运输货物保险的基本险别分别为平安险、水渍险和一切险三种。

1. 平安险（Free from Particular Average，F. P. A.）

平安险是我国历史上的习惯叫法，英文原意是“不负单独海损责任”。也就是说，被保险标的所遭受的单独海损的损失，原则上不在保险人承保范围之内。

按照“协会货物条款”的规定，承保平安险时，保险人仅对自然灾害和海上意外事故所造成的全部损失负赔偿责任，而对单独海损不负责任。但下列损失，仍在平安险承保的责任范围之内：

（1）被保险货物在运输途中由于恶劣气候、雷电、海啸、地震、洪水自然灾害造成整批货物全部损失或推定全损。被保险货物用驳船运往或远离海轮时，每一驳船所装的货物可视作一个整批。

（2）由于运输工具遭受搁浅、触礁、沉没、互撞、与流水或其他物体碰撞以及失火、爆炸等意外事故所造成货物的全部或部分损失。

（3）由于运输工具已经发生搁浅、触礁、沉没、焚毁意外事故的情况下，货物在此前后又在海上遭受恶劣气候、雷电、海啸等自然灾害所造成的部分损失。

（4）在装卸或转运时由于一件或数件甚至整件货物落海造成的全部或部分损失。

（5）被保险人对遭受承保责任内危险货物采取抢救、防止或减少货损的措施而支付的合理费用，但以不超过该批被救货物的保险金额为限。

（6）运输工具遭遇海难后，在避难港由于卸货所引起的损失，以及在中途港、避难港由于卸货、存仓以及运送货物所产生的特别费用。

（7）共同海损的牺牲、分摊和救助费用。

（8）运输契约如订有“船舶互撞责任”条款，根据该条款规定应由货方偿还船方的损失。

依照以上所列举的承保范围，平安险虽然在词义上不负单独海损责任，但实际上它还是包括一部分单独海损责任的。

2. 水渍险（With Particular Average，W. P. A. 或 W. A.）

水渍险也是我国保险业务中的习惯叫法，英文原意为“负单独海损责任”，其责任范围是：

第一，平安险责任范围以内的全部责任。

第二，由于恶劣气候，如暴风、巨浪等自然灾害引起的部分损失。以上说明，水渍险的责任范围比平安险的责任范围大。

3. 一切险（ALL Risks）

一切险的责任范围是：除包括平安险和水渍险的各项责任外，保险人对于被保险货物因遭受所有因意外事故所发生的损失，不论是共同海损、单独海损、全部损失、部分损失，以及其他外来原因造成的偷窃、淡水雨淋、破碎等损失，均包括在一切险承保责任范围之内。但是，由于货物本身特性所造成的损失、物价跌落的损失等，不包括在一切险承保范围之内。一切险条款的责任范围很广泛，但战争险（War Risks）或罢工险（Risks of Strikcs），则不包括在内。

根据中国人民保险公司海洋运输货物保险条款规定，“平安险”“水渍险”和“一切险”承保责任的起讫，均采用国际保险业中惯用的“仓至仓条款”（Warehouse to Warehouse，W/W）规定的办法处理。仓至仓条款规定保险公司所承担的保险责任，是从被保险货物运离保险单所载明的起运港（地）发货人仓库开始，一直到货物到达保险单所载明的目的港（地）收货人仓库时为止。当货物一进入仓库，保险责任即行终止。

但是，当货物从目的港卸离海轮时起算满60天，不论保险货物有没有进入收货人的仓库，保险责任均告终止。

（二）附加险别

在附加险条款中，有一般附加险条款和特殊附加险条款两类。由于货物种类繁多，各有特点，所以投保附加险的险别各异，投保人可根据需要选择投保一种或若干种附加险。

1. 一般附加险

（1）偷窃提货不着险（Theft，Pilferage and Non Delivery，T. P. N. D.）。保险有效期内，保险货物被偷走或窃走，以及货物运抵目的地以后，整件未交的损失，由保险公司负责赔偿。

（2）淡水雨淋险（Fresh Water Rain Damage，F. W. R. D.）。货物在运输中，由于淡水、雨水以至雪融所造成的损失，保险公司都应负责赔偿。淡水包括船上淡水舱和水管漏水等。

（3）短量险（Risk of Shortage）。负责保险货物数量短少和重量的损失。通常包装货物的短少，保险公司必须要查清外装包是否发生异常现象，如破口、破袋等，如属散装货物，往往以装船重量和卸船重量之间的差额作为计算短量的依据。

（4）混杂、沾污险（Risk of Intermixture & Contamination）。保险货物在运输过程中，混进了杂质所造成的损坏。例如矿石等混进了泥土、草屑等因而使质量受到影响。此外保险货物因为和其他物质接触而被沾污，例如布匹、纸张、食物、服装等被油类或带色的物质污染因而引起的经济损失。

（5）渗漏险（Risk of Leakage）。流质、半流质的液体物质和油类物质，在运输过程中因为容器损坏而引起的渗漏损坏。如以液体装存的湿肠衣，因为液体渗漏而使肠发生腐烂、变质等损失，均由保险公司负责赔偿。

（6）碰损、破碎险（Risk of Clash & Breakage）。碰损主要是对金属、木质等货物来说的，破碎则主要是对易碎性物质来说的。前者是指在运输途中，因为受到震动、颠簸、挤压而造成货物本身的损失；后者是在运输途中由于装卸野蛮、粗鲁、运输工具的颠震造成货物本身的破裂、断碎的损失。

（7）串味险（Risk of Odour）。例如，茶叶、香料、药材等在运输途中受到一起堆存的皮革、樟脑等异味的影响使品质受到损失。

（8）受热、受潮险（Damage Caused by Heating & Sweating）。如船舶在航行途中，由于气温骤变，或者因为船上通风设备失灵等使舱内水汽凝结、发潮、发热引起货物的损失。

（9）钩损险（Hook Damage）。保险货物在装卸过程中因为使用手钩、吊钩等工具所造成的损失，如粮食包装袋因吊钩钩坏而造成粮食外漏所造成的损失。

（10）包装破裂险（Loss for Damage by Breakage of Packing）。因为包装破裂造成物资的短少、沾污等损失。此外，为继续运输安全需要而产生的修补包装、调换包装所支付的费用，保险公司也应负责。

（11）锈损险（Risks of Rust）。保险公司负责保险货物在运输过程中因为生锈造成的损失。不过这种生锈必须在保险期内发生，如原装时就已生锈，保险公司不负责任。

上述11种附加险，不能独立承保，当投保了平安险或水渍险时，可加保上述一般附加险的一种或数种险别，但如已投保一切险，就不需要再加保一般附加险，因为一切险包括了所有的一般附加险。

2. 特殊附加险

（1）战争险（War Risk）。按照战争险条款的规定，其责任范围包括：由于战争、类似战争行动、敌对行为、武装冲突或海盗等行为及因船舶被捕获、拘押、禁制、扣留等事故所造成的损失，以及水雷、雨雷、炸弹或其他常规武器所造成的损失，均由保险人负责赔偿。此外，由于上述原因引起的共同海损或救助费用也负赔偿责任。但由于原子或热核武器所造成的损失除外。

战争险的保险责任起讫是水上危险（Water Borne）为限，即从货物在装运港装上海轮开始至货物运抵目的港卸离海轮为止，即只负责水上风险。如果货物运抵目的港没有卸离海轮，则从海轮到达目的港的当晚凌晨起算，满15天，保险责任终止。

（2）罢工险（Strike Risks）。对被保险货物由于罢工、工人被迫停工或参加工潮、暴动等人员的行动或任何人的恶意行为所造成的直接损失，和上述行动或行为所引起的共同海损的牺牲、分摊和救助费用负责赔偿。罢工险对保险责任的起讫规定与其他海运保险险别一样，采取“仓至仓”条款。

此外，特殊附加险还包括舱面险、进口关税险、拒收险、黄曲霉毒素险、交货不到险等。

【例3-5】某出口公司出口白报纸5000令，按中国人民保险公司海洋运输货物保险条款投保水渍险，货到目的港时，发现有200令纸被水管漏水浸泡有水渍，问：保险公司是否予以赔偿?

分析：200令纸被水管漏水浸泡有水渍属于淡水雨淋受潮造成的损失，属于一般外来风险，不在水渍险的承保范围内。如果在W. P. A. 的基础上加保一般附加险中的淡水雨淋险，或者投保一切险都可以得到保险公司的赔偿。

【例3-6】某公司出口卡车1000辆，向PICC投保平安险，该批货物在航行途中遇到极端恶劣气候，有990辆卡车不慎被卷入海中。后该船又触礁，严重漏水，为了挽救船和其他货物，船长下令将余下的10辆卡车推入海中。问：保险公司会如何赔付?

分析：990辆卡车被冲入海中属于自然灾害造成的部分损失（单独海损），但是其后又发生触礁，符合平安险第三条，10辆卡车推入海中属于共同海损。前者赔，后者参与分摊。

（三）伦敦保险业协会海运货物保险条款

在国际保险市场上，资本主义国家的保险垄断组织或保险公司根据各自的需要，一般都采用自订的保险条款，但由于历史的原因，其中影响较大并具有代表性的是伦敦保险协会所制定的“协会货物条款”（Institute Cargo Clauses，I. C. C.）。根据统计，目前世界上有2/3的国家在海上保险业务方面直接采用了英国伦敦保险协会的条款。还有很多国家在制定本国保险条款时参考或部分采用上述条款。伦敦保险业协会海运货物保险条款共有六种险别，它们是：

（1）协会货物（A）险条款［Institute Cargo Clauses，ICC（A）］。

（2）协会货物（B）险条款［Institute Cargo Clauses B，ICC（B）］。

（3）协会货物（C）险条款［Institute Cargo Clauses C，ICC（C）］。

（4）协会战争险条款（货物）（Institute War Clauses - Cargo）。

（5）协会罢工险条款（货物）（Institute Strikes Clauses - Cargo）。

（6）恶意损害险条款（Malicious Damage Clauses）。

前三项是主险，可以独立投保；第四、五项征得保险人的同意也可单独投保；第六项只能作为附加险别投保。

ICC（A）险采用承保“除外责任”之外的一切风险的概括式规定办法，即作了“除外责任”项下所列风险，保险人不予负责外，其他风险均予负责。除外责任如下：

（1）一般除外责任。主要指被保险人的蓄意恶行的损失、损害或费用；保险标的的自然渗漏、重量或容量的自然损耗或自然磨损；保险标的包装或准备不足或不当引起的损失、损害或费用等。

（2）不适航、不适货除外责任。船舶、驳船运输工具、集装箱或托盘对保险标的安全运输不适合，而且在保险标的装于其上时，被保险人或其雇员对此种不适航和不适货已经知情，由此引起的损失、损害或费用保险人不负责。

（3）战争除外责任。

（4）罢工除外责任。

三、保险金额的确定

保险金额（Insured Amount）是被保险人对货物的投保金额，也是保险人据以计算保险费和赔偿的最高数额，即全损赔偿的限度。我国《海商法》规定：“保险金额由保险人与被保险人约定，保险金额不得超过保险价值；超过保险价值的，超过部分无效。”

在国际买卖业务中，凡按CIF或CIP条件达成的合同一般均规定保险金额，而且，保险金额通常还须在发票金额的基础上增加一定的百分率，即所谓“保险加成”，这是国际业务的特定需要决定的。如合同未对此作出规定，按《2010 年国际贸易术语解释通则》规定，卖方有义务按 CIF 或 CIP 价格的总值再加 10% 作为保险金额。这部分增加的保险金额就是买方进行这笔交易所支付的费用和预期利润，如买方要求按较高的金额投保，而保险公司也同意承保，卖方便接受，但由此而增加的保险费在原则上应由买方承担。

保险金额 = CIF（或 CIP）价 ×（1 + 投保加成率）

【例 3－7】某外贸公司按 CIF 条件出口一批货物，CIF 总值为 5000 美元，按发票金额加成 10% 投保一切险、战争险，应付保险费多少？（一切险费率为 0.3%，战争险费率为 0.04%）

分析：保险金额 = CIF 总值 × 110%

= 5000 × 110% = 5500（美元）

保险费 = 保险金额 × 保险费率

= 5500 ×（0.3% + 0.04%）= 18.7（美元）

■ 情境演练

湖湘电器在市场部李远华经理的带领下，2014 年成功和澳大利亚力拓集团签订 SF33901 型 230 吨电动轮自卸车 4 台定制合同，CIF 黑德兰港，要求分 4 批装运，一批一台，2015 年 8 月交付第一台。这是湖湘集团的第一笔大型机械设备出口业务，集团从上至下都很重视，生产过程很顺利，完全按合同要求进行加工组装，但是，目前有一个难题摆在面前，就是大型机械设备的运输。湖湘电器位于湖南省湘潭市，其是一个内陆城市，并且为了保证生产进度，车斗的生产是在湘潭市高新区九华工业园完成，车体的生产和组装在湖湘电器完成。为了积累经验，集团公司指定由物流部完成物流方案的制定。

小姜和小邓由于前期在市场部的出色表现，得到了公司领导的认可，同时物流是他们两个的对口专业，所以他们也被抽调到物流部，参与电动轮自卸车的出口物流方案设计。

经过参照同类产品出口方案，初步方案已经确定，以“湖湘物流部 + 国际货运代理”的形式完成这次出口装运，因为是 CIF 术语成交，出口方的责任是将电动轮自卸车在上海港装上船，并购买保险和租船。从上海港到澳大利亚黑德兰港的运输由湖湘电器集团委托国际货运代理公司完成，但是从湘潭市到上海港的运输由物流部负责。目前有两种可选方案摆在大家目前，一种是车体和车斗分开装运，货到达目的地后再安排技术人员进行复装。另一种方案是车体和车斗在湖湘电器总部进行组装，整体装运。方案经过咨询专家，并估算成本，物流部衡量利弊后决定选择第一种方案。

湖湘电器位于湘江湖畔，周边不远就有个千吨级码头新源码头，车体的运输相对而言较为简单，直接开至码头上车就行，关键在于车斗的装运，车斗重量 34t，外形尺寸：

12700mm×7920mm×5160mm，属于超高超限货物，在市内运输很有难度。小姜和小邓把湘潭市地图找出来，两人下定决心，想将从九华到上海港的车斗装运方案初步设计出来。

如果你是小姜或者是小邓，请根据所学知识，3~4个人一组，完成从九华到上海港的车斗装运方案初步设计。

课后思考与练习

一、选择题

1. 承保海上风险和一般外来风险使货物致损的最低险别是____。
   A. 一切险　　B. 平安险　　C. 水渍险
2. 航次期租下承租人支付的费用是____。
   A. 运费　　B. 附加费　　C. 租金　　D. 包干运费
3. 某公司按CIF条件出口坯布1000包，货在途中因货舱淡水管道滴漏，致使该批坯布中的150包遭水渍，保险公司对投保下列哪种险别负责赔偿____。
   A. 平安险　　B. 水渍险　　C. 一切险
4. 以下适用“水上危险”原则确定责任起讫的险种是____。
   A. 海运一切险　B. 邮包险　　C. 水渍险　　D. 海运战争险
5. 运输工具在运输途中发生了搁浅、触礁、沉没等意外事故。不论在意外发生之前或之后，货物在海上遭遇恶劣气候、雷电、海啸等自然灾害而造成的被保险货物的部分损失，属于____险别的承保范围。
   A. 平安险　　B. 水渍险　　C. 一切险
6. 在两伊战争期间，我方A公司向伊拉克B公司出口一批商品，以CIF巴士拉成交，我方A公司按照合同规定加保战争险，货物系租用一国外船舶C公司的船进行运输。该船于7月10日到达巴士拉，但由于港口拥挤未能卸货；7月30日该船遭炮火袭击，货物损失了一半，按照惯例负责赔偿这一半损失的公司是____。
   A. A公司　　B. B公司　　C. C公司　　D. 保险公司

二、计算题

1. 某轮从广州港装载杂货——人造纤维，体积为20m^3，毛重为17.8t，运往欧洲某港口，计费标准W/M，托运人要求选择卸货港鹿特丹或汉堡，鹿特丹和汉堡都是基本港口，基本运费率为USD80.0/FT，三个以内选卸港的附加费率为每运费吨加收USD3.0，W/M”。请问：（1）该托运人应支付运费USD ____________？（2）如果改用集装箱运输，海运运费的基本费率为USD1100.0/TEU，货币附加费10%，燃油附加费10%。改用集装箱运输时，该托运人应支付运费USD ____________？
2. 我方向东京出口自行车100箱，每箱一件，每箱体积为20cm×50cm×120cm，毛重为25kg，查运费表得知该货物计费标准为M，基本运费率为每运费吨280港元，另加燃油附加费30%，港口拥挤费10%。问：该批商品的运费是多少港元？

三、案例分析

1. 某货轮从天津新港驶往新加坡，在航行途中船舶货舱起火，大火蔓延至机舱，船长为了船货的共同安全决定采取紧急措施，往舱中灌水灭火。火虽被扑灭，但由于主机受损，无法继续航行，于是船长决定雇用拖轮将货船拖回新港修理，检修后重新驶往新加坡。其中的损失与费用有：（1）1000 箱货被火烧毁；（2）600 箱货由于灌水受到损失；（3）主机和部分甲板被烧坏；（4）拖轮费用；（5）额外增加的燃料、船长及船员工资。请指出这些损失中哪些是单独海损，哪些是共同海损？
2. 2014 年 2 月，中国某纺织进出口公司与大连某海运公司签订了运输 1000 件丝绸衬衫到马赛的协议。合同签订后，进出口公司又向保险公司就该批货物的运输投保了平安险单。2 月 20 日，该批货物装船完毕后启航，2 月 25 日，装载该批货物的轮船在海上突遇罕见大风暴，船体严重受损，于 2 月 26 日沉没，3 月 20 日纺织品进出口公司向保险公司就该批货物索赔，保险公司以该批货物由自然灾害造成损失为由拒绝赔偿，于是，进出口公司向法院起诉，要求保险公司偿付保险金。问题：本案中保险公司是否应负赔偿责任？
3. 我国 A 公司与某国 B 公司于 2014 年 10 月 20 日签订购买 52500t 化肥的 CFR 合同。A 公司开出信用证规定，装船期限为 2015 年 1 月 1 日至 1 月 10 日，由于 B 公司租来运货的“顺风号”轮在开往某外国港口途中遇到飓风，结果装船至 2015 年 1 月 20 日才完成。承运人在取得 B 公司出具的保函的情况下签发了与信用证条款一致的提单。“顺风号”轮于 1 月 21 日驶离装运港。A 公司为这批货物投保了水渍险。2015 年 1 月 30 日“顺风号”轮途经巴拿马运河时起火，造成部分化肥烧毁。船长在命令救火过程中又造成部分化肥湿毁。由于船在装货港口的延迟，使该船到达目的地时正遇上了化肥价格下跌，A 公司在出售余下的化肥时价格不得不大幅度下降，给 A 公司造成很大损失。请根据上述事例，回答以下问题：

   （1）途中烧毁的化肥损失属什么损失，应由谁承担？为什么？

   （2）途中湿毁的化肥损失属什么损失，应由谁承担？为什么？

项目四

国际货运代理

任务1 国际物流相关法律法规认知

知识目标

- 了解国内相关法律法规文件。
- 了解国际相关法律法规文件。
- 了解《海牙规则》和《海商法》的关系。

技能目标

- 能够根据需要，查找相关的物流法律法规。
- 具备一定的分析判断能力，能够分析国际实务中的责任划分。

■ 知识准备

在国际货物买卖中，买卖双方都远隔重洋，贸易交易双方必须借助海、陆、空等不同的运输方式和不同的交通工具才能实现货物的流动。货主为了货物的安全、运输便捷、节省费用、降低成本，便要广泛收集交通运输方面的信息，才能选择最佳的运输方式、合适运输工具和承运人，并支付便宜的运费。但事实上绝大多数单纯经营国际贸易的货主，受人力、物力限制，很难做到，而且往往由于对某一环节的疏漏或不熟悉有关手续而事倍功半，甚至造成经济损失。同样，一些从事国际货物运输企业也需要在自己的营业网点争取货源，并且开拓新的市场。这样，在货主和国际货物运输商之间便产生了运输中间商，这些中间商在长期实践中积累了丰富的代理经验，熟悉运输业务，了解不同运输方式的载货特点，掌握各运输线路动态，通晓有关的规章制度，精通办理各种货运业务手续，深谙各种费用的门道，并与海关、商检、港口、码头、船公司、车站、机场、银行、仓库等都有经常不断的联系和业务上的密切关系，因而具有接受货主委托，代办各种货物国际运输的有利条件。他们既能为货主提供周到、便捷、廉价、个性化的各类服务，还能为承运人带来稳定的货源。

一、国内相关法律法规

（一）《海商法》

《中华人民共和国海商法》于1993年7月1日起施行，海商法是调整特定的海上运输关系、船舶关系的法律规范的总称。海指海洋及与海洋相通的江、河、湖等水域，商指国内海上贸易及国际远洋贸易。海商法主要调整商船海事（海上事故）纠纷，但若发生海上船舶碰撞，则军舰、渔船、游艇等船舶以及水上飞机都在海商法调整范围之内。海商法的内容相当广泛，主要有：船舶的取得、登记、管理，船员的调度、职责、权利和义务，客货的运送，船舶的租赁、碰撞与拖带，海上救助，共同海损，海上保险等。

海商法具有以下几个特点：

（1）适用范围为调整海上运输关系和船舶关系。海上运输是指海上货物运输和海上旅客运输，包括海江之间、江海之间的直达运输。但海上货物运输合同的规定，不适用于中华人民共和国港口之间的海上货物运输。船舶是指海船和其他海上移动式装置，但是用于军事的、政府公务的船舶和20总吨以下的小型船艇除外。船舶包括船舶属具。

（2）详细规定了海上货物运输合同、海上旅客运输合同、船舶租用合同、海上拖航合同、海上保险合同的成立，双方当事人的权利义务，违约责任等。

（3）实行海事赔偿责任限制原则，即船舶所有人、救助人，可依法规定限制赔偿责任。该法还规定“中华人民共和国缔结或者参加的国际条约同本法有不同规定的，适用国际条约的规定；但是，中华人民共和国声明保留的条款除外。中华人民共和国法律和中华人民共和国缔结或者参加的国际条约没有规定的，可以适用国际惯例”。

海商法属于国内民事法律，在民商法分立的国家属于商法范畴；但为解决国际通航贸易中的船货纠纷，多年来已签订了许多国际公约和规则，主要有：《统一提单若干法律规则的国际公约》（即《海牙规则》，1968年修订称《维斯比规则》）《联合国海上货物运输公约》（简称《汉堡规则》）《统一有关海上救助的若干法律规则的国际公约》《国际海上避碰规则公约》《约克－安特卫普规则》《防止海上油污国际公约》。它们分别对承运货物的权利和义务、责任豁免、海上船舶碰撞、海上救助、共同海损等作了详细规定。

（二）《对外贸易法》

1994年5月12日，第八届全国人民代表大会常务委员会第七次会议通过了《中华人民共和国对外贸易法》（简称《对外贸易法》），为了适应中国加入WTO的需要，2004年7月1日起实施经修改后的《对外贸易法》。这是规范我国外贸市场秩序的基本法律。它主要规定了一个国家对外贸易的基本原则、主要管理体系和维护外贸管理秩序的各项措施。第十六条对部分货物和技术的进出口作了限制或禁止规定：

（1）为维护国家安全、社会公共利益或者公共道德，需要限制或者禁止进口或者出口的。

（2）为保护人的健康或者安全，保护动物、植物的生命或者健康，保护环境，需要限制或者禁止进口或者出口的。

（3）为实施与黄金或者白银进出口有关的措施，需要限制或者禁止进口或者出口的。

（4）国内供应短缺或者为有效保护可能用竭的自然资源，需要限制或者禁止出口的。

（5）输往国家或者地区的市场容量有限，需要限制出口的。

（6）出口经营秩序出现严重混乱，需要限制出口的。

（7）为建立或者加快建立国内特定产业，需要限制进口的。

（8）对任何形式的农业、牧业、渔业产品有必要限制进口的。

（9）为保障国家国际金融地位和国际收支平衡，需要限制进口的。

（10）依照法律、行政法规的规定，其他需要限制或者禁止进口或者出口的。

（11）根据我国缔结或者参加的国际条约、协定的规定，其他需要限制或者禁止进口或者出口的。

（三）《海关法》

海关法（Customs Law），是关于海关管理进出口和征收关税、查缉走私、编制海关统计和办理其他海关业务的法律规范的总称。海关法一般包括：海关的任务和职责，关税制度，进出口监管，对违章和走私行为的处罚，海关权利等。中国现代史上第一部独立自主的海关法是1951年5月1日起施行的《中华人民共和国暂行海关法》。

1987年1月22日通过，自1987年7月1日起施行的《中华人民共和国海关法》共7章。主要内容有：①海关的任务是依法监管进出境的运输工具、货物、行李物品、邮递物品和其他物品，征收关税和其他税、费，查缉走私、编制海关统计和办理其他海关业务；②进出国境货运的监管和转运货物的监管，规定货物进出国境的验放办法，货物承运人和保管人对海关应负的责任等；③进出口货物的报验、征税、保管和放行，规定货物的收、发货人及其代理人报关、纳税以及货物保管人的责任；④走私和违章案件及其处理。

另外，国务院1985年3月7日发布了《中华人民共和国进出口关税条例》，1989年8月28日批准《海关对我出国人员进出境行李物品的管理规定》等条例，使中国海关法律体系日趋完善。

2000年7月8日第九届全国人民代表大会常务委员会第十六次会议《关于修改〈中华人民共和国海关法〉的决定》对海关法进行修正。2001年1月1日，《中华人民共和国海关法》修正案正式开始施行。

二、国际相关法律规则

（一）《海牙规则》

《海牙规则》是《统一提单若干法律规定的国际公约》的简称。我国虽未加入该公约，却把它作为制定我国《海商法》的重要参考。

《海牙规则》自1931年生效实施后，得到了国际航运界普遍接受，它的历史作用在于使国际海上货物运输有法可依，统一了海上货物运输中的提单条款，对提单的规范化起到了积极作用，基本上缓和了当时承运方和托运方之间的矛盾，促进了国际贸易和海上运输事业的发展。

《海牙规则》规定了承运人最低限度义务、免责事项、索赔和诉讼、责任限制和适用范围以及程序性等几个方面。对于承运人免责事项，《海牙规则》第4条2款列举了11项免责事项。11项免责事项，尤其是航行和管船过失亦免责奠定了《海牙规则》关于承运人的不完全过失责任制的基础。对于索赔和诉讼时效，《海牙规则》均规定了较短时间。索赔通知为交货前或当时，货物灭失、损坏不明显为移交后3日内并以书面形式，但双方进行联合检查者除外。《海牙规则》规定了一年的诉讼时效，自货物交付或应当交付之日起一年内。对于责任限制，《海牙规则》规定了每件或每单位100英镑的最高赔偿额。但托运人装货前就货物性质和价值另有声明并载入提单的则不在此限。

总体看来，《海牙规则》无论是对承运人义务的规定，还是免责事项、索赔诉讼、责任限制，均是体现着承运方的利益，而对货主的保护则相对较少。这也是船货双方力量不均衡的体现。

1978年3月6日至31日在德国汉堡举行由联合国主持的由78国代表参加的海上货物运输大会又通过了《汉堡规则》（United Nations Convention on the Carriage of Goods by Sea，1978）即联合国海上货物运输公约，于1992年11月1日生效，进一步完善了海上货物运输规则。

（二）《维斯比规则》

从20世纪60年代开始，国际海事委员会着手修改《海牙规则》，于1968年2月通过了《关于修订统一提单若干法律规定的国际公约的协定书》，简称《海牙－维斯比规则》，于1968年6月23日在布鲁塞尔外交会议上通过，自1977年6月23日生效，这就是《维斯比规则》。《维斯比规则》是《海牙规则》的修改和补充，故常与《海牙规则》一起，称为《海牙－维斯比规则》。

《维斯比规则》共十七条，但只有前六条才是实质性的规定，对《海牙规则》的第三、四、九、十条进行了修改。

（三）《汉堡规则》

《汉堡规则》是《联合国海上货物运输公约》的简称。联合国国际贸易法委员会下设的国际航运立法工作组，于1976年5月完成起草工作，并提交1978年3月6日至31日在德国汉堡召开的有78个国家代表参加的联合国海上货物运输公约外交会议审议，最后通过了1978年联合国海上货物运输公约。由于这次会议是在汉堡召开的，所以这个公约又称为《汉堡规则》。

《汉堡规则》全文共分七章三十四条条文，在汉堡规则的制定中，除保留了《海牙－维斯比规则》对《海牙规则》修改的内容外，并对海牙规则进行了根本性的修改，是一个较为完备的国际海上货物运输公约，明显地扩大了承运人的责任。

《汉堡规则》适用于两个不同国家之间的所有海上货物运输合同，并且海上货物运输合同中规定的装货港或卸货港位于其一缔约国之内，或备选的卸货港之一为实际卸货港并位于某一缔约国内；或者，提单或作为海上货物运输合同证明的其他单证在某缔约国签发；或者提单或作为海上货物运输合同证明的其他单证规定，合同受该规则各项规定或者使其生效的任何国家立法的管辖。

同《海牙规则》一样，《汉堡规则》不适用于租船合同，但如提单根据租船合同签发，并调整出租人与承租人以外的提单持有人之间的关系，则适用该规则的规定。

任务 2　班轮运输代理业务流程

知识目标

- 掌握国际货运代理的作用和业务范围。
- 掌握班轮运输业务代理流程。
- 熟悉货运代理报关的资格和程序。

技能目标

- 能够画出班轮运输业务流程图。
- 能够办理 SF33901 自卸车的班轮运输手续。

■　知识准备

一、国际货运代理基础

（一）国际货运代理内涵

“国际货运代理人”一词来源于英文“Freight Forwarder”和“Forwarding Agent”两个词组。由于英文“Freight”一词具有运费、装运的货物、普通货物运输等基层含义，“Forward”一词则具有转运、转递、转交等含义，“Forwarder”通常被称为转运人。在我国一般被翻译为“货运代理”“货运代理人”“运输承揽人”“货物运输行”等。到目前为止，尚未形成一个各国公认的、统一的货运代理人的定义。

近年来，随着国际贸易和多种运输形式的发展，国际货运代理的服务范围不断扩大，其在国际贸易和国际运输中的地位也越来越重要。目前，各国对之称谓不尽相同，例如“通关代理行”“清关代理人”“报关代理人”及“船货代理”等，而我国则称之为“国际货运代理”。虽然称谓不同，但实际上含义是相同的。

关于国际货运代理的含义，国际货运代理协会联合会（FIATA）的有关文件（1997）定义是：国际货运代理是指根据客户的指示，为客户的利益揽取货物的人，其本人并非承运人。

根据 1995 年 6 月 29 日国务院批准的《中华人民共和国国际货物运输代理业务管理

规定》的第2条，我国对于国际货运代理业的定义：指接受进出口货物收货人、发货人的委托，以委托人的名义或以自己名义，为委托人办理国际货物运输及相关业务并收取报酬的行业。

（二）国际货运代理的性质

“货运代理”一词有两种含义：其一是指货运代理行业，其二是指货运代理人（企业）。与此相应，对于国际货运代理的性质，也可以从国际货物运输行业和国际货物运输代理人两个角度理解。

国际货物运输代理行业是随着国际经济贸易的发展，国际运输方式的变革，信息科学技术的进步发展起来的一个相对年轻的行业，在社会产业结构中属于第三产业，性质上属于服务行业。从马克思政治经济学的角度来看，它隶属于除了农业、采矿业、加工制造业以外的第四个物质生产部门——交通运输业，属于运输辅助行业。

国际货运代理人本质上属于货物运输关系人的代理人，是联系发货人、收货人和实际承运人的货物运输中介人。有时代表发货人选择运输路线、运输方式、承运人，向承运人订舱，缮制贸易、运输单证，安排货物的短途运输、仓储、称重、检尺，办理货物的报检报验、保险和通关手续，向承运人、仓储保管人及有关当局支付有关费用。有时代表收货人接受、检出运输单证，办理货物的报检报验和通关手续，提取货物，安排仓储和短途配送，支付运费及其他相关费用，并在必要时协助收货人向责任方索赔。有时还代表承运人揽货、配载、装箱、拼箱、拆箱，签发运输单证。虽然国际货物运输代理人有时也以独立经营人身份从事货物的仓储、配送，甚至以缔约承运人身份出具运单、提单，但其本身仍是运输关系的代理人。

（三）国际货运代理功能

国际货运代理人起着连接进出口的收、发货人、承运人和港口、机场、车站、仓库经营人等的桥梁与纽带作用。不仅可以促进国际贸易和国际物流事业发展，而且可以为国家创造外汇来源，对于本国国民经济发展和世界经济的全球化都有重要的推动作用。就委托人而言，可以实现以下功能。

1. 组织协调功能

国际货运代理人历来被称为“运输的设计师”，“门到门”运输的组织者和协调者。凭借其拥有的运输知识及其他相关知识，组织运输活动，设计运输路线，选择运输方式和承运人，协调货主、承运人及其仓储保管人、保险人、银行、港口、机场、车站、堆场经营人和海关、商检、卫检、动植物检验、进出口管理等有关当局关系，可以节省委托人时间，减少许多不必要麻烦，使其专心于主营业务。

2. 沟通控制功能

国际货运代理人拥有广泛的业务关系，完善的服务网络，先进的信息技术手段，可以随时保持货物运输关系人之间、货物运输关系人与其他有关企业、部门的有效沟通，对货物运输的全过程进行准确跟踪和控制，保证货物安全、及时运抵目的地，顺利办理相关手续，准确送达收货人，并根据委托人的要求提供全过程的信息服务及其他相关服务。

3. 咨询顾问功能

国际货运代理人通晓国际贸易环节，精通各种运输业务，熟悉有关法律、法规，了解世界各地有关情况，信息来源准确、及时，可以就货物的包装、储存、装卸和看管，货物的运输方式、运输路线和运输费用，货物的保险、进出口单证和价格的结算，领事、海关、三检（商、卫、动植物）、进出口管制等有关当局的要求等向委托人提出明确、具体的咨询意见，协助委托人设计、选择适当的处理方案，避免、减少不必要的风险、麻烦和浪费。

4. 专业服务功能

国际货运代理人拥有专业知识和经验，为委托人提供货物的承揽、交运、拼装、集运、装卸、交付服务，接受委托人的委托，办理货物保险、海关、三检、进出口管制等手续。国际货运代理人通过向委托人提供各种专业服务，可以使委托人不必在自己不熟悉的业务领域花费更多的心思和精力，让委托人专注于自己的核心业务，从而帮助客户提高自身竞争力。同时，国际货运代理人利用自己丰富的专业知识和娴熟的专业技能，可以帮助委托人设计合理的国际货运方案，并通过与承运人的谈判、货物的集运等方式来降低货物运输成本，提高货主的业务效益。

5. 资金融通功能

由于国际货运代理人与货物的运输关系人、仓储保管人、装卸作业人及银行、海关等相互了解、关系密切、长期合作、彼此信任，国际货运代理人可以代替收、发货人支付有关费用、税金，提前与承运人、仓储保管人、装卸作业人结算有关费用，凭借自己的实力和信誉向承运人、仓储保管人、装卸作业人及银行、海关当局提供费用、税金或风险担保，可以帮助委托人融通资金，减少资金占压，提高资金周转率。

二、国际货运代理业务范围

国际货运代理在社会产业结构中属于第三产业，性质上属于服务行业，隶属于交通运输业，属于运输辅助行业。国际货运代理从本质上属于运输关系人的代理，是联系发货人、收货人和承运人的运输中间人，国际货运代理在国际贸易中的作用如图 4－1 所示。

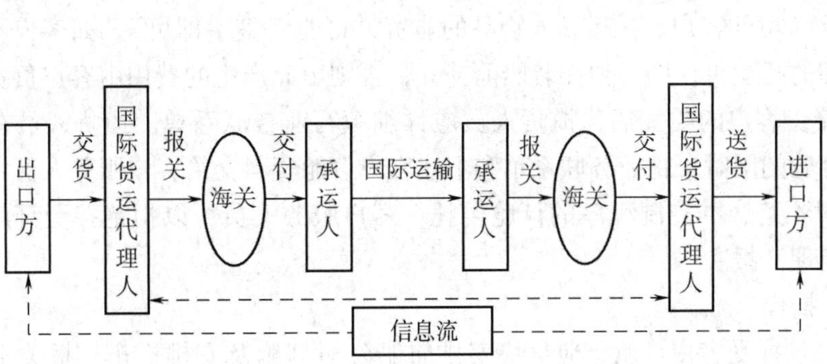

图 4－1 国际物流中货运代理的作用图示

国际货运代理协会联合会（FIATA）定义：国际货物运输代理业，是指接受进出口货物收货人、发货人的委托，以委托人的名义或者以自己的名义，为委托人办理国际货物运输及相关业务并收取服务报酬的行业。

《中华人民共和国国家标准——物流术语》定义：国际货运代理是接受进出口货物收货人、发货人的委托，以委托人或自己的名义，为委托人办理国际货物运输及相关业务，并收取劳务报酬的经济组织。

根据《中华人民共和国国际货运代理业管理规定实施细则》的规定，国际货代企业可以从事下列全部或部分业务：

（1）揽货、订舱、托运、仓储、包装。

（2）货物的监装、监卸、集装箱的拆箱、分拨、中转及相关的短途运输服务。

（3）报关、报检、报验、保险。

（4）缮制签发有关单证、交付运费、结算及交付杂费。

（5）国际展品、私人物品及过境货物运输代理。

（6）国际多式联运、集运。

（7）国际快递，不包括私人信函业务。

（8）咨询及其他相关国际货运代理业务。

三、出口货运代理一般流程

（一）接受委托

（1）揽货人员或客户服务人员在对客户报价时，必须核实相关运价、运输条款、船期，在确定有能力接受委托的情况下，如实告知客户完成此次委托所需时间和船期，并按公司对外报价表向客户报价，如所报价格低于本公司公布运价，则按公司《运价管理规定》执行。

（2）当客户接受报价并下委托时，揽货人员或客户服务人员有责任向客户提供该公司的空白集装箱货物托运单，也可接收客户自己的托运单；但此类托运单应包括该公司托运单的主要条款，如托运单上无运价，则需将有关书面报价附于其后（对合约客户、公司的老客户已在电话中确认的运价可不在托运单上显示）。同时要求客户在托运单上签字、盖章（境外客户、托运私人物品的非贸易订舱者签字即可），如客户不能及时提供内容详细的托运单，则必须在装船前补齐，否则由此产生的费用由客户负责。

（3）接受客户的委托后，揽货人员应详细填写业务联系单。揽货人员在通知客户服务人员订舱的同时，把业务联系单和上述客户订舱资料交给客户服务人员。

（4）对不符合本控制程序的订舱委托，客户服务人员可以拒绝接受订舱，并有义务向部门经理汇报。

（二）操作

（1）一旦接受客户订舱，应尽快安排向船公司订舱及安排拖车、报关事宜（客户自拖、自报除外），并从拖车公司那里获取箱号、封条号。

（2）尽快按委托书要求制单，并传真给客户确认。如有需要，还应将目的港代理打印在提单上，并在货物装船前完成单证校对工作。

(3) 认真填写操作过程记录，对需换单转船、电放的委托应有记录，并提供给相关部门。

(4) 客户服务人员将计费人员已签字盖章的收费单交给客户（或揽货人员）；揽货人员有责任及时向客户催收运费或按合同（或协议）规定，定期向客户催收运费。

(5) 客户服务人员应及时通知报关行等分承包方，退回有关资料，如出口退税核销单、报关手册等，这些资料需退还给客户，揽货人员有责任对客户服务人员给予提醒。

(6) 当客户或揽货人员询问程船信息时，客户服务人员应给予提供。

（三）提单签发

提单签发人员必须核实货物已装船离港，验证运费收取满足合同中运费支付条款后，才能签发此次委托所对应的提单，具体操作按提单签发管理规定进行。

四、班轮货运代理流程

（一）班轮货物出运

从事班轮运输的船舶是按照预先公布的船期来营运的，并且船速较高，因此能够及时将货物从起运港发送，而且迅速地将货物运抵目的港。货主则可以在预知船舶抵港和离港时间的基础上，组织和安排货物装运。

班轮公司的货物出运工作包括揽货、订舱以及确定航次货运任务等内容。货运代理人的货物出运工作则包括安排货物托运手续、办理货物交接等内容。船公司为使自己所经营的船舶在载重量和载货舱容两方面均能得到充分利用，以期获得最好的经营效益，会通过各种途径从货主那里争取货源，揽集货载。货运代理人应根据货物运输的需要，从运输服务质量、船期、运价等方面综合考虑后，选择适当的班轮公司。

订舱（Booking）是托运人（包括其货运代理人）向班轮公司申请货物运输，承运人对这种申请给予承诺的行为。托运人申请货物运输可视为“要约”，即托运人希望和承运人订立运输合同意思的表示，根据法律规定，合同订立采取要约—承诺的方式，因此承运人一旦对托运人货物运输申请给予承诺，货物运输合同订立。

国际贸易出口业务实践中，出口商通常会以 CIF 价格条件成交，此时，根据《2010国际贸易术语解释通则》，由出口商安排货物运输工作，即出口商承担出口货物的托运工作，将货物交船公司运往国外进口商，所以订舱工作多数在装货港由出口商安排，来确定航次货运任务。

确定航次货运任务就是确定某一船舶在某一航次所装货物的种类和数量。承运人承揽货载时，必须考虑各票货物的性质、包装和每件货物的重量及尺码等因素。因为不同种类的货物对运输和保管有不同的要求，各港口的有关法律和规章也会有所不同。例如，重大件货物可能会受到船舶及装卸港口的起重机械能力影响和船舶舱口尺寸的限制等，而对于货物的数量，船公司也会参考过去的情况变化，及时进行调整，使船舶舱位得到充分和合理的利用。货运代理人就要充分认识到船方在确定船舶航次货运任务方面所有会考虑的问题，否则可能造成不必要的麻烦。

（二）出口报关

海关（Customhouse）是依法执行进出口监督管理的国家行政机关，其监管的对象包括进出口货物、货币、金银、证券、行李物品、邮递物品、运输工具等，其监督管理的内容，包括征税、查私、临时保管通关货物和统计进出口商品等，它有权对不符合国家法律规定的进出口物品不予放行、进行罚款，直至没收或销毁。

出口货物在交付装运前，必须经过海关清关（Customs Clearance）。清关，也称通关，通常需要经过五个环节：出口申报、审核单证、查验货物、办理征税、清关放行。

1. 出口申报

申报分为出口申报和进口申报，出口申报是指发货人（出口企业）或其代理（货运代理）在出口货物时，在海关规定的期限内，以书面方式向海关报告其出口货物的情况，并随之附有货运和商业单据，申请海关审查放行，并对所报告内容的真实性和准确性承担法律责任的行为。出口申报，习惯上也称为“出口报关”。

我国《海关法》对出口货物的申报资格、时间、单证和内容等方面，均作有明确规定：

（1）申报资格。必须是经海关审核准予注册的专业报关企业、代理报关企业和自理报关企业及其报关员。报关员必须经培训通过海关全国报关员统考，取得由海关总署授权颁发的报关员资格书，并经海关批准注册，才能代表所属企业办理报关手续。

（2）申报时间。出口货物的报关时限是在装货的 24 小时以前（海关特准的除外）。

（3）申报单证。指出口货物报关单、与出口货物直接相关的商业和货运单证，以及国家有关法律法规规定实行特殊管制的证件等。如出口企业凭出口货运代理委托书委托货运代理代为订舱并安排装运货物出口，其中就包括委托代办出口报关手续。在此情况下，货运代理人既是货运代理企业，也是代理报关企业。货代接受出口企业的委托后，在安排运送货物至集装箱堆场的同时，应及时准备好各项报关单证。

报关所需单证，通常有：出口货物报关单、商业发票、装箱单（大宗散装货及单一品种且包装内容一致的件装货物，不需要装箱单）、装货单、出口收汇核销单等，此外，还有国家法律法规规定实行特殊管制的证书，如配额证明、出口许可证、商品检验证等。

若是出口集装箱货物，在进入集装箱堆场后，货运代理作为报关单位，应及时向海关递交出口货物报关单，随附上述其他报关单证。报关员向海关递交报关单，即意味着清关工作正式开始。

2. 审核单证

海关接受出口申报后，应对报关员所递交的所有单证进行审核。审单通常是以出口货物报关单为基础，根据国家有关法律、行政法规的规定，核对所收到的报关单证是否齐全、正确、有效，内容是否一致。如果所审核的单证符合国家法律、法规规定，所交验的单证齐全无误，海关随即着手对出口货物进行查验。

3. 查验货物

查验出口货物是指海关以出口货物报关单和其他报关单证为依据，在海关监管区域内对出口货物进行检查和核对。

在查验过程中，海关检查出口货物的名称、品质规格、包装状况、数量重量、标记唛码、生产或贸易国别等事项是否与出口报关单和其他证件相符，以防止非法出口、走私及偷漏关税等。

海关查验集装箱货物，一般在集装箱堆场和港区码头堆场。在特定情况下，可经海关同意派员去发货人的仓库和工厂检查。海关查验货物时，报关单位应派员到场提供协助，并应海关要求，随时提供有关单证、文件及必要的资料。

4. 办理征税

征收出口税是海关的基本业务之一。由于征收出口税必将增加出口货物成本，影响其在国际市场上的竞争力，因此，许多国家对其出口货物大部分不征收出口税。那些按规定应当缴纳出口税的出口货物，当海关查验货物，认为情况正常后，由海关根据《关税条例》和《海关税则》规定征收出口税，出口企业或其代理在向海关按规定税率缴清税款或提供适当担保后，海关方可签章放行。

5. 清关放行

清关放行是海关对出口货物进行监管的最后一项业务程序。出口企业或其代理按海关规定办妥出口申报，经海关审核单证、查验货物和征收出口税后，海关解除对货物的监管，准予装运出境。在放行前，海关派专人负责审查核批货物的全部报关单证及查验货物记录，并签署认可，然后在装货单上盖放行单，货方才能凭该装货单要求船方装运出境，同时，海关在出口收汇核销单上加盖验讫章，退报关员，以供出口企业凭此到外汇管理局办理出口收汇核销手续。

（三） 货物装船

在集装箱班轮运输中，由于班轮公司基本上是以 CY/CY 作为货物的交接方式，所以集装箱货物的装船工作都会由班轮公司负责。

在杂货班轮运输中，除另有约定外，都规定托运人应将其托运的货物送至船边，如果船舶是在锚地或浮筒作业，托运人还应用驳船将货物驳运至船边，然后进行货物的交接和装船作业，对于特殊货物，如危险货物、鲜活货、贵重物以及重大件货物等，通常采取由托运人将货物直接送至船边，交接装船的形式，即采取现装或直接装船的方式。

然而，由于在杂货同班轮运输中，船舶承运的货物种类多，票据数多，包装式样多，挂靠港口多等原因，如果要求每个托运人都将自己托运的货物直接送至码头船边，就可能会发生待装的货物不能按规定的装船先后次序送至船边的情况，从而使装货现场发生混乱，影响装货效率。由此而产生的结果是延长了船舶在港的停泊时间，延误船期，也容易造成货损、货差现象。因此为了提高装船效率，加速船舶周转，减少货损货差现象，在杂货班轮运输中，对于普通货物的交接装船，通常采用由班轮公司在各装货港指定装船代理人，由装船代理人在各装货港的指定地点（通常为港口码头仓库）接受托运人送来的货物，办理交接手续后，将货物集中整理，并按次序进行装船的形式，即所谓的“仓库收货，集中装船”形式。

在杂货班轮运输的情况下，不论接货装船的形式是直接装船还是集中装船，也就是说，不论采取怎样的装船形式，托运人都应承担将货物送至船边的义务，而作为承运人的班轮公司的责任则是从装船时开始，除非承运人与托运人之间另有约定。因此，集中装船与直接装船的不同之处只不过是由班轮公司指定的装船代理人代托运人将货物从仓库送至船边，而班轮公司与托运人之间的责任界限和装船费用的分担仍以船边货物挂上吊钩为界。从货主角度出发，在集中装船的形式下，当托运人在装货港将货物交给班轮公司指定的装船代理人时，就可视为将货物交给班轮公司，交货后的一切风险都应由船公司负担。但是，根据《中国海商法》第四十六条：承运人对非集装箱装运的货物的责任期间，是指从货物装上船时起至卸下船时止，货物处于承运人掌管之下的全部期间。因此，即便是在“仓库收货，集中装船”的情况下，船公司与托运人之间的这种责任界限也并没有改变。从仓库到船边的责任转移到了装船代理人身上。

（四）货物卸船

在集装箱班轮运输中，同样由于班轮公司基本上是以 CY/CY 作为货物的交接方式，所以集装箱货物的卸船工作都会由班轮公司负责。

在杂货班轮运输中，理论上卸船就意味着交货，是指将船舶所承运的货物在提单上载明的卸货港从船上卸下，并在船边交给收货人并办理货物的交接手续。但是，如果由于战争、冰冻、港口罢工等特殊原因，船舶已不可能前往原定的卸货港，或会使船舶处于不安全状态，则船公司有权决定船舶驶往能够安全到达的附近港口卸货。

船方和装卸公司根据载货清单和其他有关单证认真地组织和实施货物的卸船作业，避免发生误卸的情况，即原来应该在其他港口卸下的货物卸在本港的溢卸（Overlanded）和原来应该在本港口卸下的货物遗漏未卸的短卸（Shortlanded）。船公司或其代理人一旦发现误卸，应立即向各挂靠港口发出货物查询单，查清后应及时将货物运至原定的卸货港。提单条款中一般都有关于因误卸而引起货物延迟损失或货物损坏责任问题的规定，如因误卸而发生的补送，退运的费用由船公司负担，但对因此而造成的延迟交付或货物的损坏，船公司不负赔偿责任。如果误卸是因标志不清、不全或错误以及货主的过失造成的，则所有补送、退运、卸货或保管的费用都由货主承担，船公司不负担任何责任。

在杂货班轮运输中，对于危险货物、重大件等特殊货物，通常采取由收货人办妥进口手续后来船边接收货物，并办理交接手续的现提形式。但是，如果各个收货人在船抵后都同时来码头船边接收货物，同样会使卸货现场十分混乱，影响卸货效率，延长船舶在港停泊时间。所以，为使船舶在有限的停泊时间内迅速将货卸完，实践中通常由船公司指定装卸公司作为卸货代理人，由卸货代理人揽卸货和接收货物并向收货人实际交付货物的工作。因此，在杂货班轮运输中，对于普通货物，通常采取先将货物卸至码头仓库，进行分类整理后，再向收货人交付的方式进行卸货，即所谓的“集中卸船，仓库交付”。

与装船的情况相同，在杂货班轮运输中，不论采取怎样的卸船交货的形式，船公司的责任都是以船边为责任界限，并且卸货费也是按这样的分界线来划分的。船公司、卸货代理人和收货人三者之间的关系与装船相同。

（五）提取货物

在集装箱班轮运输中，大多采用 CY/CY 交接方式，而在杂货班轮运输中，由于实务中多采用“集中卸船，仓库交付”的形式，并且收货人必须办妥进口手续后，方能提取货物，所以，在班轮运输中，通常是收货人先取得提货单，办理进口手续后，再凭提货单到堆场、仓库等存放货物的现场提取货物。而收货人只有在符合法律规定及航运惯例的前提条件下，方能取得提货单。

在使用提单的情况下，收货人必须把提单交回承运人，并且该提单必须经适当正确的背书，否则船公司没有交付货物的义务。另外，收货人还须付清所有应该支付的费用，如到付的运费、共同海损分担费等，否则船公司有权根据提单上的留置条款，暂时不交付货物，直至收货人付清各项应付的费用；如果收货人拒绝支付应付的各项费用而使货物无法交付时，船公司还可以经卸货港所在地法院批准，对卸下的货物进行拍卖，以拍卖所得价款充抵应收取的费用，因此，货运代理人应及时和收货人联系，取得经正确背书的提单，并付清应付的费用，以便换取提货单，并在办理了进口手续后提取货物。

在已经签发了提单的情况下，收货人要取得提货的权利，必须以交出提单为前提条件。然而，有时由于提单邮寄延误，或者作为押汇的跟单票据的提单未到达进口地银行，或者虽然提单已经到达银行，但因为汇票的兑现期限关系，在货物已运抵卸货港的情况下，收货人还无法取得提单，也就无法凭提单来换取货单提货。此时，按惯例，收货人就会开具由一流银行签署的保证书，以保证书交换提货单提货。船公司同意凭保证书交付货物是为了尽快交货，而且除有意欺诈外，船公司可以根据保证书将因凭保证书交付货物而发生的损失转嫁给收货人或者担保银行，但是，由于违反运输合同的义务，船公司对正当的提单持有人仍负有赔偿一切损失的风险。因此，船公司会及时要求收货人履行解除担保的责任，即要求收货人在取得提单后及时交给船公司，以恢复正常的交付货物的条件。实践中，船公司要求收货人和银行出具的保证书的形式和措辞虽各不相同，但主要内容都包括因不凭提单提货，收货人和保证银行同意下列条件：

（1）因不凭提单提取货物，收货人和银行保证赔偿并承担船公司及其雇员和代理人因此承担的一切责任和遭受的一切损失。

（2）对船公司或其雇员或其代理人因此被起诉而提供足够的法律费用。

（3）对船公司的船舶或财产因此被扣押或遭受到这种威胁提供所需的保释金或其他保证以解除或阻止上述扣押，并赔偿船公司由此所遭受的一切损失和费用。

（4）收到提单后换回保证书。

（5）对于上述保证内容由收货人和银行一起负连带责任。

提单上卸货港一栏内有时会记载两个或两个以上可供货主选择的卸货港名称，这是因为货主在货物装船前尚未确定具体的卸货港，所以在办理货物托运时提出选择卸货港交付货物申请，并在船舶开航后从提单上所载明的卸货港范围内选定对自己最为方便或最为有利的卸货港，最后在这个港口卸货和交付货物。这种由货主选择卸货港交付的货物称为“选港货”（Optional Cargo）。由于“选港货”签发的提单中卸货港一栏内已明示了卸货港的范围，所以收货人在办理提货手续时，只要交出一份提单即可，但是货主必须在船舶自装货港开航后，抵达第一个卸货港之前的一定时间以前（通常为 24 小时或 48 小时），把决定了的卸货港通知船公司及被选定卸货港船公司的代理人，否则船长有权在任何一个卸货港将货物卸下，并认为船公司已经履行了对货物运送的责任。

如果收货人认为有必要将货物改在提单上载明的卸货港以外的其他港口卸货交付，则可以向船公司提出变更卸货港的申请。但是，所变更的卸货港必须是在船舶航次停靠港口范围之内，并且必须在船舶抵达原定卸货港之前或到达变更的卸货港（需提前卸货时）之前提出变更卸货港交付货物的申请。由于变更卸货港交付货物是在提单载明的卸货港以外的其他港口卸货和交付货物，所以收货人必须交出全套提单才能换取提货单提货，而且，在船公司根据积载情况，考虑变更卸货港卸货和交付货物对船舶营运不会产生严重影响，并接受货主变更卸货港的申请后，收货人还应负担因这种变更而发生货物的翻舱、装卸费以及因变更卸货港的运费差额和有关手续费等费用。

任务 3　班轮货运单证流转

知识目标

- 掌握班轮运输业务中各单证的作用。
- 熟悉班轮运输常用的单证格式。
- 掌握杂货班轮货运单证流程。

技能目标

- 能够识读和填写相关班轮货运单证。
- 能够画出杂货班轮货运单证流程图。

■ 知识准备

一、班轮货运主要单证

在班轮运输中，从办理货物的托运手续开始，到物品装船、卸船、直至交付的整个过程，都需要编制各种单证。这些单证是货方（包括托运人和收货人）与船方之间办理货物交接的证明，也是货方、港方、船方等有关单位之间从事业务工作的凭证，又是划分货方、港方、船方各自责任的必要依据。

在这些单证中，有的是受国际公约和各国国内法规约束的，有的则是按照港口当局的规定和航运习惯而编制使用的。尽管这些单证种类繁多，而且因各国港口的规定会有所不同，但主要单证是基本一致的，并能在国际航运中通用，如图 4 –2 所示。

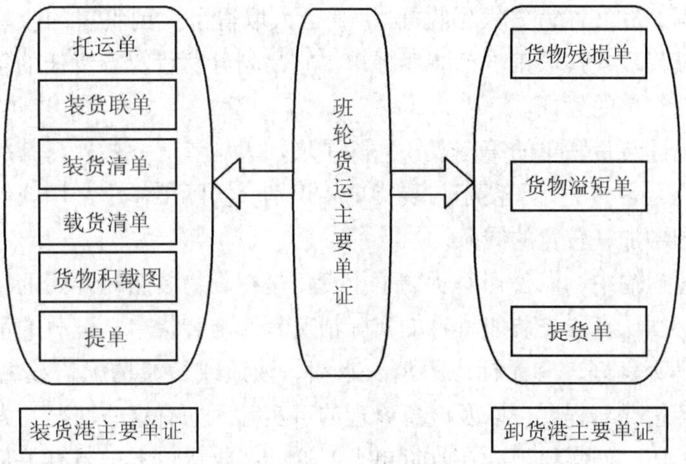

图 4 –2　班轮主要单证图示

（一） 在装货港编制使用的单证

1. 托运单（Booking Note，B/N）

托运单，是指由托运人根据买卖合同和信用证的有关内容向承运人或其代理人办理货物运输的书面凭证。经承运人或其代理人对该单的签认，即表示已接受这一托运，承运人与托运人之间对货物运输的相互关系即告建立。

托运单的主要内容包括：托运人名称，收货人名称，货物的名称、数量、尺码、件数、包装式样、标志及号码，目的港，装船期限，信用证有效期，能否分批装运，对运输的要求及对签发提单的要求等。

2. 装货单（Shipping Order，S/O）

装货单，是由托运人按照托运单的内容填制，交船公司或其代理人审核并签章后，据以要求船长将货物装船承运的凭证。

但是，托运人凭船公司或其代理人签章后的装货单要求船长将货物装船之前，还必须先到海关办理货物装船出口的报关手续，经海关查验后，在装货单上加盖海关放行图章，表示该票货物已允许装船出口，才能要求船长将货物装船，故装货单习惯上又称为“关单”。船长或大副亦只能依据“关单”接受货物装船承运。

装货单是国际航运中通用的单证，多数是由三联组成，称为“装货联单”。其中，第一联是船公司留底（Counterfoil），用于缮制装货清单；第二联是装货单（Shipping Order），作用如上述；第三联是收货单（Mate’s Receipt），亦称“大副收据”，是船方接受货物装船后由大副签发给托运人的凭据。

装货单上除应记载托运人名称、编号、船名、目的港及货物的详细情况（应与托运单一致）等内容外，还应有在货物装船后由理货人员填写的货物装船的日期、装舱位置、实际货物数量以及理货人员的签名等项内容。

3. 收货单（Mate's Receipt，M/R）

收货单是货物装船后，承运船舶的大副签发给托运人的，表示已收到货物并已装上船舶的货物收据，故又称为“大副收据”。托运人取得了大副签署的收货单后，即可凭其向船公司或其代理人换取正本已装船提单。它是划分船货双方责任的重要依据，也是换取正本已装船提单的凭证。

收货单是前述装货联单的第三联，它除了增加大副签署一栏外，其所记载的内容和格式与装货单完全一样。为了便于与装货单相识别，实际工作中常用淡红色或淡蓝色制成并在左侧纵向增加一较宽的线条。

在普通班轮运输中，船公司对货物承担责任是在货物装船时开始的。因此，在货物装船时，大副必须认真检查装船货物的实际情况是否与装货单上记载的情况相符合，货物的外表状况是否良好，有无标志不清、水渍、油渍或污渍情况，数量（件数）是否短缺，货物损坏情况与程度，以及应急修理的事实等。如有这些情况，大副在签署收货单时应明确、具体、如实地记载在收货单上。这种在收货单上记载有关货物外表状况不良或缺陷的情况称为“大副批注”。收货单上有了大副的批注，则这张收货单便称为“不清洁收货单”（Foul Receipt）。反之，称为“清洁收货单”（Clean Receipt）。

值得注意的是，收货单上有了批注，最终将要转批到提单上去，使提单成为“不清洁提单”，从而影响托运人以提单向银行结汇的可能，这显然对托运人不利。因此，大副在收货单上批注时应防止两种倾向：其一是不管货物是否良好，件数是否正确，一概不加批注，这样势必使船公司承担本来不应承担的责任；其二是不论是否有损坏或短缺，为减轻船公司的责任，吹毛求疵地尽量多做一些批注，这样又将给托运人增加许多不必要的麻烦，也影响船方的声誉。为此，大副在收货单上作批注应认真核实、实事求是、具体明确，肯定、慎重、不重复提单中已有的免责内容，更不能与提单条款有矛盾。

4. 装货清单（Loading List，L/L）

装货清单，是船公司或其代理人根据装货单留底联，将全船待装货物按目的港和货物性质归类，依航次靠港顺序排列编制的装货单的汇总清单。

装货清单是船舶大副编制积载计划的主要依据，又是供现场理货人员进行理货、港方安排驳运、进出库场以及承运人掌握托运人备货及货物集中情况等的业务单据。

装货清单的内容包括装货单号码、货名、件数及包装、毛重、估计立方米及特种货物对运输的要求或注意事项的说明等。

5. 载货清单（Manifest，M/F）

载货清单亦称“舱单”，是在货物装船完毕后，由船公司的代理人根据大副收据或提单编制的一份按卸货港顺序逐票列明全船实际载运货物的汇总清单。编妥后应送交船长签字认可，其内容包括船名及国籍、开航日期、装货港及卸货港，同时逐票列明所载货物的详细情况（包括提单号、标志和号数、货名及包装、重量、尺码等）。

载货清单是国际上通用的一份十分重要的单证。船舶办理出口（进口）报关手续时，必须递交一份经过船长签字确认的载货清单。它是海关对进出口船舶所载货物进出国境进行监督管理的单证，如果船载货物在载货清单上没有列明，海关可按走私论处，有权依据海关法的规定进行处理。载货清单又是港方及理货机构安排卸货的单证之一。在我国，载货清单还是出口企业在办理货物出口后，申请退税，海关据以办理出口退税手续的单证之一。如果在载货清单上增加运费项目，则可制成载货运费清单。

6. 积载计划（Stowage Plan，S/P）

积载计划又称“货物积载图”，即以图示形象、具体地模拟货物在船舱内的装载位置。它是在货物装船以前由大副根据船公司或其代理人送来的装货清单上记载的货物资料制成的，实质上是计划的积载图，这样，可以使港口和装卸公司、理货人员等有关方进行货物装船工作时有据可依，能按照这一计划的要求来安排装船作业，使装船工作得以有条不紊地进行。因此，它是装船作业中一份十分重要和必备的资料。然而，在实际装船过程中，往往会因各种客观原因无法完全依照计划装载。因此，当每一票货物装船后，理货长都应重新标出货物在舱内的实际装载位置，并注明卸货港名、装货单（提单）号、货名及数量，最后再重新绘制一份货物在舱内的“实际积载图”。

7. 提单（Bill of Lading，B/L）

提单，是船公司或其代理人签发给托运人，用以证明海上货运合同和货物已经由承运人接收或者装船，以及承运人保证在目的港据以交付货物，且可以转让的单证。提单中载明的向记名人交付货物，或者按照指示人的指示交付货物，或者向提单持有人交付货物的条款，构成承运人据以交付货物的保证。

货物由承运人接收或者装船后，应托运人的要求，承运人应当签发提单。提单也可以由承运人授权的人签发。提单由载货船舶的船长签发的，视为代表承运人签发。

（二）在卸货港口编制使用的单证

1. 货物溢短单

货物溢短单（Overlanded & Shortlanded Carge List）是指一票货物所卸下的数字与载货清单上所记载的数字不符，发生溢卸或短卸的证明单据。货物溢短单由理货员编制，并且必须经船方和收货人、仓库共同签字确认。

2. 货物残损单

货物残损单（Broken & Damaged Cargo List）是指卸货完毕后，理货员根据卸货过程中发现的货物破损、水湿、水渍、渗漏、霉烂、生锈及弯曲变形等情况记录编制的，证明货物残损情况的单据，货物残损单必须经船方确认。

3. 提货单（Delivery Order，D/O）

提货单又称“小提单”，是收货人或其代理人凭正本提单或副本提单随同有效的担保向船公司在卸货港的代理人处换取的，据以向现场（码头仓库或船边）提取货物的凭证。

船公司的代理人在签发提货单时，首先要认真核对提单与其他装船单证的内容是否相符，之后再详细地将船名、货物名称、件数、重量、包装标志、提单号、收货人名称等填入提货单上，并由船公司的代理人签字才能交给收货人。若同意收货人在船边提货亦应在提货单上注明。同时，还应注意：

（1）正本提单为合法持有人所持有。

（2）提单上的非清洁批注应转入小提单。

（3）当货物发生溢短残情况，收货人有权向承运人或其代理人获得相应的签证。

（4）运费未付的，应在收货人付清运费及有关费用后，方可放提货单。

（三）其他常见的出口货运单证

1. 订舱单

订舱单是承运人或其代理人在接受发货人或货物托运人的订舱时，根据发货人的口头或书面申请货物托运的情况据以安排集装箱货物运输而制定的单证，该单证一经承运人确认，便作为承、托双方订舱的凭证。

2. 装箱单

集装箱装箱单是详细记载集装箱和货物名称、数量等内容的单据，每个载货的集装箱都有制作这样的单据，它是根据已装进集装箱内的货物制作的。不论是由货主装箱，还是由集装箱货运站负责装箱，集装箱装箱单都是详细记载每个集装箱内所装货物情况的唯一单据。所以，在以集装箱为单位进行运输时，这是一张极其重要的单据。集装箱装箱单的主要作用有：

（1）在装货地点作为向海关申报货物出口的代用单据。

（2）作为发货人，集装箱货运站与集装箱码头堆场之间货物的交接单。

（3）作为向承运人通知集装箱内所装货物的明细单。

（4）在进口国，途经国家作为办理保税运输手续的单据之一。

（5）单据上所记载的货物与集装箱的总重量是计算船舶运输量的基本数据。

3. 码头收据（场站收据、港站收据）

码头收据一般由发货人或其代理人根据公司已制定的格式填制，并跟随货物一起运至集装箱码头堆场，由接受货物的人在收据上签字后交还给发货人，证明所托的货物已收到。接受货物的人在签署场站收据时，应仔细审核收据上记载的内容与运来的实际货物的情况是否相一致，如货物的实际情况与收据记载的内容不一，则必须修改。如发现货物或集装箱有损伤情况，则一定要在收据的备注栏内加批注，说明货物或集装箱的实际情况。码头收据的签署，不仅表明承运人已收到货物，而且也明确表示承运人对收到货物已承担责任。

4. 集装箱提单

普通船舶的货运提单是在货物实际装船完毕后经船方在收货单上签署，表明货物已装船，发货人凭经船方签署的收货单（大副收据）去船公司或其代理公司换取已装船提单。而集装箱提单则应与以码头收据换取它同普通船舶运输下签发的提单不同，是一张收货待运提单。所以，在大多数情况下，船公司根据发货人的要求，在提单上填注具体的装船日期和船名后，收货待运提单也便具有了与装船提单同样的性质。

为此，现行的集装箱提单其正面有表面条款，以说明货物在使用集装箱运输下所签发的提单性质和作用。该条款由“确认条款、承诺条款、签署条款”组成，主要内容有：

确认条款——表明负责集装箱的人，是在货物“外表状况良好、铅封完整”的情况下接受货物，并以同样的状况交货，同时说明签发给货物托运人的提单系一张收货待运提单。

承诺条款——表明由谁签发提单，以及正本提单签发的份数。普通船提单都列有船长签署的规定，尽管实际上提单并非由船长签发。现行的集装箱提单一般都列入船公司的名称，而且不管由谁签发提单，都仅是“代表承运人”签字，或者“仅以代理人身份”签字。

5. 设备收据（设备交接单）

设备收据是作为集装箱以及其他载货设备交接的证书，由借方和出借方共同签字。当集装箱或机械设备在集装箱码头堆场或货运站借出、回收时，由集装箱堆场制作设备收据，经双方签字后，作为两者之间设备交接的证书，主要内容有：

（1）集装箱或其他设备的所有人应提供完好的，并具有合格、有效证书的设备、集装箱。

（2）交接集装箱或设备时，用箱人、运箱人如无异议，则表示该集装箱、设备处于良好状态。

（3）用箱人在接受集装箱或设备时，用箱人、运箱人如无异议，则表示该集装箱、设备处于良好状态。

（4）用箱期间，不论是何种原因引起的有关集装箱、设备的丢失、损坏，均由用箱人负责赔偿，但自然损耗除外。

（5）用箱期间，因使用集装箱、设备不当所引起的对第三者的损害责任，由用箱人负责赔偿。

（6）用箱人应在规定的时间、地点，将集装箱和设备以如同租赁时的状况交还给出租人，不论是由于何种原因引起的迟期交还，用箱人应交付附加费用。

（7）用箱人只有事先得到出租人允许的情况下，才可将集装箱或设备转租给第三者，但原出租人和用箱人之间的责任、义务等各项规定并没有任何改变。

（8）在规定的归还期之前发生集装箱、设备的灭失、损坏，以及包括已无法修复的情况时，用箱人即应办理赔款事项，但在赔偿时应扣除已使用的折旧费，设备收据分进场和出场两种，交接手续均在集装箱堆场大门口办理。

出堆场时，堆场的工作人员与用箱人、运箱人就设备收据上共同审核的内容有：

①用箱人名称、地址。

②出堆场时间、出场目的。

③集装箱箱号、规格、铅封号，空箱还是实箱。

④有关设备的情况，正常还是异常。

进堆场时，堆场的工作人员与用箱人、运输人就设备收据上共同审核的内容有：

①集装箱或其他设备归还日期、时间。

②集装箱或其他设备归还时外表状况。

③集装箱或其他设备归还人名称、地址。

④整箱交箱货主名称、地址。

⑤进堆场目的。

⑥拟装船舶的船名、航次、航线、卸箱港。

二、班轮货运单证流程

班轮货运流程及其主要单证的流转程序如图 4-3 所示：

（1）托运人向船公司在装货港的代理人（也可直接向船公司或其营业所）递交 B/N 提出货物托运申请，并填写装货联单。

（2）船公司在装货港的代理人同意承运后，指定船名，核对单证内容无误后，将 B/N 和装货联单的第一联留下，在第二联装货单（S/O）上加盖船公司印章连同第三联收货单（M/R）一并退还给托运人，并要求托运人将货物送至指定的码头仓库。

（3）托运人持船公司在装货港的代理人签发的 S/O、M/R 及其他有关单证向海关办理货物出口报关手续，海关审核无误后，在 S/O 上加盖海关放行图章，然后，托运人将 S/O 和 M/R 送交理货公司，并将货物送至码头仓库，商检和海关到港口对货物进行检验、验关。

（4）船公司在装货港的代理人根据装货联单的留底联编制装货清单（L/L）送装货船舶、理货公司、装卸公司。

（5）船上大副根据 L/L 编制货物积载图（S/P），并交由船公司在装货港的代理人分送理货公司、装卸公司等按计划装船。

（6）货物装船后，理货长将 S/O 和 M/R 交大副，大副核对无误后，留下 S/O ，签发 M/R。

（7）理货长将大副签发的 M/R 交托运人。

（8）托运人持 M/R 到船公司在装货港的代理人处支付运费（在预付运费情况下）拟换取已装船提单（B/L），船公司在装货港的代理人审核无误后，留下 M/R，签发 B/L 给托运人。

（9）托运人持 B/L 及有关单证到议付银行结汇，议付银行将 B/L 及有关单证邮寄开证银行。

（10）货物装船完毕后，船公司在装货港的代理人编妥出口载货清单（M/F）送船长签字后，向海关办理船舶出口手续，之后将 M/F 交船随带，船舶启航。

（11）船公司在装货港的代理人根据 B/L 副本（或 M/R）编制出口载货运费清单（F/M），连同 B/L 副本、M/R 一并送交船公司结算代收运费，并邮寄或将有关卸货港所需的单证通过船舶带交船公司在卸货港的代理人。

（12）船公司在卸货港的代理人接到船舶抵港电报后，以提货通知书（Delivery Notice，D/N）通知收货人船舶到港时间。

（13）收货人到开证银行付清货款及其他应付费用，取得正本 B/L。

（14）船公司在卸货港的代理人根据装货港代理人寄来的货运单证，编制进口载货清单等卸货单据，约定装卸公司、理货公司，联系安排泊位，做好接船及卸货准备工作。

（15）船舶抵港后，船公司在卸货港的代理人随即办理船舶进口报关手续，船舶靠泊后即开始卸货。

（16）收货人向卸货港船代付清应付费用后，以正本 B/L 换取提货单（D/O）。

（17）收货人持 D/O 送海关办理货物进口报关手续。

（18）收货人持 D/O 到码头仓库或船边提取货物。

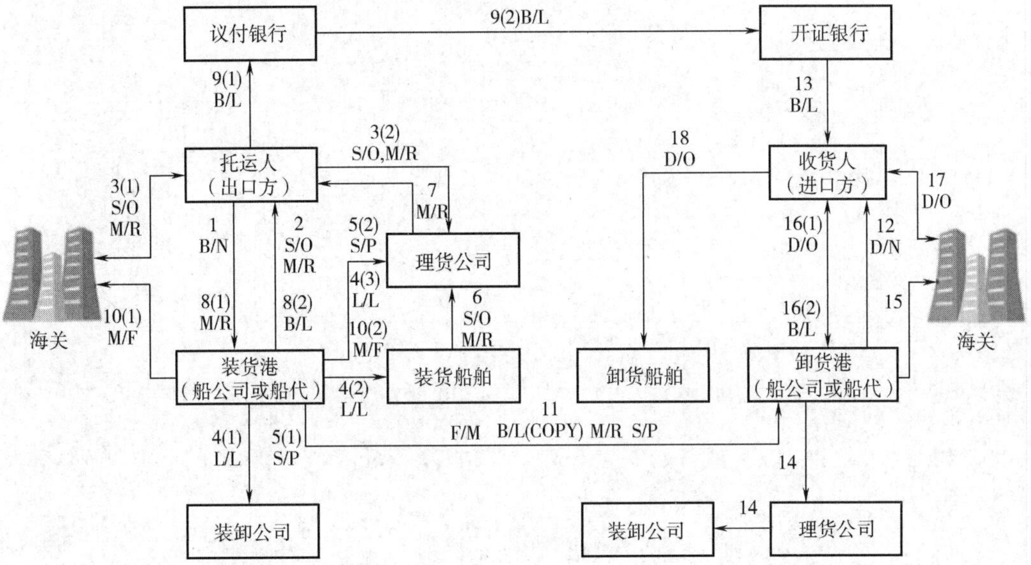

图 4－3　货运流程及其单证流转图示

■　情境演练

湖湘电器物流部在接受集团公司的安排后，在综合考虑自身实力的基础上，对于 4 台 SF33901 型 230 电动轮自卸车出口澳大利亚力拓集团，初步设计了一套物流方案，即充分利用自己的资源优势，并为日后国际业务的进一步发展积累经验，国内湘潭市到上海港的装运由物流部自身完成，因为是以 CIF 澳大利亚黑德兰港术语成交，在上海港还得负责租船定舱以及购买运输保险。

根据计划，2015 年 5 月，第一台 SF33901 型 230 电动轮自卸车的车斗和车体将会同时运达上海港，但是在上海港到澳大利亚黑德兰港的运输，虽然决定通过海运完成，但是具体如何操作，物流部没有相关经验，小邓和小姜作为物流专业毕业生，提出了采用国际货代的方式进行。因此，物流总经理马鞍也交给两人一个新任务，要求用半个月时间，在网络上收集国际货物运输代理企业资料，初步选择两到三家合适的货代企业，作为力拓电动轮自卸车项目的合作伙伴，并向物流部领导汇报国际货代的运作流程，给物流部提供参考。

如果你是小姜或者小邓，请查收相关资料，完成以下任务：

（1）确定两家国际货代公司，作为湖湘电器合作伙伴，并说明选择的理由。

（2）画出国际货运代理的业务流程图，并加以说明。

（3）填写托运单。

课后思考与练习

一、选择题

1.《联合国1978年海上货物运输公约》又称为（　　）。

A. 海牙规则　B. 维斯比规则　C. 华沙－牛津规则　D. 汉堡规则

2. 海运提单之所以能够向银行办理抵押贷款，是因为（　　）。

A. 海运提单是承运人签发的货物收据　B. 海运提单可以转让

C. 海运提单是运输契约的证明　D. 海运提单具有物权凭证的性质

3. 除（　　）外，均为租船代理人办理的业务。

A. 按照委托人（船东或租船人）的指示要求，为委托人提供最合适的对象和最有利的条件，并促成租赁交易

B. 为委托人提供航运市场行情、国际航运动态以及有关资料等

C. 为委托人垫付或托收租金

D. 货主与船东发生纠纷时，代表委托人参与解决纠纷

4. 国际多式联运实行（　　）的运费费率。

A. 全程单一　B. 各种方式独立核算

C. 各种方式中取大者　D. 各种方式中取小者

5. 英文FIATA是指（　　）。

A. 国际航空协会　B. 国际货运代理协会联合会

C. 国际航运协会　D. 国际铁路货运协会

6. 货代以本公司名义向船公司或舱位代理订舱，在HB/L中SHIPPER一般是（　　）。

A. 货代　B. 出口商　C. 进口商　D. 船公司

7. 国际海运出口货运基本单证，即通常每批托运货物都须具备的单证，有（　　）。

A. 商业发票　B. 动植物检疫证

C. 进料、来料加工手册　D. 危险货物申请书

8. “收货人；申请人”，正确的翻译为（　　）。

A. consignee；consignor　B. consignor；applicant

C. consignor；consignee　D. consignee；applicant

9. “PACKING LIST”，正确的翻译为（　　）。

A. 包装清单　B. 装货单　C. 理货单　D. 装箱单

10. FCL、LCL分别指（　　）。

A. 拼箱业务、自拼箱　B. 整箱业务、拼箱业务

C. 整箱业务、自拼箱　D. 自拼箱、拼箱业务

二、案例分析

1. 某国际货运代理企业经营国际集装箱拼箱业务，此时它是 CONSOLIDATOR，由于它签发自己的提单，所以它是无船承运人（以下称为无船承运人）。2004 年 9 月 15 日，该无船承运人在 KOBE 港自己的 CFS 将分别属于六个不同发货人的拼箱货装入一个 20ft 的集装箱，然后向某班轮公司托运。该集装箱于 2004 年 9 月 18 日装船，班轮公司签发给无船承运人 CY/CY 交接的 FCL 条款下的 MASTER B/L 一套；无船承运人然后向不同的发货人分别签发了 CFS/CFS 交接的 LCL 条款下的 HOUSE B/L 共六套，所有的提单都是清洁提单。2004 年 9 月 23 日载货船舶抵达提单上记载的卸货港。第二天，无船承运人从班轮公司的 CY 提取了外表状况良好和铅封完整的集装箱（货物），并在卸货港自己的 CFS 拆箱，拆箱时发现两件货物损坏。2004 年 9 月 25 日收货人凭无船承运人签发的提单前来提货，发现货物损坏。请问：

(1) 收货人向无船承运人提出货物损坏赔偿的请求时，无船承运人是否要承担责任？为什么？

(2) 如果无船承运人向班轮公司提出集装箱货物损坏的赔偿请求时，班轮公司是否要承担责任？为什么？

(3) 无船承运人如何防范这种风险？

2. 中国 A 贸易出口公司与外国 B 公司以 CFR 洛杉矶、信用证付款的条件达成出口贸易合同。合同和信用证均规定不准转运。A 贸易出口公司在信用证有效期内委托 C 货代公司将货物装上 D 班轮公司直驶目的港的班轮，并以直达提单办理了议付，国外开证行也凭议付行的直达提单予以付款。在运输途中，船公司为接载其他货物，擅自将 A 公司托运的货物卸下，换装其他船舶运往目的港。由于中途延误，货物抵达目的港的时间比正常直达船的抵达时间晚了 20 天，造成货物变质损坏。为此，B 公司向 A 公司提出索赔，理由是 A 公司提交的是直达提单，而实际则是转船运输，是一种欺诈行为，应当给予赔偿。A 公司为此咨询 C 货代公司。假如你是 C 货代公司，请回答 A 公司是否应承担赔偿责任？理由何在？B 公司可否向船公司索赔？

项目五

出口货物费用结算

任务1 货款结算方式选择

知识目标

- 掌握信用证种类、作用和信用证的收付流程。
- 熟悉汇付的特点、程序。
- 熟悉托收的程序以及托收的风险。

技能目标

- 能够合理选择出口货物货款结算方式。
- 能够画出信用证的收付流程图。

掌握贷款结算方式可以解决图5-1的烦恼。

图5-1 进出口商付款的烦恼

■ 知识准备

一、支付工具选用

国际贸易的收付采用现金的较少，大多使用非现金的信用工具金融票据来进行。金融票据是国际上通行的结算和信贷工具，是可以流通转让的债权凭证。国际贸易中使用的金融票据主要有汇票（Bill Exchange；Draft）、本票（Promissory Note）和支票（Cheque；Check），其中以使用汇票为主。

（一）汇票

1995 年 5 月 10 日公布的《中华人民共和国票据法》第 19 条规定：汇票是出票人签发的，委托付款人在见票时或者在指定日期无条件支付确定的金额给收款人或持票人的票据，其样本如图 5－2 所示。

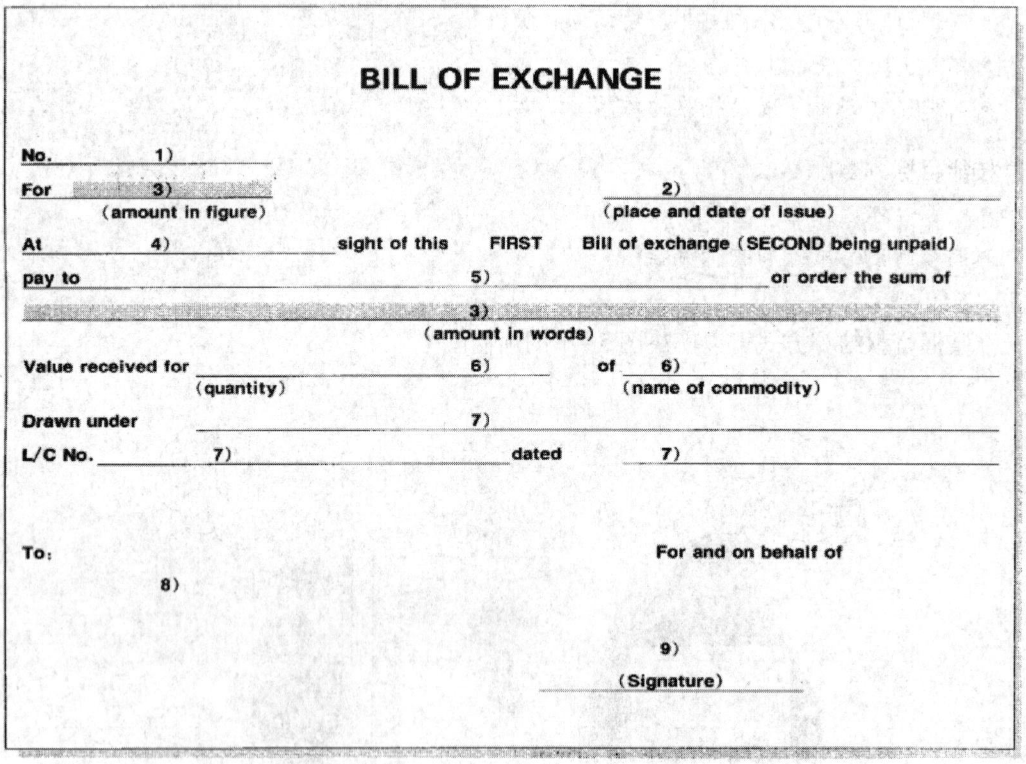

BILL OF EXCHANGE

No. 1)

For 3) (amount in figure)

2) (place and date of issue)

At 4) sight of this FIRST Bill of exchange (SECOND being unpaid)

pay to 5) or order the sum of

3) (amount in words)

Value received for 6) (quantity) of 6) (name of commodity)

Drawn under 7)

L/C No. 7) dated 7)

To: 8)

For and on behalf of

9) (Signature)

图 5－2 汇票样本

汇票的流通使用一般经过出票、背书、提示、承兑、付款等法定程序。

1. 出票

出票是把汇票投入流通区的第一个环节。出票包括两个内容：一是由出票人制作汇票，并在其上签名；二是将票据交给受款人。两个内容缺一不可，如果制好票据却不把它交给受款人，则该出票过程只完成了一半。

出票人在制作时必须按有关国家票据法的规定，把法定内容记载于汇票之上，才能产生法律效力。基本上它应包括以下项目：

（1）标明“汇票”字样。

（2）必须无条件支付一定的金额。汇票是一种无条件的支付命令，如果夹带某种附加条件付款人才予付款，则这就不能算作汇票。

（3）必须载明付款人的姓名。

（4）汇票的受款人。它可以有以下三种写法：

①限制性抬头（即受款人）：例如汇票上载明“仅付给A公司”（Pay A Co Only）或“付给A公司，不可转让”（Pay A Co not Transferable）。

②指示性抬头：例如汇票上载明“付给A公司或其指定人”（Pay to the order of A Co），这是使用最广泛的一种写法。

③来人抬头：汇票上不写明受款人的姓名，而只写上“付与持票人”（Payable to Bearer）字样。

（5）汇票的出票日期及地点。

（6）汇票的到期日，即汇票金额的支付日期。它可以有以下四种规定方式：

①定日付款：比如“在3月5日向约翰·琼斯付款”，这种形式极少使用。

②见票即付：即于持票人提示汇票时付款。

③出票日后定期付款：即从出票日后起算，于一定期间内（如一个月）付款。

④见票后定期付款：即从持票人提示汇票后起算，于见票后的一定期间付款。

（7）必须由出票人在汇票上签名。

由于目前尚无一广泛承认的国际性汇票公约，故各国对汇票的内容仍有很大分歧。为保险起见，最好将以上七项内容都载入汇票。

2. 背书

背书因签字多在汇票背面而得名，汇票的背书就是指持票人在汇票背面签名，并把它交给第三方的行为。按照各国的法律规定，除无记名汇票，记名性和指示性汇票都须以背书方式进行转让。

背书有两种效力：一是通过背书汇票上的权利便转移给了被背书人；二是当汇票被拒付或拒绝承兑，任何后手都有权向前手背书人进行追索。比如说，A把汇票背书转让给B，B再背书给C，C再背书给D，则A是B的前手，B是C的前手，C是D的前手；反之，D是C的后手，C是B的后手，B是A的后手。当D拿该汇票去向付款人索款时，D被拒绝，则D可以向A、B、C中的任何一位、两位或三位追索，请求偿还票据的金额。

背书有两种方式：

（1）记名背书。持票人在背书时，在汇票背面写上被背书人的姓名、商号，并签上自己的名字，然后将汇票交付给被背书人，汇票的转让即告完成。

（2）空白背书。又称无记名背书，背书人仅在汇票背面签上自己的名字，而不填写被背书人的姓名和商号名称。经空白背书的汇票可仅凭交付而转让，其效用与“来人抬头”汇票相同。

3. 提示

提示是指持票人向付款人出示汇票，请其承兑或付款的行为。持票人如要取得汇票金额的支付或承兑，必须将汇票向付款人做出正式的提示。

提示一般分为付款提示和承兑提示。一般而言，远期汇票都应先向付款人作承兑提示，到期时再作付款提示。即期付款的汇票，则只需作付款提示，而毋须作承兑提示。

4. 承兑

承兑是指汇票的付款人为了表示接受出票人的付款指示，同意承担支付汇票金额的义务，而将此意思表示以书面文字记载于汇票之上的行为。承兑的方式通常是由付款人在汇票正面横写“承兑”字样，注明承兑日期并签上自己的名字。

承兑的作用在于确定付款人对汇票金额的付款义务。因为汇票是由出票人（通常是卖方）的单方面行为，付款人对汇票的内容一无所知，所以未在汇票上签名的付款人是毫无责任的。只有当付款人在汇票上签字承兑之后，他才对汇票的付款承担法律上的责任。如果付款人拒绝承兑，则持票人不能对付款人起诉，而只能对其前手背书人或出票人进行追索。

5. 付款

付款是指汇票的持票人于汇票的到期日，向汇票的付款人提示汇票，要求支付汇票金额的行为。持票人必须在法定的时间内向付款人作付款提示。如果持票人不及时作付款提示，他即丧失了对出票人及其前手的追索权。汇票经付款人如数照付后，汇票上的一切债权债务关系即告消灭，付款人在付款时要求持票人在汇票上签名并注明“收讫”字样，并把汇票交给付款人。

（二）本票

本票是出票人约定于见票时或于一定日期，向受款人或其指定人支付一定金额的无条件的书面允诺。根据我国《票据法》规定，本票是出票人签发的，承诺自己在见票时无条件支付确定的金额给收款人或持票人的票据，本票的出票人必须具有支付本票金额的可靠资金来源，并保证支付。

本票的当事人只有两个，一个是出票人，一个是受款人。出票人也就是付款人，这是本票与汇票的根本区别。

本票与汇票在很多方面是相似的，例如，汇票中有关出票、背书、付款等规定，基本适用于本票。但是两者也有显著差别，首先，汇票有三个当事人，本票只有两个；其次，远期汇票必须经过承兑以后，才能确定付款人对汇票的责任，而本票的出票人本身就是付款人，所以毋须承兑，本票的出票人对本票债务承担绝对的偿付责任。

本票的使用在国际贸易中要大大少于汇票的使用。

（三）支票

支票是以银行为付款人的即期支付一定金额的支付证券。支票同汇票一样，也有三个当事人：出票人、付款人（一般是银行）、受款人。能领到支票本的人往往都是在某家银行存有一定金额的存款并有一定信誉，银行才会同意付款。

按照我国《票据法》规定，支票可分为现金支票和转账支票，用以支取现金或是转账，均应分别在支票正面注明。现金支票只能用于支取现金；转账支票只能用于通过银行或其他金融机构转账结算。但其他许多国家，支取现金或是转账，通常可由持票人或收款人自主选择，但一经划线只能通过银行转账，而不能直接支取现金。因此，就有“划线支票”和“未划线支票”之分。划线支票通常都在其左上角划上两道平行线。

二、信用证结算

目前，国际间常用的贸易结算方式主要有三种：汇付、托收和信用证。汇付就是进口商与出口商签订合同以后，出口商径自将货物发运给进口商，而进口商将应付的货款通过银行汇付给出口商。这种支付方式的特点是手续简单，费用省，但因为不是货款当面两讫，无法约束对方，所以在买卖双方互不了解和信任的情况下，很少使用。托收就是由出口商出具汇票，委托当地银行向进口商收取贷款的一种支付方式。这种支付方式比汇款方式安全得多，因为它是一手交钱，一手交单，而单据代表货权。但因为付款的基础仍然建立在商业信誉之上，万一进口商资信不可靠或者破产，出口商收款仍然得不到保障。而信用证是由银行提供付款保证的一种支付方式，付款是建立在银行信誉之上的。这对出口商来说，收款的风险就要小得多。因此，在国际贸易中，信用证是一种用途最广，也是最主要的支付方式。

（一）信用证

信用证（Letter of Credit）是一种银行的有条件的付款承诺。它是开证行根据进口商的要求和指示，作出的在满足信用证要求和提交信用证规定的单据的条件下，向出口商保证付款的一项约定。国际商会第600号出版物《跟单信用证统一惯例》（2007年修订本）指出，信用证是开证银行应开证申请人（进口人）的要求和指示，凭规定的单据，在符合信用证条款的条件下，向第三者（受益人）或其指定的人进行付款的凭证。

信用证结算，出口商只要提供了符合信用证规定的单据和履行了信用证条款，就有了收款保障，就能取得货款。进口商只要付了货款赎得单据，也就等于取得了货物。因此，信用证结算方式对于进出口商双方来说，都是一种较为有利和安全的支付方式。信用证有如下特点：

（1）信用证是银行信用。信用证不同于以商业信用为特征的其他付款方式，它是一种银行信用，信用证业务项下，开证银行是第一付款人，开证行对受益人的责任是一种独立的责任。

（2）信用证是一项自足的文件。信用证是进口合同中的付款方式，它是在进口合同的基础上产生的。但是，信用证一经开立就脱离了进口合同而独立存在。银行与产生信用证的进口合同无关，银行只按信用证的规定履行义务，不过问进口商和出口商之间的买卖合同。

（3）信用证是一种单据买卖。信用证方式下银行处理的是单据业务，实行的是凭单付款的原则。只要出口商提供的单据在内容上和份数上符合信用证的规定，银行保证付款。

（二）信用证种类

信用证从不同的角度可以分成若干种类。出口交易中比较常见的信用证有以下几种。

1. 根据是否需要受益人提供单据分类

（1）跟单信用证。指凭汇票和规定的单据付款的信用证。这些单据通常包括：证明货物已提交给承运人的收据，如提单、空运单或铁路运单、邮包收据或多式联运单据等，以及货物的保险单、商业发票、装箱单、产地证书、商检证书等，使用这种信用证可以确保在银行向受益人付款的时候，采购的货物已经发运。

（2）光票信用证。这是一种不附带任何商业单据的信用证，付款银行或议付银行在确认汇票上的签字和签字卡上的签字相同后，即向受益人付款。光票信用证与跟单信用证的区别在于光票信用证是贸易商使用的汇款工具，而跟单信用证是贸易上使用的支付工具，进口商开立的光票信用证通常用于预付货款的情况。

2. 根据开证银行的责任分类

（1）可撤销信用证。指开证银行应进口商的请求可以在信用证有效期内的任何时候修改或撤销信用证而无须事先通知受益人。可撤销信用证对受益人没有安全保障，但为进口商提供了很大的灵活性。由于这种信用证对受益人没有安全收汇的保证，所以这种信用证在国际间极少使用。

（2）不可撤销信用证。这种信用证在有效期内未经受益人及有关当事人的同意，开证银行不能修改信用证内容或撤销信用证。进口商也因此失去了必要的灵活性，因为不可撤销信用证一经开出，只要受益人提供的单据符合信用证规定，作为开证人的进口商不能阻止开证银行向受益人付款。

3. 根据信用证的付款期限分类

（1）即期信用证。即期信用证是指信用证的兑现方式是即期付款方式，进口商即期付款后即可取得全套商业单据。

（2）远期信用证。远期信用证指开证行收到信用证的单据后，等约定的付款期限届满履行付款义务的信用证。进口商在远期信用证项下，要想在规定的付款日期以前取得商业单据可以向开证行提前付款。

4. 根据运用方式的不同分类

（1）可转让信用证。指开证行开立的写明“可转让”字样、受益人可以全部或部分转让给第二受益人的信用证。可转让信用证只能转让一次，转让费由第一受益人负责，但可同时转让给一个或一个以上的第二受益人。

（2）不可转让信用证。凡信用证上未注明“可转让”字样，即受益人不能将信用证的权利转让给他人的信用证，都是不可转让信用证（Non - transferable L/C），实际业务中多数是这种信用证。

（3）循环信用证。是指当受益人全部或部分用完信用证内的金额后，其金额能恢复到原金额，而再次被受益人使用，甚至可以多次使用，直至达到规定次数或累计总金额为止。循环信用证与一般信用证的不同之处就在于前者可多次循环使用，而后者则在一次使用后即告失效。循环信用证适用于分批均匀交货的长期供货合同。

5. 根据使用方法的分类

（1）议付信用证。指信用证条款规定某一个银行或者任何银行都可以议付的信用证，如果议付信用证项下的货款是在受益人所在国家议付，进口商不负担议付费用。

（2）承兑信用证。信用证指定的付款人对远期汇票承兑的一种信用证，使用承兑信用证一般是远期付款的合同，进口商不承担受益人的贴现费用，承兑信用证的目的是给进口商提供融通资金的时间，如果进口商能在到期付款前出售货物，就可以利用货款支付汇票而不占用自己的资金。

（3）付款信用证。指开证行向受益人保证当受益人提交的单据符合信用证规定时银行保证付款，付款信用证又分即期付款信用证和远期付款信用证两种。

【例5-1】某出口公司收到一份国外开来的不可撤销信用证，该公司按信用证要求将货物装出，但在未将单据交当地银行议付前，突然接到开证行的通知说开证人已倒闭，因此开证行不再承担付款责任。问出口公司应该如何处理?

分析：仍然可以向开证行索取货款。因为开证人的倒闭是开证行与开证人之间的事情。按信用证规定，只要出口人所提交的单据表面上符合信用证的规定，开证行（或指定的偿付行）就必须支付货款。

（三）信用证当事人

1. 开证申请人（Applicant）

开证申请人一般来说都是进口商。在开立信用证之前，买卖双方已签有合同，这个合同是买卖双方之间的一种契约。所以进口商首先受买卖合同的约束，他必须严格遵守合同条款，在合同规定的期限内，向当地一家银行提出开立信用证的书面申请，所开立的信用证内容必须与合同内容一致，信用证必须于装期前到达卖方手中，使其有足够的时间备货订舱。其次，进口商又受开证申请书的约束。开证申请书是进口商与开证行之间的一种契约，在开证行向受益人履行付款并通知进口商备款赎单后，进口商应根据开证申请书上的规定，毫不迟疑地前去付款赎单。但是，如果发现单证、单单不一致时，可拒赎单据。但如果事后发现货物与信用证的要求不符时，则不能向开证行追究责任。因为信用证项下的结算，银行是只管单据，不管货物。

2. 开证行（Issuing Bank）

开证行接受了进口商的开证申请后，应按照开证申请书上的条款，正确及时地开出信用证。而信用证是开证行向受益人作出的有条件的（单证一致、单单一致）付款承诺，开证行负有第一性的付款责任。所以，当开证行收到与信用证条款完全一致的单据后，应立即向受益人付款。即使进口商已倒闭无力偿付，开证行也不能推卸付款责任。但是，当开证行已履行付款而进口商却无法赎单时，开证行有权处理货物，当处理货物的款项还不足以抵销开证行的付款额时，开证行仍有权向进口商追回不足部分。开证行在收到单据后，有义务在合理时间内处理完单据，如经审核后未发现任何不符，就应马上对受益人付款，并通知进口商赎单。如发现有不符，则应及时快捷地通知受益人，并说明原因和妥善保管好单据。综上所述，开证行既受开证申请书的约束，即应及时正确地开出信用证；又受信用证保证条款的约束，即履行其对受益人付款的承诺。

3. 受益人（Deneficiary）

买卖合同是开证申请人与受益人之间的一个契约，所以双方都应遵守合同条款。受益人在收到信用证之后，应将信用证内容逐一与合同内容核对。如发现有与合同内容不一致的条款或无法履行的条款，可以向进口商提出修改要求。如接受信用证全部条款，则应马上备货订舱，使货物在信用证规定的装期内装运，同时配齐信用证规定的所有单据，并在有效期内提交给银行。尽管信用证是开证行向受益人作出的一种付款承诺，但开证行的付款是有条件的，即提交与信用证条款完全相符的单据。所以受益人提交的单据，既要在名称上符合信用证的规定，又要在内容上与信用证的要求一致，只有这样，收款才有保障，受益人也有在开证行无力付款的情况下，直接向进口商索要货款的权利。这是因为开证行只是开证申请人的付款代理，最终付款人还是开证申请人。且按照合同规定，只要受益人提交了与信用证要求一致的单据，开证申请人就必须付款赎单。

4. 通知行

一般来说，信用证业务程序应该是由开证申请人提出开证申请，开证行开立信用证后直接将其寄给受益人。受益人接证后，开始备货出运，然后将全套单证送交开证行。开证行验单后，即对受益人付款，同时通知开证申请人赎单。开证申请人接到通知后赎单提货。但在实际国际业务中，往往还要介入其他一些银行。例如，通知行（Advising Bank）。在现在的信用证业务中，开证行几乎都将所开立的信用证寄给它在出口地的一家代理行，由这家代理行将信用证通知给受益人，这家将信用证通知给受益人的银行就是通知行。之所以要介入这家银行，是因为通知行是开证行的代理银行，它有开证行的印鉴和密押。受益人一般对当地的银行比较了解和熟悉，而对进口地银行比较生疏，有时连进口地有哪些银行心中也无数。由通知行通知信用证，可经过核对印鉴和密押来鉴别信用证的真实性。这对受益人来说，可避免收到假信用证而造成经济损失。而由开证行直接将信用证开给受益人的活，假信用证就会乘虚而入。受益人无法辨别一张信用证是开证申请人委托的开证行开来的真信用证，还是冒开证行之名或子虚乌有的一家银行开来的假信用证。所以，由出口地银行充当通知行对受益人来说，十分必要。

5. 议付行

一般情况下，通知行又往往受开证行的邀请，充当议付行（Negotiating Bank）。在开证行没有指定某家银行为议付行时，出口地的任何一家银行均可充当议付行。议付就是指收到出口商交来的全套单证的银行，经对该套单据进行审核，确认单单、单证相符后，对出口商预垫货款的行为。议付行每议付一笔单据，就收取一笔手续费。议付行垫了款，等于买进了单据，具有了持票人的地位，同时又掌握了货权，在它的垫款得不到偿付的时候，它既可向受益人追索所垫的款，也可以处理货物和单据。

按照信用证原理，受益人可直接向开证行交单取款，为什么又要介入出口地的一家银行来议付单据呢？因为这对受益人来说，有两方面的有利因素：一是由当地银行议付单据，受益人不仅交单方便，而且一旦议付行审出单据上的差错时，受益人更改也极为便利。二是单据交给当地银行议付，如果经银行审核后认为单证完全相符，受益人马上就能取得议付行垫付的货款，对加速他的资金周转大有好处。

6. 付款行

有的开证行还会在信用证中，指定通知行或其他某一银行为付款行（Paying Bank），对受益人交来的单据，经审核确认单证相符以后，实行付款。对受益人来说，这种信用证更为有利。付款与议付的不同之处在于：第一，议付是有追索权的，即议付行在垫付的货款得不到偿付的时候，可以向受益人追索，而付款是无追索权的。因为付款行的付款是最终付款。第二，正因为付款行的付款是无追索权的，风险要比议付行的议付大得多，所以付款的费用要比议付的费用高。

7. 保兑行

通知行有时也受开证行的邀请，充当保兑行（Confirming Bank），当然也有开证行邀请通知行之外的另一家银行为保兑行的。保兑行对信用证的付款具有与开证行相同的责任。对受益人来说，加具了保兑的信用证，等于有了双重的（两家银行的）付款承诺，收款更有保障。

8. 偿付行

如果开证行与议付行无账户关系，它会指定另一家与它有账户关系的银行充当偿付行（Reimbursing Bank），代其向议付行偿付垫款。在整个信用证业务中，偿付行仅仅是开证行的偿付代理而已。

（四）信用证的收付流程

信用证类型不同，其收付程序的具体做法有所不同，但其基本环节大致相同，如图5－3所示，具体流程说明如下：

（1）进出口双方在合同中规定以信用证方式付款。

（2）进口商按合同规定向当地银行提出申请，填写开证申请书，并缴纳押金或提供其他担保，要求开证行开证。

（3）开证行按申请书内容开立信用证，并寄交通知行办理信用证的通知事宜。

（4）通知行核对印鉴或密押无误后，将信用证传递给受益人。

（5）受益人审核信用证与合同相符后，备货装运，并备齐各种出口单据，开具汇票，在信用证有效期内向议付行议付。

（6）议付行审单无误后，向受益人承兑或垫付货款，即按汇票金额扣除利息等费用后付款给受益人。

（7）议付行将汇票和单据寄付款行索偿。

（8）付款行审单无误后偿付议付行。

（9）开证人审单无误后，向付款行付款赎单。

【例5－2】出口人收到由进口人或开证行直接寄来的信用证怎么办？

分析：信用证的流转渠道有三种：①开证行寄交受益人；②开证申请人直接寄交受益人；③开证行通过受益人所在地银行（即通知行）转交受益人。在信用证业务中，绝大部分是采用第三种。

信用证是银行付款的保证，每份信用证都须由银行负责人签署（即印鉴），如是电开则必须有密押。印鉴和密押是判别信用证真伪的唯一根据。银行和银行间建立业务关系时，都要互换印鉴和密押存查。

出口人收到由进口人直接寄来的信用证，无法核对其印鉴和密押，也就是说无法判断来证是真是假。因此，出口人应立即送请开证行在出口地的关系银行核对印鉴和密押。只有在银行证实是真的情况下，才能组织装运。同时，还应去函对方，请他今后将信用证通过中国银行或其他外汇银行转交，以免耽误交货时间。

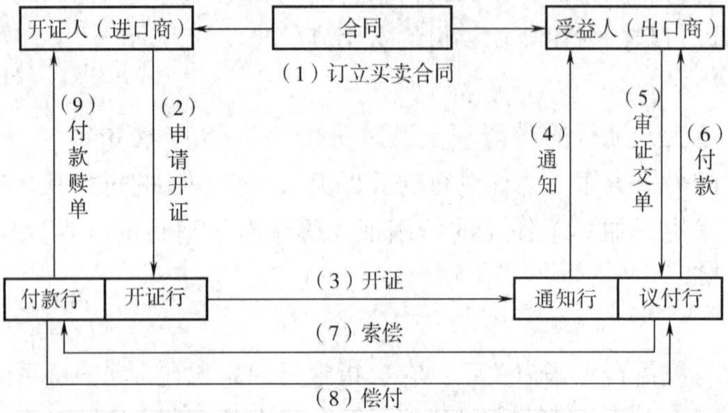

图5－3　信用证收付程序示意图

【例5－3】国外一家贸易公司与我国某出口公司订立合同，购买小麦500t。合同规定，2012年1月20日前开出信用证，2月5日前装船。1月28日买方开来信用证，有效期至2月10日。由于卖方按期装船发生困难，故电请买方将装船期延至2月17日并将信用证有效期延长至2月20日，买方回电表示同意，但未通知开证银行。2月17日货物装船后，卖方到银行议付时，遭到拒绝。

问题：（1）银行是否有权拒付货款？为什么？

（2）作为卖方，应当如何处理此事？

分析：（1）银行有权拒绝议付。理由如下：根据《UCP 600》的规定，信用证虽是根据买卖合同开出的，但一经开出就成为独立于买卖合同的法律关系。银行只受原信用证条款约束，而不受买卖双方之间合同的约束。合同条款改变，信用证条款未改变，银行就只按原信用证条款办事。买卖双方达成修改信用证的协议并未通知银行并得到银行同意，银行可以拒付。

（2）作为卖方，当银行拒付时，可依修改后的合同条款，直接要求买方履行付款义务。

三、汇付

汇付又称汇款，指付款人通过银行或其他途径将款项汇交收款人，将货款通过银行汇交给卖方。例如合同规定："买方应于2015年8月28日前将全部货款用电汇（信汇/票汇）方式汇付给卖方"，"合同签署后30天内，买方应以电汇方式付给卖方合同价格的10%（4200美元）"。

在汇付业务中，通常涉及四个当事人，分别是：

（1）汇款人（Remitter），通常是进口人。

（2）收款人（Payee or Beneficiary），通常是出口人。

（3）汇出行（Remitting Bank），受汇款人的委托汇出款项的银行，通常是进口地的银行。

（4）汇入行（Paying Bank），即受汇出行委托解付汇款的银行，又称解付行，通常是出口地的银行。

如果汇入行与汇出行之间没有建立直接账户，则还须其他的代理行参与。

（一）汇付的方式和程序

汇付可分为信汇、电汇和票汇三种。

1. 信汇（Mail Transfer，M/T）

信汇指汇出行应汇款人的申请，将信汇委托书寄给汇入行授权解付一定金额给收款人的一种汇款方式。优点是费用较为低廉，但收款人收到汇款的时间较迟。

2. 电汇（Telegraphic Transfer，T/T）

电汇指汇出行应汇款人的申请，拍发加押电报、电传给在另一国家的分行或代理行（即汇入行）指示解付一定金额给收款人的一种汇款方式。优点是收款人可迅速收到汇款，但费用较高。

信汇和电汇的业务程序见图 5－4。

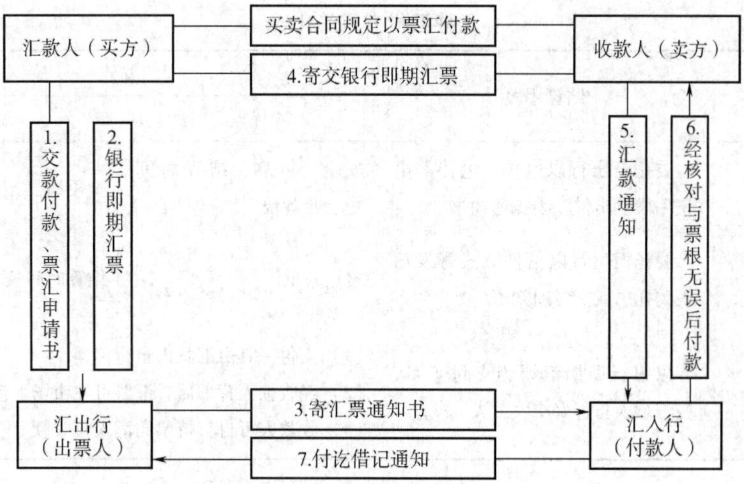

图 5－4　电汇/信汇程序图示

3. 票汇（Remittance by Banker's Demand Draft，D/D）

票汇指汇出行应汇款人的申请，代汇款人开立以其分行或代理行为解付行的银行即期汇票（Banker's Demand Draft），支付一定金额给收款人的一种汇款方式。

票汇使用的票据主要有三种：汇票、本票、支票，其中使用最多的是汇票。

汇款人出具汇款申请书。申请书是汇款人和汇出行之间的一种契约。汇出行一经接受申请，就有义务按照汇款申请书的指示通知汇入行。汇出行与汇入行之间事先订有代理合同，在代理合同规定的范围内，汇入行对汇出行承担解付汇款的义务。

票汇的业务程序见图5－5。

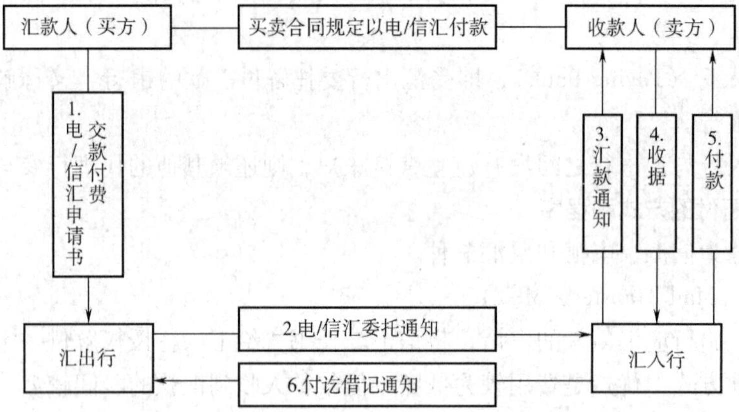

图5－5　票汇程序图示

票汇与电汇、信汇的不同在于：票汇的汇入行无须通知收款人取款，由收款人持票登门取款；这种汇票经收款人背书，可以转让流通，而电汇、信汇的收款人则不能将收款权转让。三种汇付方式的比较见表5－1。

表5－1　　三种汇付方式的比较

汇付方式	结算手段	特点	
		优点	缺点
电汇（T/T）	委托汇出行以电报、电传等电讯手段发出付款委托通知书	安全、可靠、结算时间短、收款快	费用高
信汇（M/T）	委托汇出行以信件方式寄发信汇委托书或支付通知书	费用较低	结算时间长、收款慢
票汇（D/D）	以银行即期汇票为支付工具、由汇款人自行寄交收款人	（1）支付工具由汇款人自行传递 （2）经收款人背书后，汇票可在市场上流通 （3）收款人可自行持票向汇入行收款	

（二）汇付的特点

1. 风险大

对于货到付款的卖方或对于预付货款的买方来说，能否按时收汇或能否按时收货，完全取决于对方的信用。如果对方信用不好，则可能钱货两空。

货到付款（Payment after Arrival of the Goods）指出口方在没有收到货款以前，先交出单据或货物，然后由进口方主动汇付货款的方法。这种方法实际上是一种赊账业务（Open Account Transaction）。出口方在发货后能否按时顺利收回货款，取决于买方的信用。因此，除非进口方的信誉可靠，出口方一般不宜轻易采用此种方式。

预付货款（Payment in Advance）指在订货时汇付或交货前汇付货款的办法。预付货款对出口方来说有预先得到一笔资金的明显好处。但对进口方来说，却要过早地垫出资金，承担出口方延迟交货和不交货的风险。因此，这种付款方式不易被普遍接受，只能在个别小额交易中采用。

2. 资金负担不平衡

对于货到付款的卖方或预付货款的买方来说，资金负担较重，整个交易过程中需要的资金几乎全部由他们来提供。

3. 手续简便，费用少

汇付的手续比较简单，银行的手续费用也较少。因此，在交易双方相互信任的情况下，或在跨国公司的各子公司之间的结算，可以采用汇付方式。

四、托收

托收（Collection）是指由卖方发货后根据发票金额开立汇票，委托银行或其他途径向买方收款。在国际业务中，托收一般是通过银行进行，因此又称银行托收。

（一）托收的种类

银行托收的基本做法是：卖方在货物装船并取得装运单据后，根据发票金额主动开立汇票，连同装运单据，交给银行（托收行 Collection Bank），由银行根据卖方填写的委托申请书规定的条件，通过其国外代理行（Foreign Agent Bank）（或往来行、代收行）向买方收取货款。

托收可根据汇票是否附有货运单据，分为光票托收和跟单托收两种。光票托收一般使用在合同尾数、佣金、样品费等款项的收取，不是主要方式。

国际业务中的货款托收一般是应用跟单托收。托收方式根据代收行向进口方交单条件的不同，可分为以下两种。

1. 付款交单（Docunments Against Payment，D/P）

付款交单是指委托人（Principal 卖方）在托收时指示托收行，只有在买方付清货款时才交出单据。在这种方式下，买方只有按照规定付款，才能取得装运单据，转售或领取货物。付款交单还可分为即期付款交单和远期付款交单两种。

（1）即期付款交单（D/P Sight）是指由卖方开具即期汇票，银行向买方提示，买方见票后即需付款，并在付清货款时领取单据。

（2）远期付款交单（D/P After Sight 或 After Date）是指卖方开具的是远期汇票，通过代收行向买方提示，由买方承兑，待汇票到期时付款赎单。

上述说明，不论是即期付款交单或是远期付款交单，进口人都必须在付清货款之后，才能取得单据，提取或转售货物。在远期付款交单的条件下，如果付款日期和实际到货日期基本一致，仍不失为对买方的一种资金融通，他可以不必在到货之前，就提前付款而积压资金。但是如果付款日期晚于到货日期，则买方在没有付清货款以前，仍然无法取得货物。

在这种情况下，买方为了抓住有利行市，不失时机地转售货物，可以采取两种做法：一是提前付款赎单，在这种情况下，买方一般可因提前付款而享受一定的现金折扣，即扣除提前付款日至原定付款日之间的利息；二是凭“信托收据”借单，信托收据（Trust Receipt）是进口人向银行出具的一种信用担保文件，表示愿意以银行受托人的身份代银行提货、报关、存仓、出售货物，并承认货物的所有权属于银行，货物出售后交银行保管。这种情况风险由代收行承担。还有一种信托收据的情况是，出口商授权银行凭信托收具借单，即所谓远期付款交单凭信托收据借单（D/P · T/R），则出口商自己承担风险。

2. 承兑交单（Documents Against Acceptance，D/A）

承兑交单是指卖方交单是以买方承兑汇票作为条件。买方承兑汇票即可从代收行取得单据，提取货物，待汇票到期时方履行付款，由于只有远期汇票才需承兑，所以承兑交单只适用于远期汇票的托收。

此外，目前西方国家的托收业务中，不使用汇票，单凭发票和装运单据收款的做法已日见增多，这是一种值得注意的动向。

【例 5 - 4】某出口企业有三笔业务，付款方式为：（1）D/P 见票 30 天；（2）D/A 见票 30 天；（3）D/P 见票 30 天，凭信托收据借取单据。

以上三笔业务，国外客户均于 8 月 1 日办理了除付款以外的各项手续，问各可在何日取得货运单据？

参考：（1）在 8 月 31 日前（包括当天）付清货款后；

（2）8 月 1 日；

（3）8 月 1 日借得货运单据。

（二）托收的程序

由于使用的结算工具的传送方向与资金的流动方向相反，所以，托收属于“逆汇”。即期付款交单、远期付款交单一般业务程序如图 5 - 6 所示。

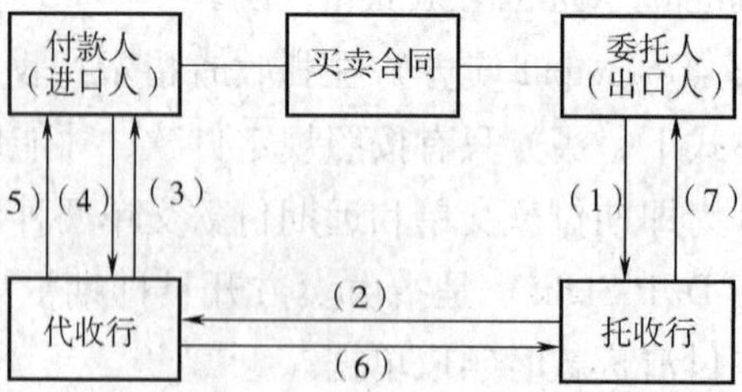

图 5 - 6　托收业务程序图示

1. 即期付款交单的程序

（1）出口商按合同规定装货后，填写托收申请书，同时开立以进口商为付款人的即期汇票，连同货运单据（也可以不交单据，仅将汇票）送交托收行，委托其收款。

（2）托收行以托收申请书为依据，缮制托收委托书，将委托书和汇票、货运单据寄交代收行委托其代收。

（3）代收行按委托书的指示向进口商提示。

（4）进口商审单无误后付款给代收行。

（5）代收行交单。

（6）代收行办理转账并向托收行发出付讫通知。

（7）托收行将货款交给出口商。

2. 远期付款交单程序

（1）出口商按合同规定装货后，填写托收申请书，同时开立以进口商为付款人的远期汇票，连同货运单据送交托收行，委托其收款。

（2）托收行以托收申请书为依据，缮制托收委托书，将委托书和汇票、货运单据寄交代收行委托其代收。

（3）代收行按委托书的指示向进口商提示。进口商审核无误后承兑，代收行收回汇票与单据。

（4）进口商到期付款。

（5）代收行交单。

（6）代收行办理转账并向托收行发出付讫通知。

（7）托收行将货款交给出口商。

3. 承兑交单的程序

（1）出口商按合同规定装货后，填写托收申请书，同时开立以进口商为付款人的远期汇票，连同货运单据（也可以不交货运单据，仅将货运单据）送交托收行，委托其收款。

（2）托收行以托收申请书为依据，缮制托收委托书，将委托书和汇票、货运单据寄交代收行委托其代收。

（3）代收行按委托书的指示向进口商提示。进口商审核无误后承兑，代收行收回汇票。

（4）代收行将货运单据交给进口商。

（5）进口商到期付款。

（6）代收行办理转账并向托收行发出付讫通知。

（7）托收行将货款交给出口商。

（三）托收的性质及风险

从上述各种托收的做法，不难看出，在进行一笔托收业务时，至少要有四个关系人，即委托人（卖方）、托收行（出口地银行）、代收行（进口地银行）和付款人（买方）。

委托人和托收银行的关系是委托代理关系。委托的内容及双方的责任范围都体现在委托人填写的托收申请书中。托收银行接受托收申请书后，就构成双方之间的合同关系。

托收行和代收行之间的关系同样也是委托代理关系。它们之间通常订有代理合同，规定双方委托代办的范围和一般条款。至于每笔委托业务的具体事项，则根据托收行对代收行发出的托收委托书办理。

付款人与代收行之间不存在任何合同关系。付款人（通常为买方）向代收行付款，并不是基于他与银行之间存在任何合同关系，而是出于他与出口人所签订的买卖合同。因此，付款人如果拒付，代收行不能直接追偿，也不能以代收行身份的名义对付款人提起诉讼，只能把拒付的情况通知委托人，由委托人根据买卖合同，直接与付款人办理交涉。

以上各方当事人的关系说明，托收虽然是通过银行办理，但是，银行只是作为卖方的受托人行事。因此，它并没有承担付款的责任，不过问单据的真伪，如无特殊约定，也不对已到达目的地的货物负提取和看管的责任。由此可见，托收这种支付方式仍然是建立在商业信用基础上的。毋庸讳言，托收方式是有一定风险的，为了保证收汇的安全，使对外贸易企业能按时收回货款，在使用托收这种方式出口时，仍需注意下列几个问题：

（1）必须注意了解进口商的资信情况，成交金额不宜超过其经营能力和信用程度。

（2）必须根据各种商品的具体情况考虑，托收一般比较适用于市场价格相对平稳，品质比较稳定，交易金额不太大的商品。

（3）必须注意了解进口国家的外汇管制规定，防止货到目的地后不准进口或收不到外汇而造成损失。

（4）必须了解有关国家的银行对托收的规定和习惯做法。国际上处理托收业务的主要根据是1979年1月1日生效的国际商会《托收统一规则》。但是，某些地区、某些国家的银行仍有一些特殊的规定和做法，例如，拉丁美洲许多国家的银行对于托收的汇票，不论是付款交单或承兑交单，一律在货到后才提示付款或承兑。中东一些国家的银行，也有类似规定。

（5）必须加强核算，在使用远期托收时，应当根据国际上的习惯做法，规定适当的利息，或适当提高出口价格，以弥补晚收汇的利息损失。

【例5-5】某贸易公司向国外某客商出口货物一批，合同规定的装运期为2014年6月，D/P方式付款。合同订立后，我方及时装运出口，并收集好一整套结汇单据及开出以买方为付款人的60天远期汇票委托银行托收货款。单证寄抵代收行后，付款人办理承兑手续时，货物已到达目的港，且行情看好，但付款期限未到。为及时提货销售取得资金，买方经代收行同意，向代收银行出具信托收据借取货运单据提前提货。不巧，在销售的过程中，因保管不善导致货物被火焚毁，付款人又因其他债务关系倒闭，无力付款。问：在这种情况下，责任应由谁承担？为什么？

分析：责任应由代收行承担。因为，在D/P 60天结算方式下，代收行的交单应以付款人的付款为条件。而本案中，代收行在付款期限未到，买方向其出具信托收据（T/R）的情况下，将提货单借给提货人提货，此行为的风险由代收行承担。

任务2 制单结汇

知识目标

- 熟悉出口制单的基本要求。
- 掌握出口货物相关的单据样本。
- 掌握常见的结汇方式。

技能目标

- 能够将所有货物出口的单据列举并分类。
- 能够制作海运提单、保险单等重要的单据。

■ 知识准备

一、制作单据

在货物装运后，出口企业应立即按照信用证规定，正确缮制各种单据（有关的单据和凭证在货物装运前就应准备好），并在信用证规定的交单到期日或以前，将各种单据和必要的凭证送交指定的银行办理要求议付手续，并向银行进行结汇。

（一）出口制单的基本要求

现代国际实务中绝大部分都采用以单据买卖为核心的“象征性交货”方式。在这种“象征性交货”条件下，卖方以提交规定的单据作为其履行交货义务的象征和收取货款的依据，在出口业务中做好单据工作，对及时安全收汇有特别重要的意义。在信用证业务中，由于银行只凭信用证，不管买卖合同，只凭单据，不管货物，对单据的要求就更为严格。

对于出口单据的基本要求，可以用“正确、完整、及时、简明、整洁”十个字来归纳。

1. 正确

制作的单据必须正确，才能保证安全和及时收汇，在信用证方式下，单据的正确性集中体现在“单证一致”和“单单一致”，即单据应和信用证条款的规定相一致，单据和单据之间应彼此一致。此外，还应该注意单据的描述与实际装运的货物相一致，这样，单据才能真正地代表货物。

2. 完整

单据的完整是指信用证规定的各项单据必须齐全，不能失缺，单据的种类、每种单据的份数和单据本身的必要项目内容都必须完整。

3. 及时

制作单据必须及时，并应在信用证规定的交单到期日和《UCP 600》规定的交单期限内将各项单据送交指定的银行办理议付手续。如有可能，最好在货物装运前，先将有关单据送交银行预先审核，以便有较充裕的时间来检查单据，提早发现其中可能存在的差错并进行改正。或者，在必要时，也可及时与进口商联系修改信用证，避免装运出口后因单证不符而被拒付。

4. 简明

单据内容应按信用证和《UCP 600》的规定务实填写，力求简单明了，切勿加列不必要的内容，以免弄巧成拙。

5. 整洁

单据的布局要美观、大方，缮写或打印的字迹要清楚，单据表面要洁净，更改的地方要加盖校对章。有些单据例如提单、汇票以及其他一些重要单据的主要项目，如金额、件数、数量、重量等，不宜更改。

（二）常用的出口单据

出口单据的种类很多，究竟需提交哪些单据，其内容、份数和制作方法如何，应按照不同的买卖合同和信用证规定。在信用证方式结算货款的交易中，提交的单据则必须与信用证条款的规定严格相符。

信用证项下的单据种类很多，出口单证通常包括汇票、发票（如商业发票、海关发票、厂商发票、领事发票等）、提单、保险单、装箱单、重量单、检验证书、产地证明、普惠制产地证等。在《UCP 600》中提到的单据除汇票以外比较重要的还有发票、提单、保险单和产地证明书等。

1. 汇票（Bill of Exchange，Draft）

（1）付款人。采用信用证支付方式时，汇票的付款人应按信用证规定填写。如果来证没有具体规定付款人名称，可以理解为就是开证银行。托收时，应填写为进口人。

（2）受款人。汇票的受款人应为卖方的出口公司，个别来证另有规定的例外。如为托收，受款人可填写为托收行。

（3）开具汇票的依据。指汇票的出票条款。如系信用证方式，应按来证的规定文句填写；如信用证没有具体的文句规定，可在汇票上注明开证行名称、地点、信用证号码、开证日期。如系托收方式，汇票上可注明有关合同号码或留空。

（4）汇票金额。除非来证允许有一定的增减幅度或有“约”字样外，一般不得超过信用证开列金额，并且应与发票金额一致；只有要扣掉佣金时才不一致。汇票的大小写金额要一致。

（5）汇票的份数。一般为一式两份，均具同等效力；其中一份付讫，另一份自动失效。

（6）汇票日期已定时，发票日期一般不得迟于汇票日期。

（7）汇票一定要加盖公司章。

2. 发票（Invoice）

发票种类较多，除了通常所说的商业发票以外，还有海关发票、领事发票、厂商发票等。

（1）商业发票（Commercial Invoice）。商业发票又称“发货单”，是出口人对进口人开立的发货价目清单，是装运货物的总说明。其主要作用是便于进口人核对已装运的货物是否符合买卖合同的规定，在信用证方式下，便于银行核对所显示的货物是否与信用证条款的规定相一致。发票全面反映了交付货物的状况，是各种单据的中心单据，是出口人必须提供的主要单据之一。

商业发票作为卖方开立的载有发货人和收货人名称、装运工具、合同号码、起讫地点以及品名、数量、单价、金额等内容的清单，是双方交接货物、结算货款的主要单证，也是进出口报关完税必不可少的单证之一。商业发票虽然没有统一的格式，但主要内容基本相同，除了上面提到的内容外，发票编号、开票日期、卖方公章、签开人、付款条件等也是不可少的，此外，发票下端通常还印有“有错当查（E. &O. E）”的字样。应予注意的有：

①收货人：一般是买方，如属信用证方式除少数来证另有规定外，收货人应填开证申请人或来证开证人。

②有关货物的品名、数量、规格、单价、总计金额：如是信用证方式，必须两者完全一致，注意不得更改、遗漏和增项。如信用证没有详细规定，为明确起见，可以加注品名、规格，但不能有影响货物品质的词句如“次品”“二等品”等，但加注内容（如商品数量）不得与信用证内容矛盾，如超量或不足要查看来证是否允许溢短装或有“大约”字样，否则仍受国外开证行的挑剔（如认为单、证不符）而拖延甚至不予付款。

③如来证规定或客户要求在发票上列出船名、原产地、生产企业名称、进口许可证号码等，只要符合合同、符合事实，一般照办。

④如来证或合同规定的单价中含有“佣金”，发票得照样填写，不能以“折扣”“现金折扣”或“贸易折扣”等代替而易产生混淆；反之，亦然。同理，如来证或合同规定有“现金折扣（Cash Discount）”的字样，在发票上也得原名照列，不能只写“折扣（Discount）”，更不能代之以“贸易折扣（Trade Discount）”等字样，因为这些名词的含义是不同的。

⑤发票的总金额：如系信用证支付，发票所开的总金额不能超过信用证之最高金额。按银行惯例，开证行可以拒绝超过信用证开列金额的发票。单价也要按信用证中价格条款照打不能省略，如 CIF X %、CIF Incl. Packing 、CIF Line Terms 等。

⑥如信用证内规定了“选港资（ Optional Charges）”“港口拥挤费（Port Congestion Changes）”或“超额保险费（Additional Premium）”等费用为买方负担，并允许凭本信用证支取的条款，可在发票上将各项有关费用一一开列，加在总值内，一并向开证行收款。如信用征未作上述说明，即使合同中有此约定，也不能开列、支取，除非客户同意并经开证行加注上述内容；否则，只能按照合同另行制单罗列上述费用，办理托收。

⑦如来证要求在发票上加注“证明所列内容真实无误”或称“证实发票（Certified Invoice)”“货款已收讫”或称“收妥发票（Receipt Invoice)”或有关出口人国籍、原产地证明等文句时，只要可能、不违背我国方针、政策，可酌情处理之。

⑧出具“证实发票”时，应将发票的下端通常印有的“有错当查（E. &O. E)”的字样删去，以免自相矛盾。“有错当查”是一种预先申明、防备万一发生差错时，便于改正。

⑨发票上的商品数量也要和提单、保险单等其他单据上的数量一致。

⑩如来证上所使用的货币与合同单价所标的货币不一致时，发票应按原单价计算，最后再将总金额折合成来证上所使用的货币，注意比率要合理。

最后，为了精简单证，如来证并无特别规定要求产地证、装箱单时，可联合在发票上，这就是所谓的“联合发票”。

（2）海关发票（Customs Invoice)。海关发票是国家海关制定的，要求外国出口人填写，以用作海关统计、估价完税、征收差别关税以及核查该类商品在卖方国内的市价而决定是否征收反倾销税的依据。要求卖方填报海关发票的国家目前有美国、澳大利亚、加拿大、新西兰、加纳以及东、西非的一些国家，但名称不一致。

（3）领事发票（Consular Invoice)。有些国家如拉丁美洲、菲律宾等国规定，凡输往该国的货物，国外卖方必须向该国海关提供经该国领事签证的发票，有的是固定格式型的，有的是在商业发票上有领事签证就行。所以，领事发票又称“领事签证书”。

领事发票的主要目的是为进口国核定人口税的依据，与海关发票基本类似。各国领事在签发领事发票时，均需收一定的签证费，故如国外来证要求我方提供领事发票的，一般不接受，或由银行注明当地无对方领事馆机构，争取取消，让对方改证。当然，如经两国政府协商同意，或可由我方贸易促进会签证的，按我国有关主管部门的规定办理。

（4）厂商发票（Manufacture's Invoice)。这是出口货物的制造厂商所出具的发票，以本国货币来计算价格的，用以证明出口国国内市场的出厂价格的发票。其目的也是供进口国的海关估价、核税，以及确定是否征收反倾销税，厂商发票与海关发票相类似。如国外来证向我方要求厂商发票时，可按照海关发票有关国内价格的填制办法处理之。

3. 提单（Bill of Lading)

提单是结汇单据类中的主要单据，单据随不同的运输方式而有所差异，海洋运输时大都使用海运提单，在我国，海运提单通常由运输代理制作，在货物装船后由船公司签署后交出口企业。提单的种类很多，比如海运提单、铁路运单、航空运单、承运收据、邮件提单、多式联运提单、装船提单、备运提单、清洁提单、不洁提单等多种提单，应按照来证要求的种类提供。

（1）托运人。来证如无特别规定，应填写受益人名称（即货主名称）；来证如规定以第三者为发货人时，可填写我方运输单位如对外贸易运输公司。

（2）收货人（Consignee，抬头人，受托人）。这一栏目的填写关系到提单的权益和转让，关系到转让的手续，所以要仔细。

(3) 提单通知栏的填写 (Notify)。如来征求规定“被通知人”，提单的正本可不必填写；但不论来证有无规定，在提单的副本上均应将被通知人买方的名称、详细地址全部填写上。

(4) 提单的货物名称。提单上的货物名称虽然可以用概括性的商品统称，不必列出详细规格，但应注意不能与来证所规定的货物名称、特征相抵触。

(5) 目的港。提单上的目的港，原则上应和运输标志上所列的内容一致。

如来证规定在某地转船时，应在提单上加注转船地点，或由轮船公司出具转船地点的证明；如果要打制二程船的提单，由二程船公司包转时，一程船提单的收货人应填二程船公司；但不管怎样，目的港仍要写明货物终点的真正目的港。

(6) 提单的件数。原则上应和运输标志上所列的一致，但是如果在装船时发生漏装少量的件数以致件号不相连续，则可在提单上运输标志件号的前面加“Ex (缺件)”。

(7) 提单的签发份数。按《跟单信用证统一惯例》规定：银行接受全套正本仅有一份的正本提单，也接受一份以上正本的提单。如果提单正本有几份，每份正本提单的效力是相同的，但是如果其中一份凭以提货，其他各份立即失效。所以，合同或信用证中如规定出口人提供“全套提单 (Full Set or Complete Set Bill of Lading)”，就是指承运人在签发的提单上所注明的全部正本份数。

(8) 提单的签署人。如来证规定“港到港”的海运提单，银行会接受由承运人，或作为承运人的具体代理或代表，或部长，或作为船长的署名代理或代表所签署的提单。

(9) 其他装运条款。买方有时会因限于本国法令，或为了使货物尽快到达，或其他原因，往往在来证中加列其他装运方面的条款要求出口人照办。如要求提供航线证明、船籍证明、船龄证明，或指定装货港、转运港、用集装箱货轮等，可按有关规定，结合运输条件，能满足的应尽量满足；不能办到或要求不合理的，必须向买方提出修改信用证。

4. 保险单 (Insurance Policy)

保险单是保险人与被保险人之间订立的一种正式合同。在CIF合同中，出口人在向银行或进口人收款时，提交符合买卖合同及信用证规定的保险单据是其重要义务，当出口人办妥投保手续后，保险公司即根据投保单缮制保险单。

(1) 被保险人栏。如果来证无特殊规定，“被保险人名称”这一栏应是信用证的受益人。结汇时，一般只作空白背书，便于保险单办理过户转让。

(2) 保险货物品名、唛头、数量、包装、船名、起运港与目的港等要与发票、提单上的一致。如提单上注明了转船地点时，保险单上也要注明。开航日期一般填的是预计开船日期，但与提单上所载的实际开航日期不能相距太长。

(3) 保险险别与保险金额。一般应与信用证相符、一致。须做到：①保险单所表明的货币，应与信用证所规定的货币相符。②保险金额按发票金额加成后只取整数。③发票金额如扣除佣金时保险金额则按未扣佣金的金额投保。④发票金额如扣除折扣或回扣，通常按净值投保。

（4）保险单的签发日期。应早于或者等同于提单日期，不得迟于提单日期。除保险单上注有承担自装船日起的风险（或注有保险责任最迟于货物装船或发运，或接受监督之日起生效）外，银行将拒收这种出单日期迟于装船或发运或接受监管的保险单。

5. 产地证明书（Certificate of Origin）

这是一种用来证明出口货物的原产地或制造地的证件。不用海关发票或领事发票的国家常常要求提供产地证明书，以便区别国别确定应税税率，限制某些国家和地区进口货物入境以及通过产地证明入境货物的来源地。

产地证明书一般由出口地的公行或工商团体签发，也可由贸促会或商品检验局签发。我国多为商检局和贸促会签发。就我国而言，出产地一般只写“中国制造”，其他内容应与发票、提单一致。

产地证明书除少数国家或地区可以联合在发票上外，一般应单独出具。对德国、伊朗不能联合在发票上。

6. 普惠制单据（Generalized System of Preference Documents）

这是指给惠国要求受惠国必须提供的单据，以使受惠国得到普惠制待遇。普惠制简称 GSP，是给惠国给予受惠国减免进口关税的一种待遇。目前，欧洲联盟、日本、加拿大、挪威、波兰、瑞士、澳大利亚、新西兰、俄罗斯等国和地区给予我国普惠制待遇。

普惠制单据作为一种书面证书，一般由出口人按给惠国规定填写；内容主要是按“原产地标准”填写，然后由受惠国的签证机构审核签发（目前我国由各地商检局签发）。

普惠制单据有“普惠制产地证”（格式固定）、出口许可证和装船证明等，现介绍如下：

（1）原产地证书表格 A（GSP Certificate of Origin Form A）。目前，除新西兰接受原产地证书 Form59A 外，几乎所有给惠国都接受 Form A 作为获得优惠待遇的单证。它适用于一般商品，由出口公司填制，并经中国进出口商品检验局签证出具。要符合各个栏目的要求，一旦出错，就可能丧失应该享受的普惠制待遇的机会。

（2）纺织品产地证（Certificate of Origin of Textile Products）。只适用于纺织品类，由中国进出口商品检验局签发。

（3）手工制纺织品产地证（Certificate in Regard to Handlooms，Textile Handcarts & Traditional Textile Products of the Cottage Industry）。这种产地证明只适用手工制造的纺织制品，仍由中国进出口商品检验局签发。

（4）纺织品出口许可证（Export License of Textile Products）。适用于配额纺织品，配额所限制的纺织品控制严格，由出口地外贸主管部门签发。

（5）纺织品装船证明（Shipment Certificate of Textile Products）。适用于无配额的手工产业，由出口地外贸主管部门签发。

7. 装箱单和重量单（Packing Specification List & Weight Memo/Note）

这两种单据是用来弥补商业发票内容的不足，便于外国买方在货物到达目的港时，供海关检查或收货人提货时核对货物。装箱单又称花色码单，列明每批货物的逐件花色搭配情况，各类货物的要求不一致。主要内容有件号、箱号、品名、规格、数量、毛重、净重、尺码、唛头等。重量单只列明每件货物的重量（毛重、净重、皮重）。

8. 检验证书（Certificate of Examination）

各种检验证书由于检验的项目不同，名称也不相同，但主要是用于证明货物的品质、数量、重量、卫生等。在实际业务中，这类证书多由商品检验机构出具；但如来证并无规定，也可由进出口公司或生产企业出具。当然，无论是谁出具，检验的内容、项目、结果，乃至检验证书的具体名称，都须与合同、信用证一致。

上面介绍的是几种常用的单据，需要说明的是，按照《跟单信用证统一惯例》规定：①当信用证要求除运输单据、保险单据和商业发票以外的单据时，信用证应该规定该单据的出单人及其内容。②当信用证无此规定，如提交的单据的内容能说明单据中述及的货物或（和）服务与提交的商业发票上所述及的有关联，或者当信用证不要求商业发票与信用证中所述及的货物或（和）服务有关联时，则银行将予接受。这就是为什么强调各种单据必须与信用证完全一致的道理。

此外，随着通信、交通、管理的现代化，传统的国际贸易程序以及制单结汇的做法已不能适应当今社会发展的需要。为此，目前的发展趋势是对传统的贸易程序，制单手续加以改革，使之简化，取消不必要的环节，减少单证的种类和份数，统一单证格式，实行标准化、代码化和电子数据自动化处理。相信这些成果的推广定将进一步推动国际贸易的发展。

最后，制单工作结束后，为了避免差错，各种单据在送银行之前，应由富有经验、资深细致的把关人员对单据进行最后的审查：①查看信用证上有无议付行（如中国银行）加盖的通知图章；如无，则看是否有电开证或简电，或转让委托书。②查看信用证所附的有关附件，如修改书、授权书、信函及其他。凡是修改的内容涉及单据的内容时，应查看两者是否一致。③查看信用证的抬头，一般应为卖方；但也有填成银行的。④受益人的名称要与发票上的名称一致。⑤查看信用证上的内容是否逐条对应在有关单据上，务使单证相符。⑥最后，以发票为主，核对其他单据，做到单单一致。这样，单证审查的工作才算完成。

（三） 海运提单的缮制

海运提单作为重要的运输单据，具体的格式内容参照附件八。

（1）海运提单的名称。在实际业务中，运输单据与其他单据一样，通常都标明单据的名称，依照《UCP 600》第 20 条的规定，银行可接受海运提单，而不论其名称如何。例如，来证中规定为“Ocean B/L”但提交银行的为“Marine B/L”，甚至是“Combined Transport B/L”，只要其内容符合信用证的要求，银行均可予以接受。

（2）托运人（Shipper）。托运人一般为信用证的受益人。除非信用证另有规定，银行亦接受以信用证受益人以外的一方为托运人的海运提单，此种提单称为第三者提单（Third Party B/L），例如以货运代理机构作为托运人。

（3）收货人（Consignee）。提单中收货人栏目的缮制方法应严格按照信用证的规定。在实际业务中，提单大都依照信用证的规定做成“凭指定（to Order）”或“凭托运人指示（to Order of Shipper）”抬头。这种提单必须经托运人背书，才可流通转让。有时信用证中规定提单应做成“凭××银行指定（to Order of …Bank）”，例如凭开证行指定，这种提单须经该银行背书后方可转让或提货。

（4）被通知人（Notify Party）。提单上列被通知人的目的，是便于船公司在船货抵港前能及时通知实际购货人作好提货准备，所以提单中的被通知人通常是货物的进口人或其代理。信用证有具体规定时，应按信用证规定填制。被通知人的名称、地址必须详细，有的还要加上邮政箱号，如是记名提单，则被通知人一栏可以不填。

（5）提单号码（B/L NO.）。为了便于查核和工作联系，提单号码通常按船公司签发的装货单所用号码填制，并与大副收据或场站收据号码相一致。

（6）船名及航次（Name of Vessel）。应填列货物实际所装船舶的船名及航次。

（7）装货港、卸货港（Port of Loading，Port of Discharge）。装货港和卸货港必须具体填制，如“装货港：上海；卸货港：伦敦”，而不能把装货港笼统写成“中国港口”，把卸货港写成“欧洲港口”。如需转船，且由第一程船公司出具转运提单，则卸货港填写最后目的港，提单上列明第一程和第二程的船名。如第二程船名尚未确定，但转船港已确定，则卸货港填写最后目的港，同时注明“在××港转船（with Transshipment at …）”。如集装箱运输使用多式运输单据时，提单上除列明装货港、卸货港外，还需列明“交货地（Place of Delivery）”和“收货地（Place of Receipt）”以及“第一程运输工具（Precarriage by）”和“海运船名和航次（Ocean Vessal Voy. No.）”。如果目的港为选择港时，应在所列的选择港前或后加注“选择（Optional）”字样。如卸货港有同名港时，则须加注国名或地区名称。

（8）唛头（Shipping Marks）。按实际使用填列，信用证规定的，应按信用证的规定，并与发票上所列相一致。

（9）包装件数、种类与货物的描述（Number and Kind of Packages，Description of Goods）。包装件数、种类应按实际情况填列，托盘及集装箱也可作为包装填列。集装箱货物，应注明集装箱的号码和封志号。货物的名称，可用货物的统称，但不得与信用证中货物名称有抵触。如是危险品必须写明化学名称，注明国际海上危险品运输规则号码、联合国危险品规则号码与危险品等级。冷藏货物则需注明所要求的温度。

（10）毛重和尺码（Gross Weight & Measurement）。一般以公吨作为重量单位，以立方米作为体积单位，小数要留三位，信用证另有规定的，按信用证规定。

（11）运费和费用（Freight & Charges）。运费和费用一栏一般只填运费的支付情况，按 CFR 或 CIF 条件达成的交易，应填运费已预付（Freight Prepaid），若以 FOB 术语成交的出口交易，除非发货人代为支付运费，应填运费到付（Freight to Collect；Freight Payable at Destination）。在提单的程租船项下，一般只列明“按商定（as Arranged）”。

（12）正本提单份数。按信用证中规定填制，并用大写数字，如“一份（ONE）”“两份（TWO）”“三份（THREE）”。如信用证中仅规定“全套（Full Set）”，可按习惯填制为一式两份或三份，即请船公司或其代理人签发一式两份或三份正本提单。全套提单是指承运人在签发的提单上所注明的全部正本份数，包括单份正本提单。

（13）提单日期及签发地点。已装船提单的签发日期，为装船完毕日期，由船公司按实际装运日期填列。提单日期应不迟于信用证规定的最迟装运日。提单的签发地点应按装运地点填列。倘若货物实际装船完毕的日期迟于信用证规定的最迟装运日，为使提单日期符合信用证规定，托运人有时凭保函（Letter of Indemnity）要求船方在提单上倒填装船日期，依此签发的提单习称"倒签提单"（Antedated B/L）。倘若货物尚未装上船，而信用证规定的装运期已到，托运人为赶在信用证规定期限内向银行提交符合信用证规定的单据收汇，出具保函要求船公司预先借出"已装船提单"，依此签发的提单习称"预借提单"（Advanced B/L）。"倒签提单"和"预借提单"是托运人和承运人串通的弄虚作假行为。所以，虽然这些都是国际航运界沿用已久的不良习惯做法，但一旦被揭露，后果严重。

（14）签署。依照 UCP600 规定，海运提单表面上须注明承运人名称，并由承运人或其具名代理、船长或其具名代理签署。签署人亦须表明其身份，若为代理签署，尚须表明被代理一方的名称和身份。

除以上主要内容外，按照信用证规定，提单有时还需加列进口许可证号、信用证号、目的港船公司代理的名称和地址等内容。

二、交单结汇

（一）交单

交单是指出口人（信用证的受益人）在信用证到期日前和交单期限内向指定银行提交符合信用证条款规定的单据。这些单据经银行审核确认无误后，根据信用证规定的付款条件，由银行办理出口结汇。

交单方式有两种：一种是两次交单或称预审交单，在运输单据签发前，先将其他已备妥的单据交银行预审，发现问题及时更正，待货物装运后收到运输单据，可以当天议付并对外寄单。另一种是一次交单，即在全套单据收齐后一次性送交银行，此时货已发运。银行审单后若发现不符点需要退单修改，耗费时日，容易造成逾期而影响收汇安全。因而出口企业宜与银行密切配合，采用两次交单方式，加速收汇。

由于银行的付款、承兑和议付均以受益人提交的单据完全符合信用证条款的规定为条件，所以交付单据应严格做到完整、明确、及时的要求。为了提高单证质量，保证安全和及时收汇，银贸双方本着密切配合，相互支持的原则，采用在运输单据签发之前先将其他已备齐的单据送交银行预审和在全部单据备齐后向银行交单。两种不同的方式，视业务的实际情况选择使用。

在信用证条件下，出口人为了安全收汇必须做到"单证一致"和"单单一致"。但不能疏忽的是，出口人还需要承担实际合同规定的义务。图 5－7 为 CIF 条件出口合同履行的一般程序图。

出口人在履行合同时，除了要做到单证一致和单单一致外，还必须做到所交付的货物与合同的规定一致，货物与单据一致。这样环环扣紧，才能保证安全收汇，并避免买方收到货物后提出异议和索赔。

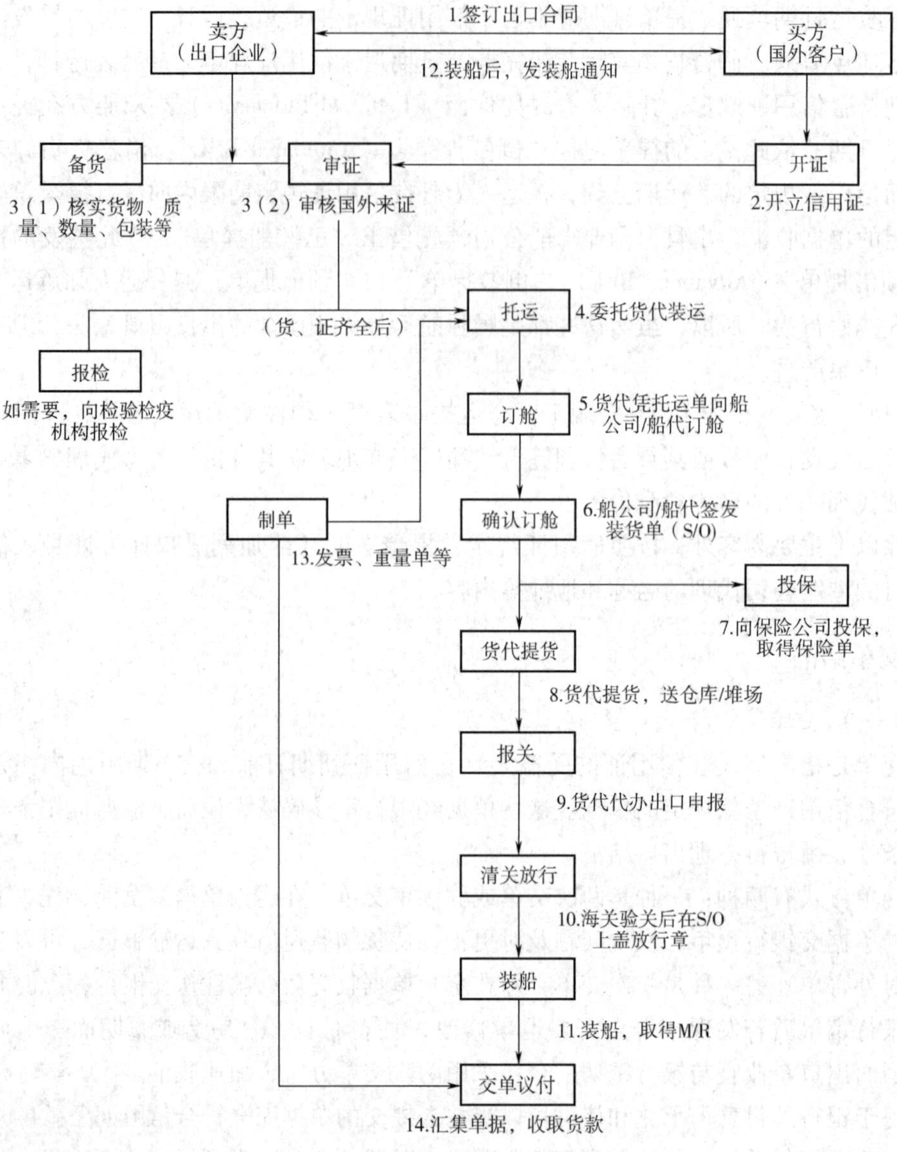

图5－7　CIF出口合同履行的一般程序图

（二）结汇

在出口业务中的结汇是指银行将收到的外汇按当日人民币市场汇价的银行买入价购入，结算成人民币以支付给出口企业。

1. 结汇形式

结汇有强制结汇、意愿结汇和限额结汇等多种形式。

（1）强制结汇是指所有外汇收入必须卖给外汇指定银行，不允许保留外汇。

（2）意愿结汇是指外汇收入可以卖给外汇指定银行，也可以开立外汇账户保留，结汇与否由外汇收入所有者自己决定。

（3）限额结汇是指外汇收入在国家核定的数额内可不结汇，超过限额的必须卖给外汇指定银行。

目前，我国主要实行的是强制结汇制，部分企业经批准实行限额结汇制，对境内居民个人实行意愿结汇制。

2. 结汇方法

在出口业务中，使用议付信用证比较多。如属议付信用证，议付行在收到单据后应即按照信用证规定进行审核。如审核无误，应即向信用证的开证行或被指定的其他付款行寄单索偿，同时按照与出口人约定的方法进行结汇。对于这种信用证的出口结汇办法，主要有三种：买单结汇、收妥结汇和定期结汇。

（1）买单结汇（出口押汇）。是指议付银行在审单无误的情况下，按信用证的条款买入受益人（出口企业）的汇票和单据，但从票面金额中扣除议付回到估计收到票款之日的利息，将货款净额按议付日外汇牌价折成人民币，记入受益人的账户上。

议付银行向受益人垫付资金买入跟单汇票后，即成为汇票持有人，再向付款银行索取票款。银行叙做出口押汇，可以给出口方融通资金，有利于外贸企业在交单议付时即可取得贷款，加速资金周转，扩大出口业务。根据《UCP 600》，银行如仅仅是审核单据而不向受益人预付或同意预付资金不能构成议付，如果汇票遭到拒付，议付银行有权处理单据或向受益人追索票款。

（2）收妥结汇。收妥结汇又称“先收后结”，是指出口地议付银行在收到外贸公司的出口单据，经审查无误后，将该单据寄交国外付款银行，索取贷款；收到付款行将货款拨入议付银行账户的贷记通知书（Credit Note）时，即按当日外汇牌价，将货款折成人民币，记入受益人的账户上。付款银行可以是开证行，也可以是开证行指定的付款银行。

（3）定期结汇。是指出口地的议付银行按照向国外付款银行索汇函电往返邮程所需的时间，加上银行处理工作的必要时间，预先确定一个固定的结汇期限，到期后无论是否收到货款都主动将票款金额折成人民币，记入受益人的账户。显然，不同地区的邮电往返回程不同，所定的期限也随之略有差异。

上面讲的都是采用信用证的结汇方式。除此以外，还有两种不常采用的方式：

（1）电报预付货款（T/T in Advance）。卖方在合同规定的装船月份的月初或前一个月的月底，将实际装船的商品品名、准确数量、总计金额、船名和大约开航日期等用电报通知买方，买方即通过银行将货款电汇给卖方。当装船后，各种单据由有关公司寄给国外买方。这样，出口合同经过结汇，表明双方都按合同履行了各自的义务，即告终止。但这只是实际业务中的多数情况，也有的买方不守信用，不付或拖延付款，这就会有纠纷，甚至诉讼。因此，电报预付货款这种信用就暗伏着危机，轻易是不会采用的。

（2）托收结汇。这种托收与国内贸易的托收差不多，也是委托银行到国外去代收。由于银行不承担付款保证，纯属代收性质。所以，一般情况下，银行对单据并不严格审查。只有买方收到单据后才会与合同仔细核对，无误时，一般会照付。但是，故意挑剌的情形也不少见。因此，也暗伏着信用危机，轻易是不会采用的。

■ 资料链接

经常性项目结汇

(1) 对于境内机构等值5万美元（含5万美元）以下的贸易出口外汇收入，银行可以先予以办理结汇或入账，并在结汇水单或收账通知的出口收汇核销专用联注明相应的核销单编号。

(2) 对于境内机构等值5万美元以上的贸易出口外汇收入分别按以下规定办理结汇或入账，并在结汇水单或收账通知上注明相应的核销单编号。

①以跟单信用证、保函或跟单托收方式结算的贸易出口收汇，银行凭上述结算方式规定的有效商业单据和出口单位提供的与出口业务相应的出口收汇核销单编号办理结汇或入账。

②对于等值5万美元以上经外汇局确定为“结汇信得过企业”以汇款方式结算的贸易出口收汇，银行可先结汇或入账，事后凭收汇单位提供的加盖海关“验讫”章的出口收汇核销单正本核对。

银行须自结汇或入账之日起3个工作日内，通知收汇单位到银行办理有关核对手续。收汇单位须持收汇凭证及加盖海关“验讫”章的出口收汇核销单正本自结汇或入账之日起30个工作日内，到银行办理有关核对手续。

③ 对于等值5万美元以上非“结汇信得过企业”以汇款方式结算的贸易出口收汇，凭加盖海关“验讫”章的出口收汇核销单正本办理结汇或入账。

④ 出口项下预收货款结汇或入账，银行凭经外汇局备案并盖有“预收货款”章的正本出口收汇核销单和出口合同办理。

(3) 境内机构非贸易及单方面转移等其他经常项目下等值2万美元（含2万美元）以下的外汇收入，银行可以先予以办理结汇或入收。

(4) 对于境内机构等值2万美元以上的非贸易及单方面转移等其他经常项目项下外汇收入，金额在等值2万美元以上5万美元（含5万美元）以下的，银行凭收汇单位提供的正本合同（协议）、发票等其他凭证办理结汇或入账；超过等值5万美元的，收汇单位应持合同（协议）、发票等其他凭证向外汇局申请，由外汇局审核真实性，银行凭外汇局的核准件为收汇单位办理结汇或入账手续。

(5) 对于先结汇或入账、事后核对的汇入汇款，银行办理结汇或入账后，不得出具结汇水单或收账通知，但应在结汇或入账时逐笔登记，收汇单位在规定期限内提供相应结汇凭证及加盖海关“验讫”章的出口收汇核销单正本并逐笔核实后，出具结汇水单或收账通知。

(6) 对于等值5万美元以上非“结汇信得过企业”的经常项目外汇收入，如收汇单位不能向银行或外汇局提供相应凭证，银行不得办理结汇，须原币划入银行暂收专户。

对于等值5万美元以上“结汇信得过企业”的经常项目外汇收入，如收汇单位事后不能按规定期限向银行提供相应凭证并办理有关核对手续的，银行应按当日汇率冲回原币划入银行暂收专户。

(7) 代理出口项下出口收汇，如委托方为有权保留外汇的境内机构，收款行收汇后可以凭代理方提供的正本委托代理协议、出口合同及委托方的《外商投资企业外汇登记证》或《外汇账户使用证》办理原币划转，并在结汇水单或收账通知上注明出口收汇核销单编号。

(8) 如委托方为不得保留外汇的境内机构，未经外汇局批准其出口收汇不得原币划转，收款行按本办法结汇后将人民币划至委托方。

出口信用保险和其他出口货物保险所得的理赔款等，银行可凭出口收汇核销单结汇或入账，并出具有核销单编号的结汇水单或收账通知。

3. 结汇理赔

最后，出口合同的履行还牵涉理赔。一是卖方向买方索赔，如买方未履行合同义务；二是买方向卖方索赔，如交货不符合同规定等（这类情况居多），即使已经支付，买方如享有复验权时仍有权向卖方提出索赔。卖方在处理索赔时，要注意：

(1) 认真审核买方提交的单证和出证机构的合法性，以及核对其检验标准、检验方法，防止弄虚作假。

(2) 要会同有关部门实事求是地查找原因，以分清责任。

(3) 合理确定损失程度、金额和赔付方法。如确属卖方责任，应予以合理的赔偿，对国外客户提出的不合理的要求，必须依据事实，以理拒绝。

4. 出口收汇核销

出口收汇核销是指企业在货物出口后的一定期限内向当地外汇管理部门办理收汇核销，证实该笔出口价款已经收回或按规定使用。

出口收汇核销单是国家外汇管理局制发的，由出口企业、银行填写（出口单位凭以向海关办理出口报关、向外汇指定银行办理出口收汇、向外汇管理局办理核销、向税务机关和外经贸委办理出口退税和出口贴息申报），海关凭以受理报关，外汇管理部门凭以核销外汇的有顺序号的凭证。出口收汇核销的一般程序如下：

(1) 开户。出口单位初次申领出口收汇核销单前应当凭以下材料到外汇局办理登记，外汇局对上述材料审核无误后为出口单位办理登记手续。

- 单位介绍信、申请书；
- 外经贸部门批准经营进出口业务批件正本及复印件；
- 工商营业执照副本及复印件；
- 企业法人代码证书及复印件；
- 海关注册登记证明书复印件；
- 出口合同复印件。

(2) 领单。出口单位在开展出口业务前，凭单位介绍信、出口核销员证（现为开户单位印鉴卡）来外汇局领取核销单。出口单位向外汇局申领核销单时，应当当场在每张核销单的“出口单位”栏内填写单位名称或者加盖单位名称章。核销单正式使用前加盖单位公章。

核销单自领单之日起两个月以内报关有效。出口单位应当在失效之日起一个月内将未用的核销单退回外汇局注销。出口单位填写的核销单应与出口货物报关单上记载的有关内容一致。

(3) 报关。出口企业到海关报关前，必须上网向报关地海关进行核销单的口岸备案。未进行口岸备案的核销单不能用于出口报关，对已备案成功的核销单，还可变更备案，对于预计收汇日期超过报关日期90天以上（含90天）的远期收汇，出口企业应当在报关后60天之内进行网上交单，凭远期备案情况说明（说明远期合同号、出口核销单号、出口报关单号、报关单金额）、远期出口合同、核销单向外汇局备案，并应当在核销单的“收汇方式”栏注明预计远期收汇日期。

(4) 送交存根与收汇。出口单位办理报关后，应当自报关之日起60天内，凭核销单及海关出具的贴有防伪标签、加盖海关“验讫”章的出口报关单、外贸发票到外汇局办理送交存根手续。凭海关退回的核销单、报关单结汇联进行收汇。

(5) 核销。出口单位应当在收到外汇之日起30天内凭核销单、银行出具的“出口收汇核销专用联”到外汇局办理出口收汇核销。

三、出口退税

出口货物退/免税（Export Rebate），简称出口退税，其基本含义是指对出口货物退还其在国内生产和流通环节实际缴纳的增值税、消费税。出口货物退税制度，是国家税收的重要组成部分。出口退税主要是通过退还出口货物的国内已纳税款来平衡国内产品的税收负担，使本国产品以不含税成本进入国际市场，与国外产品在同等条件下进行竞争，从而增强竞争能力，扩大出口的创汇。

（一）出口退税的条件

1. 必须是增值税、消费税征收范围内的货物

增值税、消费税的征收范围，包括除直接向农业生产者收购的免税农产品以外的所有增值税应税货物，以及烟、酒、化妆品等11类列举征收消费税的消费品。

之所以必须具备这一条件，是因为出口货物退税只能对已经征收过增值税、消费税的货物退还或免征其已纳税额和应纳税额。未征收增值税、消费税的货物（包括国家规定免税的货物）不能退税，以充分体现“未征不退”的原则。

2. 必须是报关离境出口的货物

所谓出口，即输出关口，它包括自营出口和委托代理出口两种形式。区别货物是否报关离境出口，是确定货物是否属于退税范围的主要标准之一。凡在国内销售、不报关离境的货物，除另有规定者外，不论出口企业是以外汇还是以人民币结算，也不论出口企业在财务上如何处理，均不得视为出口货物予以退税。

对在境内销售收取外汇的货物，如宾馆、饭店等收取外汇的货物等，因其不符合离境出口条件，均不能给予退税。

3. 必须是在财务上作出口销售处理的货物

出口货物只有在财务上作出口销售处理后，才能办理退税。也就是说，出口退税的规定只适用于贸易性的出口货物，而对非贸易性的出口货物，如捐赠的礼品、在国内个人购买并自带出境的货物（另有规定者除外）、样品、展品、邮寄品等，因其一般在财务上不作销售处理，故按照现行规定不能退税。

4. 必须是已收汇并经核销的货物

按照现行规定，出口企业申请办理退税的出口货物，必须是已收外汇并经外汇管理部门核销的货物。国家规定外贸企业出口的货物必须要同时具备以上 4 个条件。生产企业申请办理出口货物退税时必须增加一个条件，即申请退税的货物必须是生产企业的自产货物或视同自产货物才能办理退税。

（二）出口退税的一般程序

出口退税的一般流程如下。

1. 有关证件的送验及登记表的领取

企业在取得有关部门批准其经营出口产品业务的文件和工商行政管理部门核发的工商登记证明后，应于 30 日内办理出口企业退税登记。

2. 退税登记的申报和受理

企业领到“出口企业退税登记表”后，即按登记表及有关要求填写，加盖企业公章和有关人员印章后，连同出口产品经营权批准文件、工商登记证明等证明资料一起报送税务机关，税务机关经审核无误后，即受理登记。

3. 填发出口退税登记证

税务机关接到企业的正式申请，经审核无误并按规定的程序批准后，核发给企业“出口退税登记”。

4. 出口退税登记的变更或注销

当企业经营状况发生变化或某些退税政策发生变动时，应根据实际需要变更或注销退税登记。

企业申请出口退税受到了一定的限制，凡不同时具备上述条件的企业单位，一般不予以办理出口企业退税登记。具体要求有三点，第一，必须经营出口产品业务，这是企业申办出口退税登记最基本的条件。第二，必须持有工商行政管理部门核发的营业执照。营业执照是企业法人营业执照的简称，是企业或组织具有合法经营权的凭证。第三，必须是实行独立经济核算的企业单位，具有法人地位，有完整的会计工作体系，独立编制财务收支计划和资金平衡表，并在银行开设独立账户，可以对外办理购销业务和货款结算。

■ 情境演练

湖湘公司 SF33901 型 230 电动轮自卸车，以 CIF 澳大利亚黑德兰港成交，上海港装运到澳大利亚黑德兰港的装运及相关手续办理委托国内货运代理公司完成。由于前期准备工作充分，货物的装运正常进行，为了顺利取得货款，货代公司提醒湖湘公司物流部经理马鞍需要整理各种单据，准备议付。

物流部首次设计和实施大型设备的出口装运方案，目前，所有的工作都较为顺利，一切困难都在大家的共同努力下克服了，马鞍为此专门在物流部进行了表扬和鼓励。现在，工作还有最重要的收付货款。这需要和市场部相互配合，与货代公司一起汇集和整理信用证规定的各种单据。

马鞍和市场部经理李远华商量了一下，由于小姜和小邓全程参与了SF33901型230电动轮自卸车的出口工作，并且两人工作努力，学习能力强，决定于下个月提拔两人为项目主管，最后的单据缮制也就是对两人的最后考验，如能顺利结汇，那么小姜将升职为市场部出口一组项目主管，小邓将升职为物流部国际业务项目主管。

小姜和小邓在和两位经理谈话之后，得知自己有可能刚参加工作一年就有升职的机会，都非常激动，纷纷表示绝不会辜负两位经理的期望。于是，两人齐心协力，商业发票、保险单等大部分的单据都按要求缮制成功，现在还剩下海运提单没有完成。两人在多次联系货代公司之后，拿到了海运提单样本，他们整理了货物的相关资料，准备动手缮制。

请问：如果你们分别是小姜和小邓，请完成海运提单的缮制。

资料：

货名	型号	单价/美元	包装	数量	毛重/t	尺码
电动轮自卸车车体	SF33901	320万	裸装	1	145	10800×8970×6850
电动轮自卸车车斗	SF33901	40万	裸装	1	34	12700×7920×5160

合同号码：XT00001　　合同日期：3 - Apr - 2014　　唛头：J. B. S XT0000101

发票号码：XT00001123　　发票日期：20 - Apr - 2014　　计费标准：W/M

装运船号：JIN MING　　航次：35E　　装船日期：12 - May - 2015

卸货港：黑德兰港　　运费率：22 元/t　　运费预付比例：100%

出单时间：14 - May - 2015

课后思考与练习

一、单项选择题

1. 汇票根据（　　）不同，分为银行汇票和商业汇票。
   A. 出票人　B. 付款人　C. 受款人　D. 承兑人
2. 在以下支付方式中，最有利于进口方的是（　　）。
   A. 信用证　B. 预付货款
   C. D/P 即期　D. D/A30 天
3. 国际货物买卖使用托收方式，委托并通过银行收取货款，使用的汇票是（　　）。
   A. 商业汇票，属于商业信用　B. 银行汇票，属于银行信用
   C. 商业汇票，属于银行信用　D. 银行汇票，属于商业信用
4. 托收方式与信用证支付方式的主要区别是（　　）。
   A. 前者是顺汇，后者是逆汇
   B. 前者使用商业汇票，后者使用银行汇票
   C. 前者是商业信用，后者是银行信用
   D. 前者对卖方有利，后者对买方有利
5. 信用证是依据买卖合同开立的，出口商要保证安全收汇，必须做到向银行（　　）。
   A. 提交与买卖合同规定相符的单据　B. 提交与信用证规定相符的单据
   C. 提交与买卖合同规定相符的货物　D. 提交与信用证规定相符的货物
6. 根据《跟单信用证统一规定》《UCP 600》，信用证中负第一付款责任的是（　　）。
   A. 通知行　B. 议付行
   C. 进口方　D. 开证行
7. 信用证和货物合同的关系是（　　）。
   A. 信用证是货物合同的一部分　B. 货物合同是信用证的一部分
   C. 信用证从属于货物合同　D. 信用证独立于货物合同
8. 持票人将汇票提交付款人要求承兑或付款的行为，称为（　　）。
   A. 出票　B. 提示　C. 承兑　D. 背书
9. 远期付款交单条件下，进口人凭以借取货运单据并先行提货的单据是（　　）。
   A. 保兑单据　B. 信托收据　C. 加押收据　D. 解付收据
10. 汇付方式“T/T”的简称是（　　）。
    A. 信汇　B. 电汇　C. 票汇　D. 邮汇
11. D/P 和 D/A 的区别主要是（　　）。
    A. 交单的前提不同　B. 收款的时间不同

C. 运输方式不同　　D. 单据的要求不同

12. 银行可以拒付的理由是（　　）。
    A. 货与合同不符　　B. 信用证和合同不符
    C. 进口商要求拒付　　D. 单证不符
13. L/C、D/P 和 D/A 三种支付方式，按卖方的收汇风险而言，由大到小的顺序是(　　)。
    A. L/C > D/A > D/P　　B. L/C > D/P > D/A
    C. D/A > D/P > L/C　　D. D/P > D/A > L/C
14. 托收和信用证这两种支付方式使用的汇票都是商业汇票，都是通过银行收款，(　　)。
    A. 但是托收属于商业信用，信用证属于银行信用
    B. 但是托收属于银行信用，信用证属于商业信用
    C. 两者都属于商业信用
    D. 两者都属于银行信用

二、案例分析

1. A 公司向 B 公司出口一批货物，B 公司通过 C 银行开给 A 公司一张不可撤销的即期信用证，当 A 公司于货物装船后持全套货运单据向银行办理议付时，B 公司破产倒闭。问：C 银行可否以 B 公司倒闭为由拒绝付款？为什么？
2. 我出口企业收到国外开来的不可撤销信用证 1 份，由设在我国境内某外资银行通知并加保兑。我出口企业发货后正拟交单议付，忽接该外资银行通知，由于开证行已宣布破产，该行不承担该信用证的议付或付款责任，但可接受我出口公司的委托，向买方直接收取货款业务，对此，应如何对待？并说明理由。
3. 我国 A 公司出口一批货物，付款方式为 D/P90 天。汇票及货运单据通过托收银行寄抵国外代收行后，买方进行了承兑。但货物到达目的地后，恰逢行市上涨，于是买方出具信托收据（T/R）向银行借出单证。货物出售后，买方由于其他原因倒闭，以致卖方不能按时收回货款。但此时距离汇票到期日还有 30 天。如你是这批出口业务的经办人，应如何处理？并简述理由。
4. 我方某公司从英国进口一批货物，双方约定按信用证方式结算货款。开证行中国银行按时向英方开出信用证。英方受益人在信用证有效期内向议付行汇丰银行交单议付。议付行汇丰银行对单据予以审查，认为单据合格后即向受益人议付货款。我方收到货物后发现货物品质与合同规定不符，便要求开证行中国银行拒绝向议付行汇丰银行付款，根据《跟单信用证统一惯例》，请问我方要求是否合理？并说明理由。

附录　《2010 年国际贸易术语解释通则》

2011 年 1 月 1 日起实施

FCA

Free Carrier 货交承运人

该术语可适用于任何运输方式，也可适用于多种运输方式。

“货交承运人”是指卖方在卖方所在地或其他指定地点将货物交给买方指定的承运人或其他人。由于风险在交货地点转移至买方，特别建议双方尽可能清楚地写明指定交货地内的交付点。

如果双方希望在卖方所在地交货，则应当将卖方所在地址明确为指定交货地。如果双方希望在其他地点交货，则必须确定不同的特定交货地点。

如适用时，FCA 要求卖方办理货物出口清关手续。但卖方无义务办理进口清关，支付任何进口税或办理任何进口海关手续。

A　卖方义务

A1　卖方一般义务

卖方必须提供符合买卖合同约定的货物和商业发票，以及合同可能要求的其他与合同相符的证据。

A1 ~ A10 中所指的任何单证在双方约定或符合惯例的情况下，可以是同等作用的电子记录或程序。

A2　许可证、授权、安检通关和其他手续

如适用时，卖方必须自负风险和费用，取得所有的出口许可或其他官方授权，办理货物出口所需的一切海关手续。

A3　运输合同与保险合同

a）运输合同

卖方对买方无订立运输合同的义务。但若买方要求，或依商业实践，且买方未适时做出相反指示，卖方可以按照通常条件签订运输合同，由买方负担风险和费用。在以上两种情形下，卖方都可以拒绝签订运输合同，如予拒绝，卖方应立即通知买方。

b）保险合同

卖方对买方无订立保险合同的义务。但应买方要求并由其承担风险和费用（如有的话），卖方必须向买方提供后者取得保险所需信息。

A4　交货

卖方必须在约定日期或期限内，在指定地点或指定地点的约定点（如有约定），将货物交付给买方指定的承运人或其他人。

以下情况，交货完成：

a）若指定地点是卖方所在地，则当货物被装上买方提供的运输工具时；

b）在任何其他情况下，则当货物虽仍处于卖方的运输工具上，但已准备好卸载，并已交由承运人或买方指定的其他人处置时。

B　买方义务

B1　买方一般义务

买方必须按照买卖合同约定支付价款。

B1～B10 中所指的任何单证在双方约定或符合惯例的情况下，可以是同等作用的电子记录或程序。

B2　许可证、授权、安检通关和其他手续

如适用时，应由买方自负风险和费用，取得所有进口许可或其他官方授权，办理货物进口和从他国过境运输所需的一切海关手续。

B3　运输合同与保险合同

a）运输合同

除了卖方按照 A3 a）签订运输合同情形外，买方必须自付费用签订自指定的交货地点起运货物的运输合同。

b）保险合同

买方对卖方无订立保险合同的义务。

B4　收取货物

当货物按照 A4 交付时，买方必须收取。

如果买方未按照 B7 d）明确指定交货地点内特定的交付点，且有数个交付点可供使用时，卖方则有权选择最适合其目的的交货点。

除非买方另行通知，卖方可采取符合货物数量和/或性质需要的方式将货物交付运输。

A5　风险转移

除按照 B5 的灭失或损坏情况外，卖方承担按照 A4 完成交货前货物灭失或损坏的一切风险。

A6　费用划分

卖方必须支付

a）按照 A4 完成交货前与货物相关的一切费用，但按照 B6 应由买方支付的费用除外；及

b）如适用时，货物出口所需海关手续费用，出口应交纳的一切关税、税款和其他费用。

B5　风险转移

买方承担自按照 A4 交货时起货物灭失或损坏的一切风险。

如果

a）买方未按照 B7 规定通知 A4 项下的指定承运人或其他人，或发出通知；或

b）按照A4指定的承运人或其他人未在约定的时间接管货物；

则买方承担货物灭失或损坏的一切风险：

（i）自约定日期起，若无约定日期的，则

（ii）自卖方在约定期限内按照A7通知的日期起；或若没有通知日期的，则

（iii）自任何约定交货期限届满之日起。

但以该项货物已清楚地确定为合同项下之货物者为限。

B6　费用划分

买方必须支付

a）自按照A4交货时起与货物相关的一切费用，如适用时，A6 b）中出口所需的海关手续费用，及出口应交纳的一切关税、税款和其他费用除外；

b）由于以下原因之一发生的任何额外费用：

（i）买方未能指定A4项下承运人或其他人，或

（ii）买方指定的A4项下承运人或其他人未接管货物，或

（iii）买方未能按照B7给予卖方相应的通知，

但以该项货物已清楚地确定为合同项下之货物者为限；及

c）如适用时，货物进口应交纳的一切关税、税款和其他费用，及办理进口海关手续的费用和从他国过境运输的费用。

A7　通知买方

由买方承担风险和费用，卖方必须就其已经按照A4交货或买方指定的承运人或其他人未在约定时间内收取货物的情况给予买方充分的通知。

A8　交货凭证

卖方必须自付费用向买方提供已按照A4交货的通常证据。

应买方要求并由其承担风险和费用，卖方必须协助买方取得运输凭证。

A9　查对—包装—标记

卖方必须支付为了按照A4进行交货，所需要进行的查对费用（如查对货物质量、丈量、过磅、点数的费用），以及出口国有关机构强制进行的装运前检验所产生的费用。

除非在特定贸易中，某类货物的销售通常不需包装，卖方必须自付费用包装货物。

除非买方在签订合同前已通知卖方特殊包装要求，卖方可以适合该货物运输的方式对货物进行包装。包装应作适当标记。

A10　协助提供信息及相关费用

如适用时，应买方要求并由其承担风险和费用，卖方必须及时向买方提供或协助其取得相关货物进口和/或将货物运输到最终目的地所需要的任何文件和信息，包括安全相关信息。

卖方必须偿付买方按照B10提供或协助取得文件和信息时所发生的所有花销和费用。

B7　通知卖方

买方必须通知卖方以下内容：

a）按照 A4 所指定的承运人或其他人的姓名，以便卖方有足够时间按照该条款交货；

b）如适用时，在约定的交付期限内所选择的由指定的承运人或其他人收取货物的时间；

c）指定人使用的运输方式；及

d）指定地点内的交货点。

B8　交货证据

买方必须接受按照 A8 提供的交货凭证。

B9　货物检验

买方必须支付任何强制性装船前检验费用，但出口国有关机构强制进行的检验除外。

B10　协助提供信息及相关费用

买方必须及时告知卖方任何安全信息要求，以便卖方遵守 A10 的规定。

买方必须偿付卖方按照 A10 向买方提供或协助其取得文件和信息时发生的所有花销和费用。

如适用时，应卖方要求并由其承担风险和费用，买方必须及时向卖方提供或协助其取得货物运输和出口及从他国过境运输所需要的任何文件和信息，包括安全相关信息。

CPT

Carriage Paid To 运费付至

该术语可适用于任何运输方式，也可适用于多种运输方式。

“运费付至”是指卖方将货物在双方约定地点（如果双方已经约定了地点）交给卖方指定的承运人或其他人。卖方必须签订运输合同并支付将货物运至指定目的地所需费用。

在使用 CPT、CIP、CFR 或 CIF 术语时，当卖方将货物交付给承运人时，而不是当货物到达目的地时，即完成交货。

由于风险转移和费用转移的地点不同，该术语有两个关键点。特别建议双方尽可能确切地在合同中明确交货地点（风险在这里转移至买方），以及指定的目的地（卖方必须签订运输合同运到该目的地）。如果运输到约定目的地涉及多个承运人，且双方不能就交货点达成一致时，可以推定：当卖方在某个完全由其选择、且买方不能控制的点将货物交付给第一个承运人时，风险转移至买方。如双方希望风险晚些转移的话（例如在某海港或机场转移），则需要在其买卖合同中订明。

由于卖方需承担将货物运至目的地具体地点的费用，特别建议双方尽可能确切地在指定目的地内明确该点。建议卖方取得完全符合该选择的运输合同。如果卖方按照运输合同在指定的目的地卸货发生了费用，除非双方另有约定，卖方无权向买方要求偿付。

如适用时，CPT 要求卖方办理货物的出口清关手续。但是卖方无义务办理进口清关，支付任何进口税或办理进口相关的任何海关手续。

A 卖方义务

A1 卖方一般义务

卖方必须提供符合买卖合同约定的货物和商业发票，以及合同可能要求的其他与合同相符的证据。

A1～A10中所指的任何单证在双方约定或符合惯例的情况下，可以是同等作用的电子记录或程序。

A2 许可证、授权、安检通关和其他手续

如适用时，卖方必须自负风险和费用，取得所有的出口许可或其他官方授权，办理货物出口和交货前从他国过境运输所需的一切海关手续。

A3 运输合同与保险合同

a）运输合同

卖方必须签订或取得运输合同，将货物自交货地内的约定交货点（如有的话）运送至指定目的地或该目的地的交付点（如有约定）。必须按照通常条件订立合同，

由卖方支付费用，经由通常航线和习惯方式运送货物。如果双方没有约定特别的点或该点不能由惯例确定，卖方则可选择最适合其目的的交货点和指定目的地内的交货点。

b）保险合同

卖方对买方无订立保险合同的义务。但应买方要求并由其承担风险和费用（如有的话），卖方必须向买方提供后者取得保险所需的信息。

A4 交货

卖方必须在约定日期或期限内，以将货物交给按照A3签订的合同承运人方式交货。

A5 风险转移

除按照B5的灭失或损坏情况外，卖方承担按照A4完成交货前货物灭失或损坏的一切风险。

B 买方义务

B1 买方一般义务

买方必须按照买卖合同约定支付价款。

B1～B10中所指的任何单证在双方约定或符合惯例的情况下，可以是同等作用的电子记录或程序。

B2 许可证、授权、安检通关和其他手续

如适用时，应由买方自负风险和费用，取得所有的进口许可或其他官方授权，办理货物进口和从他国过境运输所需的一切海关手续。

B3 运输合同与保险合同

a）运输合同

买方对卖方无订立运输合同的义务。

b）保险合同

买方对卖方无订立保险合同的义务。但应卖方要求，买方必须向卖方提供其取得保

险所需信息。

B4 收取货物

当货物按照 A4 交付时，买方必须收取，并在指定目的地自承运人收取货物。

B5 风险转移

买方承担按照 A4 交货时起货物灭失或损坏的一切风险。

如买方未按照 B7 给予卖方通知，则买方必须从约定的交货日期或交货期限届满之日起，承担货物灭失或损坏的一切风险，但以该货物已清楚地确定为合同项下之货物者为限。

A6 费用划分

卖方必须支付

a）按照 A4 完成交货前与货物相关的一切费用，但按照 B6 应由买方支付的费用除外；

b）按照 A3 a）所发生的运费和其他一切费用，包括根据运输合同规定由卖方支付的装货费和在目的地的卸货费用；及

c）如适用时，货物出口所需海关手续费用，出口应交纳的一切关税、税款和其他费用，以及按照运输合同规定，由卖方支付的货物从他国过境运输的费用。

A7 通知买方

卖方必须向买方发出已按照 A4 交货的通知。

卖方必须向买方发出任何所需通知，以便买方采取收取货物通常所需要的措施。

A8 交货凭证

依惯例或应买方要求，卖方必须承担费用，向买方提供其按照 A3 订立的运输合同通常的运输凭证。

此项运输凭证必须载明合同中的货物，且其签发日期应在约定运输期限内。如已约定或依惯例，此项凭证也必须能使买方在指定目的地向承运人索取货物，并能使买方在货物运输途中以向下家买方转让或通知承运人方式出售货物。

当此类运输凭证以可转让形式签发、且有数份正本时，则必须将整套正本凭证提交给买方。

B6 费用划分

在不与 A3 a）冲突的情况下，买方必须支付

a）自按照 A4 交货时起，与货物相关的一切费用，如适用时，按照 A6 c）为出口所需的海关手续费用，及出口应交纳的一切关税、税款和其他费用除外；

b）货物在运输途中直至到达约定目的地为止的一切费用，按照运输合同该费用应由卖方支付的除外；

c）卸货费，除非根据运输合同该项费用应由卖方支付；

d）如买方未按照 B7 发出通知，则自约定发货之日或约定发货期限届满之日起，所发生的一切额外费用，但以该货物已清楚地确定为合同项下之货物者为限；及

e）如适用时，货物进口应交纳的一切关税、税款和其他费用，及办理进口海关手

续的费用和从他国过境运输费用，除非该费用已包括在运输合同中。

B7 通知卖方

当有权决定发货时间和/或指定目的地或目的地内收取货物的点时，买方必须向卖方发出充分的通知。

B8 交货证据

如果凭证与合同相符的话，买方则必须接受按照A8提供的运输凭证。

A9 查对—包装—标记

卖方必须支付为了按照A4进行交货，所需要进行的查对费用（如查对质量、丈量、过磅、点数的费用），以及出口国有关机构强制进行的装运前检验所发生的费用。

除非在特定贸易中，某类货物的销售通常不需包装，卖方必须自付费用包装货物。

除非买方在签订合同前已通知卖方特殊包装要求，卖方可以适合该货物运输的方式对货物进行包装。包装应作适当标记。

A10 协助提供信息及相关费用

如适用时，应买方要求并由其承担风险和费用，卖方必须及时向买方提供或协助其取得相关货物进口和/或将货物运输到最终目的地所需要的任何文件和信息，包括安全相关信息。

卖方必须偿付买方按照B10提供或协助取得文件和信息时发生的所有花销和费用。

B9 货物检验

买方必须支付任何强制性装船前检验费用，但出口国有关机构强制进行的检验除外。

B10 协助提供信息及相关费用

买方必须及时告知卖方任何安全信息要求，以便卖方遵守A10的规定。

买方必须偿付卖方按照A10向买方提供或协助其取得文件和信息时发生的所有花销和费用。

如适用时，应卖方要求并由其承担风险和费用，买方必须及时向卖方提供或协助其取得货物运输和出口及从他国过境运输所需要的任何文件和信息，包括安全相关信息。

CIP

Carriage And Insurance Paid To 运费和保险费付至

该术语可适用于任何运输方式，也可适用于多种运输方式。

“运费和保险费付至”是指卖方将货物在双方约定地点（如双方已经约定了地点）交给其指定的承运人或其他人。卖方必须签订运输合同并支付将货物运至指定目的地的所需费用。

卖方还必须为买方在运输途中货物的灭失或损坏风险签订保险合同。买方应注意到，CIP只要求卖方投保最低险别。如果买方需要更多保险保护的话，则需与卖方明确就此达成协议，或者自行做出额外的保险安排。

在使用CPT、CIP、CFR或CIF术语时，当卖方将货物交付给承运人时，而不是当货物到达目的地时，即完成交货。

由于风险转移和费用转移的地点不同，该术语有两个关键点。特别建议双方尽可能确切地在合同中明确交货地点（风险在这里转移至买方），以及指定目的地（卖方必须签订运输合同运到该目的地）。如果运输到约定目的地涉及多个承运人，且双方不能就特定的交货点达成一致时，可以推定：当卖方在某个完全由其选择、且买方不能控制的点将货物交付给第一个承运人时，风险转移至买方。如双方希望风险晚些转移的话（例如在某海港或机场转移），则需要在其买卖合同中订明。

由于卖方需承担将货物运至目的地具体地点的费用，特别建议双方尽可能确切地在指定目的地内明确该点。建议卖方取得完全符合该选择的运输合同。如果卖方按照运输合同在指定的目的地卸货发生了费用，除非双方另有约定，卖方无权向买方要求偿付。

如适用时，CIP 要求卖方办理货物的出口清关手续。但是卖方无义务办理进口清关，支付任何进口税或办理进口相关的任何海关手续。

A　卖方义务

A1　卖方一般义务

卖方必须提供符合买卖合同约定的货物和商业发票，以及合同可能要求的其他与合同相符的证据。

A1～A10 中所指的任何单证在双方约定或符合惯例的情况下，可以是同等作用的电子记录或程序。

A2　许可证、授权、安检通关和其他手续

如适用时，卖方必须自负风险和费用，取得所有的出口许可或其他官方授权，办理货物出口和交货前从他国过境运输所需的一切海关手续。

A3　运输合同与保险合同

a）运输合同

卖方必须签订或取得运输合同，将货物自交货地内的约定交货点（如有的话）运送至指定目的地或该目的地的交付点（如有约定）。必须按照通常条件订立合同，由卖方支付费用，经由通常航线和习惯方式运送货物。如果双方没有约定特别的点或该点不能由惯例确定，卖方则可选择最适合其目的的交货点和指定目的地内的交货点。

b）保险合同

卖方必须自付费用取得货物保险。该保险需至少符合《协会货物保险条款》（Institute Cargo Clauses，LMA/IUA）“条款（C）”（Cluases C）或类似条款的最低险别。保险合同应与信誉良好的承保人或保险公司订立。应使买方或其他对货物有可保利益者有权直接向保险人索赔。

当买方要求且能够提供卖方所需的信息时，卖方应办理任何附加险别，由买方承担费用，如果能够办理，诸如办理《协会货物保险条款》（Institute Cargo Clauses，LMA/IUA）“条款（A）或（B）”（Cluases A or B）或类似条款的险别，也可同时或单独办理《协会战争险条款》（Institute War Clauses）和/或《协会罢工险条款》（Institute Strikes Clauses，LMA/IUA）或其他类似条款的险别。

保险最低金额是合同规定价格另加 10%（即 110%），并采用合同货币。

B 买方义务

B1 买方一般义务

买方必须按照买卖合同约定支付价款。

B1 ~ B10 中所指的任何单证在双方约定或符合惯例的情况下，可以是同等作用的电子记录或程序。

B2 许可证、授权、安检通关和其他手续

如适用时，应由买方自负风险和费用，取得所有的进口许可或其他官方授权，办理货物进口和从他国过境运输所需的一切海关手续。

B3 运输合同与保险合同

a）运输合同

买方对卖方无订立运输合同的义务。

b）保险合同

买方对卖方无订立保险合同的义务。但应卖方要求，买方必须向卖方提供后者应买方按照 A3 b）要求其购买附加险所需信息。

保险期间为货物自 A4 和 A5 规定的交货点起，至少到指定目的地止。

卖方应向买方提供保单或其他保险证据。

此外，应买方要求并由买方承担风险和费用（如有的话），卖方必须向买方提供后者取得附加险所需信息。

A4 交货

卖方必须在约定日期或期限内，以将货物交给按照 A3 签订的合同承运人方式交货。

A5 风险转移

除按照 B5 的灭失或损坏情况外，卖方承担按照 A4 完成交货前货物灭失或损坏的一切风险。

A6 费用划分

卖方必须支付

a）按照 A4 完成交货前与货物相关的一切费用，但按照 B6 应由买方支付的费用除外；

b）按照 A3 a）所发生的运费和其他一切费用，包括根据运输合同规定由卖方支付的装货费和在目的地的卸货费用；

c）根据 A3 b）发生的保险费用；及

d）如适用时，货物出口所需海关手续费用，出口应交纳的一切关税、税款和其他费用，以及按照运输合同规定，由卖方支付的货物从他国过境运输的费用。

B4 收取货物

当货物按照 A4 交付时，买方必须收取，并在指定目的地自承运人收取货物。

B5 风险转移

买方承担按照 A4 交货时起货物灭失或损坏的一切风险。

如买方未按照 B7 通知卖方，则自约定的交货日期或交货期限届满之日起，买方承担货物灭失或损坏的一切风险，但以该货物已清楚地确定为合同项下之货物者为限。

B6 费用划分

在不与 A3 a）冲突的情况下，买方必须支付

a）自按照 A4 交货时起，与货物相关的一切费用，如适用时，按照 A6 d）为出口所需的海关手续费用，及出口应交纳的一切关税、税款和其他费用除外；

b）货物在运输途中直至到达约定目的地为止的一切费用，按照运输合同该费用应由卖方支付的除外；

c）卸货费，除非根据运输合同该项费用应由卖方支付；

d）如买方未按照 B7 发出通知，则自约定发货之日或约定发货期限届满之日起，所发生的一切额外费用，但以该货物已清楚地确定为合同项下之货物者为限；

e）如适用时，货物进口应交纳的一切关税、税款和其他费用，及办理进口海关手续的费用和从他国过境运输费用，除非该费用已包括在运输合同中；及

f）应买方要求，按照 A3 和 B3 取得附加险别所发生的费用。

A7 通知买方

卖方必须向买方发出已按照 A4 交货的通知。

卖方必须向买方发出所需通知，以便买方采取收取货物通常所需要的措施。

A8 交货凭证

依惯例或应买方要求，卖方必须承担费用，向买方提供其按照 A3 订立的运输合同通常的运输凭证。

此项运输凭证必须载明合同中的货物，且其签发日期应在约定运输期限内。如已约定或依惯例，此项凭证也必须能使买方在指定目的地向承运人索取货物，并能使买方在货物运输途中以向下家买方转让或通知承运人方式出售货物。

当此类运输凭证以可转让形式签发、且有数份正本时，则必须将整套正本凭证提交给买方。

A9 查对—包装—标记

卖方必须支付为了按照 A4 进行交货，所需要进行的查对费用（如查对质量、丈量、过磅、点数的费用），以及出口国有关机构强制进行的装运前检验所发生的费用。

除非在特定贸易中，某类货物的销售通常不需包装，卖方必须自付费用包装货物。

除非买方在签订合同前已通知卖方特殊包装要求，卖方可以适合该货物运输的方式对货物进行包装。包装应作适当标记。

A10 协助提供信息及相关费用

如适用时，应买方要求并由其承担风险和费用，卖方必须及时向买方提供或协助其取得相关货物进口和/或将货物运输到最终目的地所需要的任何文件和信息，包括安全相关信息。

卖方必须偿付买方按照 B10 提供或协助取得文件和信息时发生的所有花销和费用。

B7 通知卖方

当有权决定发货时间和/或指定目的地或目的地内收取货物的点时，买方必须向卖

方发出充分的通知。

B8　交货证据

如果凭证与合同相符的话，买方必须接受按照 A8 提供的运输凭证。

B9　货物检验

买方必须支付任何强制性装船前检验费用，但出口国有关机构强制进行的检验除外。

B10　协助提供信息及相关费用

买方必须及时告知卖方任何安全信息要求，以便卖方遵守 A10 的规定。

买方必须偿付卖方按照 A10 向买方提供或协助其取得文件和信息时发生的所有花销和费用。

如适用时，应卖方要求并由其承担风险和费用，买方必须及时向卖方提供或协助其取得货物运输和出口及从他国过境运输所需要的任何文件和信息，包括安全相关信息。

FAS
Free Alongside Ship 船边交货

该术语仅用于海运或内河水运。

“船边交货”是指当卖方在指定的装运港将货物交到买方指定的船边（例如，置于码头或驳船上）时，即为交货。货物灭失或损坏的风险在货物交到船边时发生转移，同时买方承担自那时起的一切费用。

由于卖方承担在特定地点交货前的风险和费用，而且这些费用和相关作业费可能因各港口惯例不同而变化，特别建议双方尽可能清楚地约定指定装运港内的装货点。

卖方应将货物运至船边或取得已经这样交运的货物。此处使用的“取得”一词适用于商品贸易中常见的交易链中的多层销售（链式销售）。

当货物装在集装箱里时，卖方通常将货物在集装箱码头移交给承运人，而非交到船边。这时，FAS 术语不适合，而应当使用 FCA 术语。

如适用时，FAS 要求卖方办理出口清关手续。但卖方无义务办理进口清关、支付任何进口税或办理任何进口海关手续。

A　卖方义务

A1　卖方一般义务

卖方必须提供符合买卖合同约定的货物和商业发票，以及合同可能要求的其他与合同相符的证据。

A1 ~ A10 中所指的任何单证在双方约定或符合惯例的情况下，可以是同等作用的电子记录或程序。

A2　许可证、授权、安检通关和其他手续

如适用时，卖方必须自负风险和费用，取得所有的出口许可或其他官方授权，办理货物出口所需的一切海关手续。

A3　运输合同与保险合同

a）运输合同

卖方对买方无订立运输合同的义务。但若买方要求，或是依商业实践，且买方未适时做出相反指示，卖方可以按照通常条件签订运输合同，由买方负担风险和费用。

在以上两种情形下，卖方都可拒绝签订运输合同，如予拒绝，卖方应立即通知买方。

b）保险合同

卖方对买方无订立保险合同的义务。但应买方要求并由其承担风险和费用（如有的话），卖方必须向买方提供后者取得保险所需的信息。

A4 交货

卖方必须在买方指定的装运港内的装船点（如有的话），以将货物置于买方指定的船舶旁边，或以取得已在船上交付的货物的方式交货。在其中任何情形下，卖方都必须在约定日期或期限内，按照该港的习惯方式交货。

如果买方没有指定特定的装货地点，卖方则可在指定装运港选择最适合其目的的装货点。如果双方已同意交货应当在一段时间内进行，买方则有权在该期限内选择日期。

B 买方义务

B1 买方一般义务

买方必须按照买卖合同约定支付价款。

B1～B10 中所指的任何单证在双方约定或符合惯例的情况下，可以是同等作用的电子记录或程序。

B2 许可证、授权、安检通关和其他手续

如适用时，应由买方自负风险和费用，取得所有进口许可或其他官方授权，办理货物进口和从他国过境运输所需的一切海关手续。

B3 运输合同与保险合同

a）运输合同

除了卖方按照 A3 a）签订运输合同情形外，买方必须自付费用签订自指定的装运港起运货物的运输合同。

b）保险合同

买方对卖方无订立保险合同的义务。

B4 收取货物

当货物按照 A4 交付时，买方必须收取。

A5 风险转移

除按照 B5 的灭失或损坏情况外，卖方承担按照 A4 完成交货前货物灭失或损坏的一切风险。

A6 费用划分

卖方必须支付

a）按照 A4 交货前与货物相关的一切费用，但按照 B6 应由买方支付的费用除外；及

b）如适用时，货物出口所需海关手续费用，以及出口应交纳的一切关税、税款和

其他费用。

A7 通知买方

由买方承担风险和费用，卖方必须就其已经按照A4交货或船舶未在约定时间内收取货物给予买方充分的通知。

A8 交货凭证

卖方必须自付费用向买方提供已按照A4交货的通常证据。

B5 风险转移

买方承担按照A4交货时起货物灭失或损坏的一切风险。

如果

a）买方未按照B7发出通知；或

b）买方指定的船舶未准时到达，或未收取货物，或早于B7通知的时间停止装货；

则买方自约定交货日期或约定期限届满之日起承担所有货物灭失或损坏的一切风险，但以该货物已清楚地确定为合同项下之货物者为限。

B6 费用划分

买方必须支付

a）自按照A4交货之时起与货物相关的一切费用，如适用时，A6 b）中为出口所需的海关手续费用，及出口应交纳的一切关税、税款和其他费用除外；

b）由于以下原因之一发生的任何额外费用：

（i）买方未能按照B7发出相应的通知，或

（ii）买方指定的船舶未准时到达，未能收取货物或早于B7通知的时间停止装货，但以该货物已清楚地确定为合同项下之货物者为限；及

c）如适用时，货物进口应交纳的一切关税、税款和其他费用，及办理进口货物海关手续的费用和从他国过境运输费用。

B7 通知卖方

买方必须就船舶名称、装船点和其在约定期间内选择的交货时间（如需要时）向卖方发出充分的通知。

B8 交货证据

买方必须接受按照A8提供的交货凭证。

除非上述证据是运输凭证，否则，应买方要求并由其承担风险和费用，卖方必须协助买方取得运输凭证。

A9 查对—包装—标记

卖方必须支付为了按照A4进行交货，所需要进行的查对费用（如查对质量、丈量、过磅、点数的费用），以及出口国有关机构强制进行的装运前检验所发生的费用。

除非在特定贸易中，某类货物的销售通常不需包装，卖方必须自付费用包装货物。

除非买方在签订合同前已通知卖方特殊包装要求，卖方可以适合该货物运输的方式对货物进行包装。包装应作适当标记。

A10 协助提供信息及相关费用

如适用时，应买方要求并由其承担风险和费用，卖方必须及时向买方提供或协助其取得相关货物进口和/或将货物运输到最终目的地所需要的任何文件和信息，包括安全相关信息。

卖方必须偿付买方按照 B10 提供或协助取得文件和信息时所发生的所有花销和费用。

B9　货物检验

买方必须支付任何强制性装船前检验费用，但出口国有关机构强制进行的检验费用除外。

B10　协助提供信息及相关费用

买方必须及时告知卖方任何安全信息要求，以便卖方遵守 A10 的规定。

买方必须偿付卖方按照 A10 向买方提供或协助其取得文件和信息时发生的所有花销和费用。

如适用时，应卖方要求并由其承担风险和费用，买方必须及时向卖方提供或协助其取得货物运输和出口以及他国过境运输所需要的任何文件和信息，包括安全相关信息。

FOB

Free On Board 船上交货

该术语仅用于海运或内河水运。

“船上交货”是指卖方以在指定装运港将货物装上买方指定的船舶或通过取得已交付至船上货物的方式交货。货物灭失或损坏的风险在货物交到船上时转移，同时买方承担自那时起的一切费用。

卖方应将货物在船上交付或者取得已在船上交付的货物。此处使用的“取得”一词适用于商品贸易中常见的交易链中的多层销售（链式销售）。

FOB 可能不适合于货物在上船前已经交给承运人的情况，例如用集装箱运输的货物通常是在集装箱码头交货。在此类情况下，应当使用 FCA 术语。

如适用时，FOB 要求卖方出口清关。但卖方无义务办理进口清关、支付任何进口税或办理任何进口海关手续。

A　卖方义务

A1　卖方一般义务

卖方必须提供符合买卖合同约定的货物和商业发票，以及合同可能要求的其他与合同相符的证据。

A1 ~ A10 中所指的任何单证在双方约定或符合惯例的情况下，可以是同等作用的电子记录或程序。

A2　许可证、授权、安检通关和其他手续

如适用时，卖方必须自负风险和费用，取得所有的出口许可或其他官方授权，办理货物出口所需的一切海关手续。

A3　运输合同与保险合同

a）运输合同

卖方对买方无订立运输合同的义务。但若买方要求，或是依商业实践，且买方未适时做出相反指示，卖方可以按照通常条件签订运输合同，由买方负担风险和费用。

在以上两种情形下，卖方都可拒绝签订运输合同，如予拒绝，卖方应立即通知买方。

b）保险合同

卖方对买方无订立保险合同的义务。但应买方要求并由其承担风险和费用（如有的话），卖方必须向买方提供后者取得保险所需的信息。

A4 交货

卖方必须在指定的装运港内的装船点（如有的话），以将货物置于买方指定的船舶之上方式，或以取得已在船上交付的货物的方式交货。在其中任何情形下，卖方都必须在约定日期或期限内，按照该港的习惯方式交货。

如果买方没有指定特定的装货点，卖方则可在指定装运港选择最适合其目的的装货点。

A5 风险转移

除按照 B5 的灭失或损坏情况外，卖方承担按照 A4 完成交货前货物灭失或损坏的一切风险。

B 买方义务

B1 买方一般义务

买方必须按照买卖合同约定支付价款。

B1 ~ B10 中所指的任何单证在双方约定或符合惯例的情况下，可以是同等作用的电子记录或程序。

B2 许可证、授权、安检通关和其他手续

如适用时，应由买方自负风险和费用，取得所有进口许可或其他官方授权，办理货物进口和从他国过境运输所需的一切海关手续。

B3 运输合同与保险合同

a）运输合同

除了卖方按照 A3 a）签订运输合同情形外，买方必须自付费用签订自指定的装运港起运货物的运输合同。

b）保险合同

买方对卖方无订立保险合同的义务。

B4 收取货物

当货物按照 A4 交付时，买方必须收取。

B5 风险转移

买方承担按照 A4 交货时起货物灭失或损坏的一切风险。

A6 费用划分

卖方必须支付

a）按照 A4 完成交货前与货物相关的一切费用，但按照 B6 应由买方支付的费用除

外；及

b）如适用时，货物出口所需海关手续费用，以及出口应交纳的一切关税、税款和其他费用。

A7　通知买方

由买方承担风险和费用，卖方必须就其已经按照 A4 交货或船舶未在约定时间内收取货物给予买方充分的通知。

如果

a）买方未按照 B7 通知指定的船舶名称；或

b）买方指定的船舶未准时到达导致卖方未能按 A4 履行义务，或该船舶不能够装载该货物，或早于 B7 通知的时间停止装货；

买方则按下列情况承担货物灭失或损坏的一切风险：

（i）自约定之日起，或如没有约定日期的，

（ii）自卖方在约定期限内按照 A7 通知的日期起，或如没有通知日期的，

（iii）自任何约定交货期限届满之日起。

但以该货物已清楚地确定为合同项下之货物者为限。

B6　费用划分

买方必须支付

a）自按照 A4 交货之时起与货物相关的一切费用，如适用时，按照 A6 b）出口所需海关手续的费用，及出口应交纳的一切关税、税款和其他费用除外；

b）由于以下原因之一发生的任何额外费用：

（i）买方未能按照 B7 给予卖方相应的通知，或

（ii）买方指定的船舶未准时到达，不能装载货物或早于 B7 通知的时间停止装货，但以该货物已清楚地确定为合同项下之货物者为限；及

c）如适用时，货物进口应交纳的一切关税、税款和其他费用，及办理进口海关手续的费用和从他国过境运输费用。

B7　通知卖方

买方必须就船舶名称、装船点和其在约定期间内选择的交货时间（如需要时），向卖方发出充分的通知。

A8　交货凭证

卖方必须自付费用向买方提供已按照 A4 交货的通常证据。

除非上述证据是运输凭证，否则，应买方要求并由其承担风险和费用，卖方必须协助买方取得运输凭证。

A9　查对—包装—标记

卖方必须支付为了按照 A4 进行交货，所需要进行的查对费用（如查对质量、丈量、过磅、点数的费用），以及出口国有关机构强制进行的装运前检验所发生的费用。

除非在特定贸易中，某类货物的销售通常不需包装，卖方必须自付费用包装货物。

除非买方在签订合同前已通知卖方特殊包装要求，卖方可以适合该货物运输的方式

对货物进行包装。包装应作适当标记。

A10　协助提供信息及相关费用

如适用时，应买方要求并由其承担风险和费用，卖方必须及时向买方提供或协助其取得相关货物进口和/或将货物运输到最终目的地所需要的任何文件和信息，包括安全相关信息。

卖方必须偿付买方按照B10提供或协助取得文件和信息时所发生的所有花销和费用。

B8　交货证据

买方必须接受按照A8提供的交货凭证。

B9　货物检验

买方必须支付任何强制性装船前检验费用，但出口国有关机构强制进行的检验除外。

B10　协助提供信息及相关费用

买方必须及时告知卖方任何安全信息要求，以便卖方遵守A10的规定。

买方必须偿付卖方按照A10向买方提供或协助其取得文件和信息时发生的所有花销和费用。

如适用时，应卖方要求并由其承担风险和费用，买方必须及时向卖方提供或协助其取得货物运输和出口及从他国过境运输所需要的任何文件和信息，包括安全相关信息。

CFR

Cost And Freight 成本加运费

该术语仅用于海运或内河水运。

“成本加运费”是指卖方在船上交货或以取得已经这样交付的货物方式交货。货物灭失或损坏的风险在货物交到船上时转移。卖方必须签订合同，并支付必要的成本和运费，将货物运至指定的目的港。

当使用CPT、CIP、CFR或者CIF时，卖方按照所选择术语规定的方式将货物交付给承运人时，即完成其交货义务，而不是货物到达目的地之时。

由于风险转移和费用转移的地点不同，该术语有两个关键点。虽然合同通常都会指定目的港，但不一定都会指定装运港，而这里是风险转移至买方的地方。如果装运港对买方具有特殊意义，特别建议双方在合同中尽可能准确地指定装运港。

由于卖方要承担将货物运至目的地具体地点的费用，特别建议双方应尽可能确切地在指定目的港内明确该点。建议卖方取得完全符合该选择的运输合同。如果卖方按照运输合同在目的港交付点发生了卸货费用，则除非双方事先另有约定，卖方无权向买方要求补偿该项费用。

卖方需要将货物在船上交货，或以取得已经这样交付运往目的港的货物的方式交货。此外，卖方还需签订一份运输合同，或者取得一份这样的合同。此处使用的“取得”一词适用于商品贸易中常见的交易链中的多层销售（链式销售）。

CFR可能不适合于货物在上船前已经交给承运人的情况，例如用集装箱运输的货物通常是在集装箱码头交货。在此类情况下，应当使用 CPT 术语。

如适用时，CFR 要求卖方办理出口清关。但卖方无义务办理进口清关、支付任何进口税或办理任何进口海关手续。

A 卖方义务

A1 卖方一般义务

卖方必须提供符合买卖合同约定的货物和商业发票，以及合同可能要求的其他与合同相符的证据。

A1 ~ A10 中所指的任何单证在双方约定或符合惯例的情况下，可以是同等作用的电子记录或程序。

A2 许可证、授权、安检通关和其他手续

如适用时，卖方必须自负风险和费用，取得所有的出口许可或其他官方授权、办理货物出口所需的一切海关手续。

A3 运输合同与保险合同

a）运输合同

卖方必须签订或取得运输合同，将货物自交货地内的约定交货点（如有的话）运送至指定目的港或该目的港的交付点（如有约定）。必须按照通常条件订立合同，由卖方支付费用，经由通常航线，由通常用来运输该类商品的船舶运输。

b）保险合同

卖方对买方无订立保险合同的义务。但应买方要求并由其承担风险和费用（如有的话），卖方必须向买方提供后者取得保险所需信息。

A4 交货

卖方必须以将货物装上船，或者以取得已装船货物的方式交货。在其中任何情况下，卖方都必须在约定日期或期限内，按照该港的习惯方式交货。

A5 风险转移

除按照 B5 的灭失或损坏情况外，卖方承担按照 A4 完成交货前货物灭失或损坏的一切风险。

B 买方义务

B1 买方一般义务

买方必须按照买卖合同约定支付价款。

B1 ~ B10 中所指的任何单证在双方约定或符合惯例的情况下，可以是同等作用的电子记录或程序。

B2 许可证、授权、安检通关和其他手续

如适用时，应由买方自负风险和费用，取得所有的进口许可或其他官方授权，办理货物进口和从他国过境运输所需的一切海关手续。

B3 运输合同与保险合同

a）运输合同

买方对卖方无订立运输合同的义务。

b）保险合同

买方对卖方无订立保险合同的义务。但应卖方要求，买方必须向卖方提供取得保险所需信息。

B4 收取货物

当货物按照A4交付时，买方必须收取，并在指定的目的港自承运人收取货物。

B5 风险转移

买方承担按照A4交货时起货物灭失或损坏的一切风险。

如买方未按照B7通知卖方，则买方从约定的交货日期或交货期限届满之日起，承担货物灭失或损坏的一切风险，但以该货物已清楚地确定为合同项下之货物者为限。

A6 费用划分

卖方必须支付

a）按照A4完成交货前与货物相关的一切费用，但按照B6应由买方支付的费用除外；

b）按照A3 a）所发生的将货物装上船的运费和其他一切费用，包括将货物装上船和根据运输合同规定由卖方支付的在约定卸载港的卸货费；及

c）如适用时，货物出口所需海关手续费用，出口应交纳的一切关税、税款和其他费用，以及按照运输合同规定，由卖方支付的货物从他国过境运输的费用。

A7 通知买方

卖方必须向买方发出所需通知，以便买方采取收取货物通常所需要的措施。

A8 交货凭证

卖方必须自付费用，不得延迟地向买方提供到约定目的港的通常的运输凭证。

此运输凭证必须载明合同中的货物，且其签发日期应在约定运输期限内，并使买方能在指定目的港向承运人索取货物。同时，除非另有约定，该项凭证应能使买方在货物运输途中以向下家买方转让或通知承运人的方式出售货物。

当此类运输凭证以可转让形式签发并有数份正本时，则必须将整套正本凭证提交给买方。

A9 查对—包装—标记

卖方必须支付为了按照A4进行交货，所需要进行的查对费用（如查对质量、丈量、过磅、点数的费用），以及出口国有关机构强制进行的装运前检验所发生的费用。

B6 费用划分

在不与A3 a）冲突的情况下，买方必须支付

a）自按照A4交货时起与货物相关的一切费用，如适用时，按照A6 c）为出口所需的海关手续费用，及出口应交纳的一切关税、税款和其他费用除外；

b）货物在运输途中直至到达约定目的港为止的一切费用，按照运输合同该费用应由卖方支付者的除外；

c）包括驳运费和码头费在内的卸货费，除非根据运输合同该费用应由卖方支付

者外；

d）如买方未按照 B7 发出通知，则自约定运输之日或约定运输期限届满之日起，所发生的一切额外费用，但以该货物已清楚地确定为合同项下之货物者为限；及

e）如适用时，货物进口应交纳的一切关税、税款和其他费用，及办理进口海关手续的费用和从他国过境运输费用，除非该费用已包括在运输合同中。

B7　通知卖方

当有权决定货物运输时间和/或指定目的港内收取货物点时，买方必须向卖方发出充分的通知。

B8　交货证据

如果凭证与合同相符的话，买方必须接受按照 A8 提交的运输凭证。

B9　货物检验

买方必须支付任何强制性装船前检验费用，但出口国有关机构强制进行的检验除外。

除非在特定贸易中，某类货物的销售通常不需包装，卖方必须自付费用包装货物。

除非买方在签订合同前已通知卖方特殊包装要求，卖方可以适合该货物运输的方式对货物进行包装。包装应作适当标记。

A10　协助提供信息及相关费用

如适用时，应买方要求并由其承担风险和费用，卖方必须及时向买方提供或协助其取得相关货物进口和/或将货物运输到最终目的地所需要的任何文件和信息，包括安全相关信息。

卖方必须偿付买方按照 B10 提供或协助取得文件和信息时所发生的所有花销和费用。

B10　协助提供信息及相关费用

买方必须及时告知卖方任何安全信息要求，以便卖方遵守 A10 的规定。

买方必须偿付卖方按照 A10 向买方提供或协助其取得文件和信息时发生的所有花销和费用。

如适用时，应卖方要求并由其承担风险和费用，买方必须及时向卖方提供或协助其取得货物运输和出口及从他国过境运输所需要的任何文件和信息，包括安全相关信息。

CIF
Cost Insurance and Freight 成本、保险费加运费

该术语仅用于海运或内河水运。

“成本、保险费加运费”是指卖方在船上交货或以取得已经这样交付的货物方式交货。货物灭失或损坏的风险在货物交到船上时转移。卖方必须签订合同，并支付必要的成本和运费，以将货物运至指定的目的港。

卖方还要为买方在运输途中货物的灭失或损坏风险办理保险。买方应注意到，在 CIF 下卖方仅需投保最低险别。如买方需要更多保险保护的话，则需与卖方明确达成协议，或者自行做出额外的保险安排。

当使用CPT、CIP、CFR或者CIF时，卖方按照所选择的术语规定的方式将货物交付给承运人时，即完成其交货义务，而不是货物到达目的地之时。

由于风险转移和费用转移的地点不同，该术语有两个关键点。虽然合同通常都会指定目的港，但不一定都会指定装运港，而这里是风险转移至买方的地方。如果装运港对买方具有特殊意义，特别建议双方在合同中尽可能准确地指定装运港。

由于卖方需承担将货物运至目的地具体地点的费用，特别建议双方应尽可能确切地在指定目的港内明确该点。建议卖方取得完全符合该选择的运输合同。如果卖方按照运输合同在目的港发生了卸货费用，则除非双方事先另有约定，卖方无权向买方要求补偿该项费用。

卖方需要将货物在船上交货，或以取得已经这样交付运往目的港的货物方式交货。此外，卖方还需签订一份运输合同，或者取得一份这样的合同。此处使用的“取得”一词适用于商品贸易中常见的交易链中的多层销售（链式销售）。

CIF可能不适合于货物在上船前已经交给承运人的情况，例如用集装箱运输的货物通常是在集装箱码头交货。在此类情况下，应当使用CIP术语。

如适用时，CIF要求卖方办理出口清关。但卖方无义务办理进口清关、支付任何进口税或办理任何进口海关手续。

A　卖方义务

A1　卖方一般义务

卖方必须提供符合买卖合同约定的货物和商业发票，以及合同可能要求的其他与合同相符的证据。

A1 ~ A10中所指的任何单证在双方约定或符合惯例的情况下，可以是同等作用的电子记录或程序。

A2　许可证、授权、安检通关和其他手续

如适用时，卖方必须自负风险和费用，取得所有的出口许可或其他官方授权，办理货物出口所需的一切海关手续。

A3　运输合同与保险合同

a）运输合同

卖方必须签订或取得运输合同，将货物自交货地内的约定交货点（如有的话）运送至指定目的港或该目的港的交付点（如有约定）。必须按照通常条件订立合同，由卖方支付费用，经由通常航线，由通常用来运输该类商品的船舶运输。

b）保险合同

卖方必须自付费用取得货物保险。该保险需至少符合《协会货物保险条款》（Institute Cargo Clauses，LMA/IUA）“条款（C）”（Cluases C）或类似条款的最低险别。保险合同应与信誉良好的承保人或保险公司订立。应使买方或其他对货物有可保利益者有权直接向保险人索赔。

当买方要求、且能够提供卖方所需的信息时，卖方应办理任何附加险别，由买方承担费用，如果能够办理，诸如《协会货物保险条款》（Institute Cargo Clauses，LMA/

IUA）“条款（A）或（B）”（Clauses A or B）或类似条款的险别，也可同时或单独办理《协会战争险条款》（Institute War Clauses）和/或《协会罢工险条款》（Institute Strikes Clauses，LMA/IUA）或其他类似条款的险别。

保险最低金额是合同规定价格另加10%（即110%），并采用合同货币。

B　买方义务

B1　买方一般义务

买方必须按照买卖合同约定支付价款。

B1～B10中所指的任何单证在双方约定或符合惯例的情况下，可以是同等作用的电子记录或程序。

B2　许可证、授权、安检通关和其他手续

如适用时，应由买方自负风险和费用，取得所有的进口许可或其他官方授权，办理货物进口和从他国过境运输所需的一切海关手续。

B3　运输合同与保险合同

a）运输合同

买方对卖方无订立运输合同的义务。

b）保险合同

买方对卖方无订立保险合同的义务。买方必须向卖方提供后者应买方按照A3 b）要求其购买附加险所需信息。

保险期间应从货物自A4和A5规定的交货点起，至少到指定目的港止。

卖方应向买方提供保单或其他保险证据。

此外，应买方要求并由买方承担风险和费用（如有的话），卖方必须向买方提供后者取得附加险所需信息。

A4　交货

卖方必须以将货物装上船，或以取得已经这样交付的货物的方式交货。在其中任何情况下，卖方都必须在约定日期或期限内、按照该港的习惯方式交货。

A5　风险转移

除按照B5的灭失或损坏情况外，卖方承担按照A4完成交货前货物灭失或损坏的一切风险。

A6　费用划分

卖方必须支付

a）按照A4完成交货前与货物相关的一切费用，但按照B6应由买方支付的费用除外；

b）按照A3 a）所发生的运费和其他一切费用，包括将货物装上船和根据运输合同规定由卖方支付的和在约定卸载港的卸货费；

c）按照A3 b）规定所发生的保险费用；及

d）如适用时，货物出口所需海关手续费用，出口应交纳的一切关税、税款和其他费用，以及按照运输合同规定，由卖方支付的货物从他国过境运输的费用。

B4　收取货物

当货物按照 A4 交付时，买方必须收取，并在指定的目的港自承运人收取货物。

B5　风险转移

买方承担按照 A4 交货时起货物灭失或损坏的一切风险。

如买方未按照 B7 通知卖方，则买方必须从约定交货日期或交货期限届满之日起，承担货物灭失或损坏的一切风险，但以该货物已清楚地确定为合同项下之货物者为限。

B6　费用划分

在不与 A3 a）冲突的情况下，买方必须支付

a）自按照 A4 交货时起，与货物相关的一切费用，如适用时，按照 A6 d）为出口所需的海关手续费用，及出口应交纳的一切关税、税款和其他费用除外；

b）货物在运输途中直至到达目的港为止的一切费用，按照运输合同该费用应由卖方支付的除外；

c）包括驳运费和码头费在内的卸货费，除非根据运输合同该费用应由卖方支付者外；

d）如买方未按照 B7 发出通知，则自约定运输之日或约定运输期限届满之日起，所发生的一切额外费用，但以该货物已清楚地确定为合同项下之货物者为限；及

e）如适用时，货物进口应交纳的一切关税、税款和其他费用，及办理进口海关手续的费用和从他国过境运输费用，除非该费用已包括在运输合同中；及

f）按照 A3 b）和 B3 b），应卖方要求办理附加险所产生的费用。

A7　通知买方

卖方必须向买方发出所需通知，以便买方采取收取货物通常所需要的措施。

A8　交货凭证

卖方必须自付费用，不得延迟地向买方提供到约定目的港的通常的运输凭证。

此运输凭证必须载明合同中的货物，且其签发日期应在约定运输期限内，并使买方能在指定目的港向承运人索取货物。同时，除非另有约定，该项凭证应能使买方在货物运输途中以向下家买方转让或通知承运人的方式出售货物。

当此类运输凭证以可转让形式签发并有数份正本时，则必须将整套正本凭证提交给买方。

A9　查对—包装—标记

卖方必须支付为了按照 A4 进行交货，所需要进行的查对费用（如查对质量、丈量、过磅、点数的费用），以及出口国有关机构强制进行的装运前检验所发生的费用。

除非在特定贸易中，某类货物的销售通常不需包装，卖方必须自付费用包装货物。

除非买方在签订合同前已通知卖方特殊包装要求，卖方可以适合该货物运输的方式对货物进行包装。包装应作适当标记。

A10　协助提供信息及相关费用

如适用时，应买方要求并由其承担风险和费用，卖方必须及时向买方提供或协助其取得相关货物进口和/或将货物运输到最终目的地所需要的任何文件和信息，包括安全

相关信息。

卖方必须偿付买方按照 B10 提供或协助取得文件和信息时所发生的所有花销和费用。

B7　通知卖方

当有权决定货物运输时间和/或指定目的港内收取货物点时，买方必须向卖方发出充分的通知。

B8　交货证据

如果凭证与合同相符的话，买方必须接受按照 A8 提交的运输凭证。

B9　货物检验

买方必须支付任何强制性装船前检验费用，但出口国有关机构强制进行的检验除外。

B10　协助提供信息及相关费用

买方必须及时告知卖方任何安全信息要求，以便卖方遵守 A10 的规定。

买方必须偿付卖方按照 A10 向买方提供或协助其取得文件和信息时发生的所有花销和费用。

如适用时，应卖方要求并由其承担风险和费用，买方必须及时向卖方提供或协助其取得货物运输和出口及从他国过境运输所需要的任何文件和信息，包括安全相关信息。

附件一 世界地图

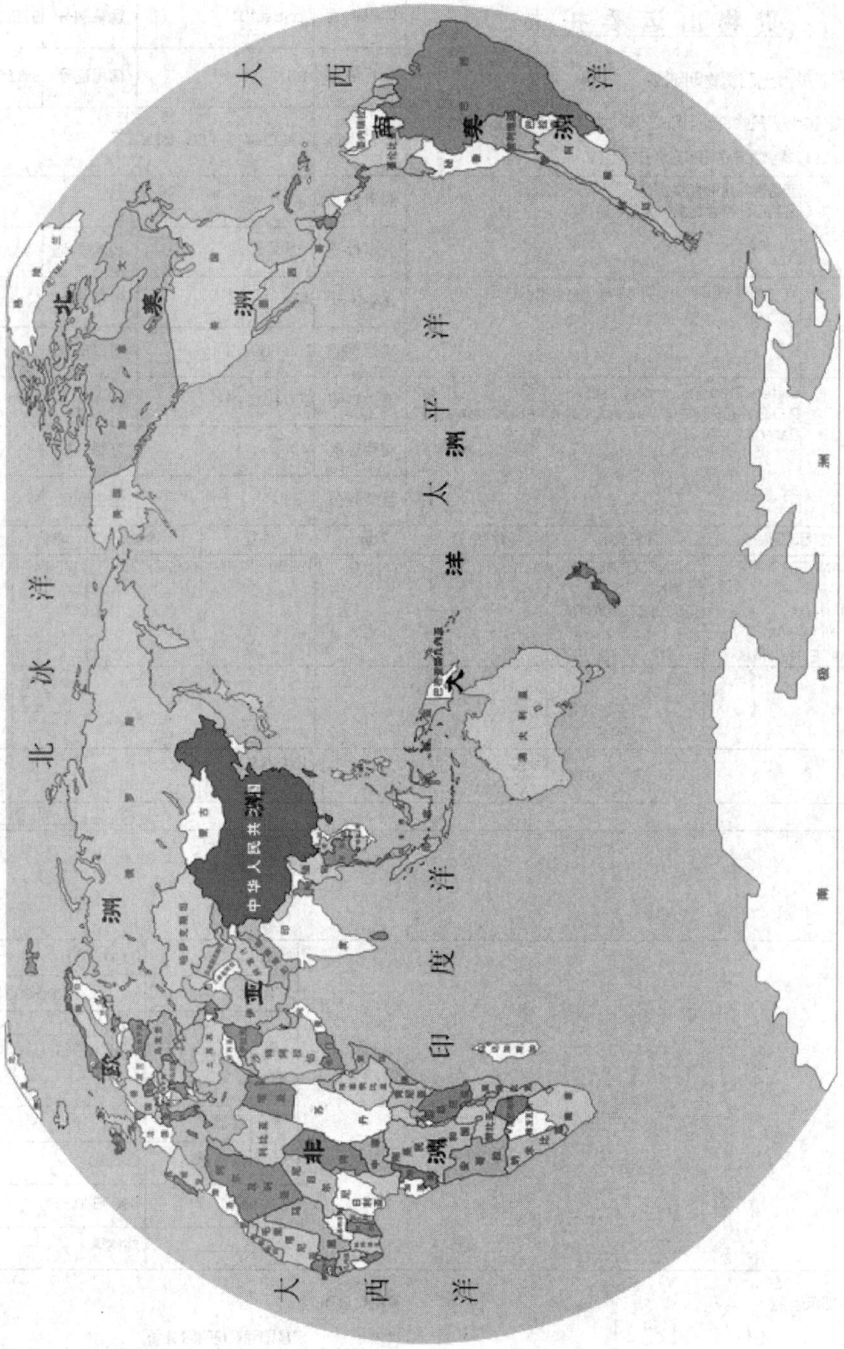

附件二　货物托运单样本

货物出运委托书

(出口货物明细单)　日期: 2005-09-10

根据《中华人民共和国合同法》与《中华人民共和国海商法》的规定，就出口货物委托运输事宜订立本合同。

合同号	Contract01	运输编号	STINV000001
银行编号	dst01	信用证号	STLCN000001
开证银行	THE CHARTERED BANK		
付款方式	L/C		
贸易性质	一般贸易	贸易国别	Canada
运输方式	海运	消费国别	Canada
装运期限	2004-09-20	出口口岸	Nanjing
有效期限	2004-10-15	目的港	Toronto
可否转运	NO	可否分批	NO
运费预付	YES	运费到付	NO

托运人	宏昌国际股份有限公司 南京市北京西路嘉发大厦2501室
抬头人	To order of Carters Trading Company, LLC
通知人	Carters Trading Company, LLC P.O.Box8935,New Terminal, Lata. Vista, Ottawa, Canada

选择	标志唛头	货名规格	件数	数量	毛重	净重	单价	总价
○	CANNED SWEET CORN CANADA C/NO.1-800 MADE IN CHINA	CANNED SWEET CORN 3060Gx6TINS/CTN	800CARTON	800CARTON	16156.8KGS	14688KGS	USD14	USD11200
		TOTAL:	[800] [CARTON]	[800] [CARTON]	[16156.8] [KGS]	[14688] [KGS]		[USD] [11200]

[添 加][修 改][删 除]

注意事项	FOB价		[USD][7509.58]
	总体积		[20.5888] [CBM]
	保险单	险别	ICC(A) WAR RISKS
		保额	[USD][12320]
		赔偿地点	CANADA
	海关编号		0000000003
	制单员		刘铭华

受托人(即承运人)		委托人(即托运人)	
名称:		名称:	宏昌国际股份有限公司
电话:		电话:	86-25-23501213
传真:		传真:	86-25-23500638
委托代理人:		委托代理人:	刘铭华

附件三　商业发票样本

ISSUER
GRAND WESTERN FOODS CORP.
Room2501,Jiafa Mansion, Beijing West road,
Nanjing 210005, P.R.China

商业发票
COMMERCIAL INVOICE

TO
Carters Trading Company, LLC
P.O.Box8935,New Terminal, Lata. Vista, Ottawa, Canada

NO.	**DATE**
STINV000001	2004-08-20
S/C NO.	**L/C NO.**
Contract01	STLCN000001

TRANSPORT DETAILS
From Nanjing to Toronto on Sep. 10, 2004 By Vessel.

TERMS OF PAYMENT
L/C

Choice	Marks and Numbers	Description of goods	Quantity	Unit Price	Amount
				CIF TORONTO	
○	CANNED SWEET CORN CANADA C/NO.1-800 MADE IN CHINA	CANNED SWEET CORN 3060Gx6TINS/CTN	800CARTON	USD14	USD11200

[添 加][修 改][删 除]

Total：[800][CARTON] [USD][11200]

SAY TOTAL: U.S.DOLLARS ELEVEN THOUSAND TWO HUNDRED ONLY

(写备注处)

GRAND WESTERN FOODS CORP.（公司名称）
Minghua Liu（法人签名）

附件四　装货单样本

中国外轮代理公司

CHINA OCEAN SHIPPING AGENCY

装货单 SHIPPING ORDER

装单号码　　　　　　　　　　日期　　　　　　　　　　海关编号

S/O#________________ Date________________ Cuetoms Ves. #________________

船名　　　　　　　　　　航次　　　　　　　　　　装往地点

S. S. ________________ Voy. ________________ Destination ________________

托运人

Shipper ________________________________

收货人

Consignee ________________________________

通　知

Notify ________________________________

标记及号码 Marks and Numbers	件数 Quantity	货名 Descrription of Goods	重量 Weight		尺码 Measurement
			净重 Net	毛重 Groes	

合计　　　　　　　　　　共重

Total　　　　　　　　　　Total

合计

SAY

请将上述完好之状况货物，予以装船，并希签署收货单为荷。

Please receive on board the above mentioned goods in good order and condition and sigh the accompaning reccipt for same.

装入何舱

Stowed ________________________________

实　收

Received ________________________________

理货员签名

Tallied By ________________________________

代理人

As agents ________

附件五 收货单样本

中国外轮代理公司
CHINA OCEAN SHIPPING AGENCY
收货单
MATE'S RECEIPT

S/O No.

船名 Vessel Name .... 航次 Voy. .... 目的港 For ....

托运人 Shipper ....

受货人 Consignee ....

通知 Notify ....

下列完好状况之货物业已收妥无损

Received on board the following goods apparent in good order and condition:

标记及号码 Marks & Nos.	件数 Quantity	货名 Description of Goods	毛重(公斤) Gross Weight In Kilos	尺码(立方米) Measurement Cu. M.
共计件数(大写) Total Number of Packages in Writing				

日期 Date .... 时间 Time

装入何仓 Stowed ....

实收 Received ....

理货员签名 Tallied By .... 大副 Chief Officer ....

附件六　货物运输保险单样本

PICC
中国人保

货物运输保险单
CARGO TRANSPORTATION INSURANCE POLICY
总公司设于北京 Head Office Beijing
一九四九年创立 Established in 1949

印刷号(Printed Number)　　保险单号(Policy No.) PYIE201244032499E00566
合同号(Contract No.)
发票号(Invoice No.) 120628
信用证号(L/C No.)
被保险人(Insured): PT BAHARI SEJAHTERA NUSANTARA

中国人民财产保险股份有限公司(以下简称本公司)根据被保险人要求，以被保险人向本公司缴付约定的保险费为对价，按照本保险单列明条款承保下述货物运输保险，特订立本保险单。
THIS POLICY OF INSURANCE WITNESSES THAT PICC PROPERTY AND CASUALTY COMPANY LIMITED (HEREINAFTER CALLED "THE COMPANY") AT THE REQUEST OF THE INSURED AND IN CONSIDERATION OF THE AGREED PREMIUM PAID TO THE COMPANY BY THE INSURED, UNDERTAKES TO INSURE THE UNDERMENTIONED GOODS IN TRANSPORTATION SUBJECT TO THE CONDITIONS OF THIS POLICY AS PER THE CLAUSES PRINTED BELOW.

标记 MARKS & NOS	包装及数量 QUANTITY	保险货物项目 GOODS	保险金额 AMOUNT INSURED
N/M WHLU5268363 B/L NO.:0252001546	729 CARTON(S)	SANDAL SLIPPER & SHOE	USD20,123.40

总保险金额：Total Amount Insured: (USD) TWENTY THOUSAND ONE HUNDRED AND TWENTY THREE AND CENTS FORTY ONLY
保费(Premium): AS ARRANGED　　启运日期(Date of Commencement): July 11, 2012
装载运输工具(Per Conveyance): LEO AUTHORITY/S002
自：From SHEKOU, CHINA　　经：Via　　至：To JAKARTA, INDONESIA
承保险别(Conditions):
COVERING ALL RISKS AS PER OCEAN MARINE CARGO CLAUSES (2009) OF THE PICC PROPERTY AND CASUALTY COMPANY LIMITED.
INCLUDING WAR RISKS AS PER OCEAN MARINE CARGO WAR RISKS CLAUSES (2009) OF THE PICC PROPERTY AND CASUALTY COMPANY LIMITED.
INCLUDING STRIKE RISKS AS PER CARGO STRIKE CLAUSE (2009) OF THE PICC PROPERTY AND CASUALTY COMPANY LIMITED

所保货物如发生保险单项下可能引起索赔的损失，应立即通知本公司或下述代理人查勘。如有索赔，应向本公司提交正本保险单(本保险单共有多份正本)及有关文件。如一份正本已用于索赔，其余正本自动失效。
IN THE EVENT OF LOSS OR DAMAGE WHICH MAY RESULT IN A CLAIM UNDER THIS POLICY, IMMEDIATE NOTICE MUST BE GIVEN TO THE COMPANY OR AGENT AS MENTIONED. CLAIMS, IF ANY, ONE OF THE ORIGINAL POLICY WHICH HAS BEEN ISSUED IN MANY ORIGINAL(S) TOGETHER WITH THE RELEVANT DOCUMENTS SHALL BE SURRENDERED TO THE COMPANY. IF ONE OF THE ORIGINAL POLICY HAS BEEN ACCOMPLISHED, THE OTHERS TO BE VOID.

PT CARSURIN JAMKRINDO BUILDING 7TH FLOOR, J1 ANGKASA BLOK B-9 KAV 6, KEMAYORAN, JAKARTA 10720 PHONE: +62 21 6540425 AFTER HOURS: +62 816 961347 FAX: +62 21 6540418/6540430 EMAIL: LLOYDS@CARSURIN.COM

保险人：中国人民财产保险股份有限公司深圳市分公司
PICC PROPERTY AND CASUALTY COMPANY LIMITED
SHENZHEN BRANCH
电话(TEL): 86-755-25175888
传真(FAX): 86-755-25175188
地址(ADD): 中国广东省深圳市罗湖区罗芳路122号
122# LUOFANG RD., LUOHU DISTRICT, SHENZHEN, P.R.CHINA

赔款偿付地点 Claim Payable at　JAKARTA, INDONESIA IN USD

PICC PROPERTY AND CASUALTY COMPANY LIMITED
SHENZHEN BRANCH
LI ZHI JUN GENERAL MANAGER

签单日期(Issuing Date) 2012-07-11
核保人：郑世礼　制单人：慧择保运通　经办人：　　Authorized Signature

附件七　报关单样本

中华人民共和国海关出口货物报关单

预录入编号：　　　　　　　　　　　　　　海关编号：

出口口岸 南京海关		备案号		出口日期 2004-09-10		申报日期 2004-09-09	
经营单位 宏昌国际股份有限公司 3201965036		运输方式 江海运输	运输工具名称 Zaandam		提运单号		
发货单位 宏昌国际股份有限公司 3201965036		贸易方式 一般贸易		征免性质 一般征税		结汇方式 信用证	
许可证号	运抵国（地区） Canada		指运港 Toronto			境内货源地 南京	
批准文号 007099902	成交方式 CIF	运费 [USD] [3582]		保费 [USD][108.4;]		杂费 [ ] [ ]	
合同协议号 Contract01	件数 800	包装种类 纸箱		毛重(公斤) 16156.8		净重(公斤) 14688	
集装箱号 TBXU3605231*1	随附单据					生产厂家	

标记唛码及备注

CANNED SWEET CORN
CANADA
C/NO.1-800
MADE IN CHINA

选择	项号	商品编号	商品名称、规格型号	数量及单位	最终目的国(地区)	单价	总价	币制	征免
○	1	20058000	甜玉米罐头每箱6罐，每罐3060克	800CARTON	加拿大	14	11200	USD	一般征税

[添 加] [修 改] [删 除]

税费征收情况

录入员 录入单位	兹声明以上申报无讹并承担法律责任	海关审单批注及放行日期(签章)
报关员 刘铭华	申报单位（签章）	审单　　　　审价
单位地址 南京市北京西路嘉发大厦2501室		征税　　　　统计
邮编 210005　　电话 86-25-235012	填制日期 2004-09-10	查验　　　　放行

附件八　海运提单

<table>
<tr><td colspan="3">1.SHIPPER （托运人）</td><td colspan="3" rowspan="5">B/L NO.
COSCO
中国远洋运输（集团）总公司
CHINA OCEAN SHIPPING (GROUP) CO.

ORIGINAL
Combined Transport Bill of Lading</td></tr>
<tr><td colspan="3">2.CONSIGNEE（收货人）</td></tr>
<tr><td colspan="3">3.NOTIFY PARTY（通知人）</td></tr>
<tr><td colspan="2">4.PR-CARRIAGE BY
（前程运输）</td><td>5.PLACE OF RECEIPT
（收货地）</td></tr>
<tr><td colspan="2">6. OCEAN VESSEL VOY. NO.（船名及航次）</td><td>7.PORT OF LOADING
（装货港）</td></tr>
<tr><td colspan="2">8.PORT OF DISCHARGE
（卸货港）</td><td>9.PLACE OF DELIVERY
（交货地）</td><td colspan="3">10.FINAL DESTINATION FOR THE MERCHANT’S REFERENCE （目的地）</td></tr>
<tr><td>11.MARKS
（唛头）</td><td colspan="2">12.NOS. & KINDS OF PKGS
（包装种类和数量）</td><td>13.DESCRIPTION OF GOODS（货物名称）</td><td>14.
G.W.(KG)
（毛重）</td><td>15. MEAS(M^3)
（体积）</td></tr>
<tr><td colspan="6">16. TOTAL NUMBER OF CONTAINERS OR PACKAGES(IN WORDS) （总件数）</td></tr>
<tr><td>17.FREIGHT & CHARGES（运费）</td><td>REVENUE TONS
（运费吨）</td><td>RATE
（运费率）</td><td>PER(计费单位)</td><td>PREPAID
(运费预付)</td><td>COLLECT
(运费到付)</td></tr>
<tr><td>PREPAID AT
（预付地点）</td><td>PAYABLE AT
（到付地点）</td><td colspan="4">18.PLACE AND DATE OF ISSUE
（出单地点和时间）</td></tr>
<tr><td>TOTAL PREPAID
（预付总金额）</td><td>19.NUMBER OF ORIGINAL B(S)L（正本提单的份数）</td><td colspan="4" rowspan="2">22.SIGNED FOR THE CARRIER
（承运人签章）

中国远洋运输（集团）总公司
CHINA OCEAN SHIPPING (GROUP) CO.
×××</td></tr>
<tr><td>20.DATE
（装船日期）</td><td>21.LOADING ON BOARD THE VESSEL BY（船名）</td></tr>
</table>

附件九 信用证样本

Letter of Credit

NAN TUNG BANK LTD., MACAU

COMMERCIAL LETTER OF CREDIT

TO　　　　Dated:__________

__________　　　　Credit No.:__________

Amount:__________

__________　　　　Advised Through:__________

Dear Sirs,

We hereby open an irrevocable without recourse L/C in your favor for account of __________ up to an aggregate amount of RMB __________, available by drafts at __________ sight drawn on us for __________ % invoice value accompanied by the following documents:

1. Signed invoice in __________;
2. Insurance policy (or certificate) covering __________ for __________ % of the invoice value;
3. Full set of clean "On Board" Bill of Lading / Cargo Receipts made out to our order __________ marked "Freight repaid" and notify __________ calling for shipment from __________ to MACAU__________

Purporting to evidence shipment of the following merchandise;

Sales Confirmation No.__________

CIF __________

Shipment must be effected no later than dated__________.

Partial shipments are permitted / prohibited.

Expiry date for presentation of documents __________ dated __________.

Special Conditions:

Drafts drawn under this credit must be marked "Drawn Under Nan Tung Bank Ltd., Macau Irrevocable Without Recourse Letter of Credit No. __________ Dated __________".

We hereby agree with the drawers, endorsers and bona-fide holders of the draft(s) drawn under and in compliance with the terms of the credit, that such draft(s) shall be duly honored on due presentation.

Instructions to the Negotiating Bank

When negotiating the documents presented by the beneficiary, please debit our account for your reimbursement after checking that all requirements of the L/C have been complied with.

Yours faithfully,

NAN TUNG BANK LTD.,

MACAU

____

Authorized Signatures

参考文献

［1］姚大伟．国际贸易实务［M］．上海：上海交通大学出版社，2009.

［2］吴百福，徐小薇．进出口贸易实务教程［M］．上海：上海人民出版社，2011.

［3］李秀芳，王晨钟，谢茜萍．进出口实战［M］．天津：天津大学出版社，2010.

［4］庞燕，王钟伟．外贸物流实务［M］．北京：中国商务出版社，2011.

［5］程颖慧．国际货运实务［M］．成都：西川财经大学出版社，2010.

［6］武德春．国际贸易政策与实务［M］．北京：机械工业出版社，2006.

［7］贺雪娟．国际贸易实务案例分析［M］．大连：大连理工大学出版社，2009.

［8］陈艳．国际物流与货运［M］．北京：中国铁路出版社，2007.

［9］张健雄．助理物流师［M］．北京：中国劳动社会保障出版社．2009.

［10］刘小贲．国际货运代理［M］．上海：上海财经大学出版社．2011

［11］范泽剑．国际货运代理［M］．北京：机械工业出版社，2012.

［12］凯伯．国际贸易［M］．北京：中国人民大学出版社，2012.

［13］李杰，张颖．国际货运代理操作［M］．北京：北京师范大学出版社，2012.

［14］冯湛青．国际物流与风险管理［M］．北京：北京大学出版社，2014.

［15］胡美芬．物流相关法规与国际公约［M］．成都：西川人民大学出版社，2008.

［16］石玉川，周婷．国际贸易术语惯例与案例分析［M］．北京：对外经济贸易大学出版社，2007.

［17］张云．国际贸易惯例发展研究［M］．北京：中国社会出版社，2007.

［18］吴科杰，胡旭东．外贸仓储作业［M］．北京：机械工业出版社，2014.

［19］程文吉，张帆．外贸单证［M］．北京：北京大学出版社，2011.

［20］顾建华．外贸单证实务［M］．北京：清华大学出版社，2010.

［21］张宝利．外贸单证与报关实务［M］．成都：西南交通大学出版社，2013.

［22］王永红．报关与报检实务［M］．北京：对外经贸大学出版社，2013.

［23］王艳．物流报关报检［M］．北京：清华大学出版社，2010.

［24］李秀华．国际物流与报关报检［M］．北京：电子工业出版社，2013

［25］欧仙群．国际货运商品进出口报检报关管理［M］．北京：机械工业出版社，2013.

［26］曾立新．国际运输货物保险［M］．北京：中国人民大学出版社，2009.